高等院校精品系列规划教材

服务心理学
（第三版）

张等菊　编著

中国财经出版传媒集团
经济科学出版社
Economic Science Press

图书在版编目（CIP）数据

服务心理学／张等菊编著． —3 版． —北京：经济科学出版社，2020.3（2025.9重印）
高等院校精品系列规划教材
ISBN 978－7－5218－1227－5

Ⅰ．①服…　Ⅱ．①张…　Ⅲ．①商业心理学－高等学校－教材　Ⅳ．①F713.55

中国版本图书馆 CIP 数据核字（2020）第 008046 号

责任编辑：张　蕾
责任校对：王苗苗
责任印制：邱　天

服务心理学
（第三版）
张等菊　编著
经济科学出版社出版、发行　新华书店经销
社址：北京市海淀区阜成路甲 28 号　邮编：100142
编辑工作室电话：88191375　发行部电话：88191540
网址：www.esp.com.cn
电子邮件：espbj3@esp.com.cn
天猫网店：经济科学出版社旗舰店
网址：http://jjkxcbs.tmall.com
北京密兴印刷有限公司印装
787×1092　16 开　13 印张　320000 字
2020 年 3 月第 3 版　2025 年 9 月第 3 次印刷
ISBN 978－7－5218－1227－5　定价：38.00 元
（图书出现印装问题，本社负责调换。电话：010－88191545）
（版权所有　侵权必究　打击盗版　举报热线：010－88191661
QQ：2242791300　营销中心电话：010－88191537
电子邮箱：dbts@esp.com.cn）

修订说明

《服务心理学》是一部紧随社会经济发展的应用性教材。近几年来，随着我国"大众创业，万众创新"浪潮的涌动，新兴产业快速成长，传统服务业加速转型升级；国民生产总值、就业结构、服务贸易等发展日新月异；尤其随着信息技术的发展，基于"互联网＋"的线上线下交融式（O2O）服务日益繁荣，促使各种针对服务业的新政策、新保障应运而生，这就迫切要求《服务心理学》教材在原有交叉学科的基础上，更新产业发展动向，紧跟政策导向重新修订，以更好地满足实践教学的需要。

新修订的《服务心理学》具有以下特色：

1. 产业发展背景描述清晰，数据切实，图表明了，有利于学生在比较中开展学习；
2. 服务心理原理与案例解析紧密结合，有利于进一步推进理实一体化教学；
3. 课后延伸阅读与心理测验相结合，使学生在主体体验中获得心理保健，增长服务心理学知识。
4. 所配课件由作者精心编制且经过实践教学检验，图表、文字及动图相结合，生动形象，寓教于乐。

2020 年 1 月

前　言

随着第三产业的崛起,"顾客至上"已成为消费世界的基本理念;尤其随着互联网经济爆发式增长,电子商务、互联网金融、信息技术服务、物流服务等日益取代低附加值的传统工业;以及人性化的营销管理也开始倡导"没有'销售人员',只有'服务人员'"的制胜谋略。至此,"服务"不仅成为现代生活中衍生出来的新词,也成为现代企业发展的一种新攻略。在部分领域,"服务"一词代替"管理""营销"等频频出现,同时,客户服务、物业服务、通信服务、金融服务、饮食服务、旅游与度假服务、会展服务、家政服务等行业也承载着庞大的就业大军,蓄势迸发。因此,建立"服务型企业",乃至"服务型政府"已势在必行。

服务工作是一种人与人的接触活动,是一种"情感性劳动",服务质量的提升取决于客我双方在互相了解对方需求、动机等心理趋向的基础上"共情"的效果。而服务中如何植入"顾客满意"服务系统,提升企业的美誉度,关键在于服务人员的服务素养,尤其是心理素养,这就亟须一门对服务人际、服务技巧、服务交往等进行心理指导的课程,即"服务心理学",这亦为此书编写的目的。

本书以就业为导向,以能力培养为主线,适合高等院校的管理学和经济学本科生、专科生使用。

本书在撰写过程中参阅了国内外大量的资料,在此,向所有的资料提供者表示衷心的谢意。

由于作者水平有限,本书可能存在不少缺陷,在此恳请读者批评、指正!

张等菊
2020 年 1 月于广州

目 录

第一章　服务业概论　/ 1

学习目标 ·· (1)
第一节　服务业及其现状分析 ··· (1)
第二节　中国服务业发展需求及战略 ·· (15)

第二章　服务心理学的发展　/ 19

学习目标 ·· (19)
第一节　服务心理学产生的学科背景 ·· (19)
第二节　服务心理学产生的理论基础 ·· (24)
第三节　服务心理学的研究对象和内容 ····································· (35)

第三章　顾客的个性心理与消费行为　/ 41

学习目标 ·· (41)
第一节　顾客知觉的基本原理 ··· (41)
第二节　顾客的情绪情感过程 ··· (55)
第三节　顾客的态度 ··· (63)
第四节　顾客消费偏好和消费决策的形成 ·································· (75)

第四章　消费习俗与服务心理　/ 84

学习目标 ·· (84)
第一节　消费习俗的特点与分类 ·· (84)
第二节　消费中的语言习俗与服务 ··· (88)
第三节　文化习俗与服务 ··· (91)
第四节　消费习俗与产品服务 ··· (97)

第五章　服务过程心理　/ 104

学习目标 ·· (104)
第一节　服务中的礼仪 ·· (104)
第二节　服务中的人际关系及服务要诀 ···································· (112)
第三节　顾客的投诉心理及管理 ··· (121)

第六章 服务人员的挫折与管理 / 131

  学习目标 ··· (131)
  第一节 心理挫折概述 ··· (131)
  第二节 挫折与归因 ··· (134)
  第三节 服务人员的挫折与调适 ······························ (143)

第七章 服务人员的疲劳心理 / 149

  学习目标 ··· (149)

第八章 服务人员的基本心理素质要求及保健 / 156

  学习目标 ··· (156)
  第一节 服务人员的基本心理要求 ··························· (156)
  第二节 服务人员的心理保健 ·································· (174)
  第三节 服务人员的心理治疗 ·································· (188)

主要参考文献 / 198

第一章 服务业概论

【学习目标】

服务业的现状分析
服务业的发展需求

第一节 服务业及其现状分析

一、服务业来源及分类

服务业是在农业化时期、工业化时期相继走向衰落后而发展起来的一种新型产业，也就是我们通常所说的第三产业。服务业的产生见图 1-1。

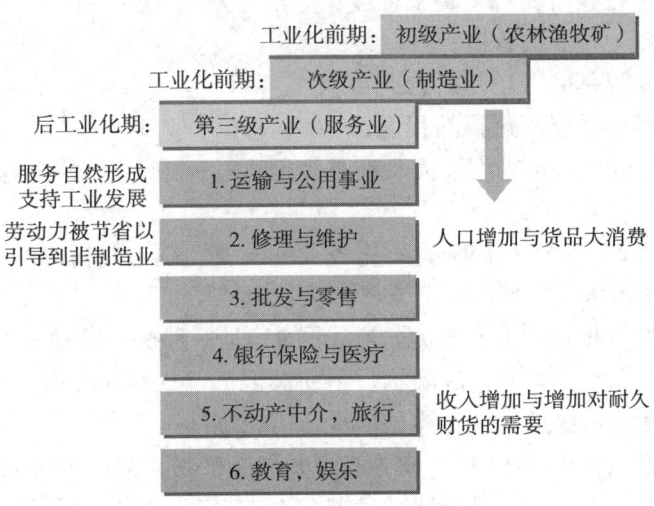

图 1-1 服务业的产生

世界贸易组织《服务贸易总协定》认为，服务贸易分为 12 大类：商业性服务（包括法律、工程设计、城市规划、公共关系等专业服务以及计算机、研究与开发、不动产、设备租赁等方面的服务）；电信服务；建筑服务；销售（分销）服务；教育服务；环境服务；金融服务；健康与社会服务；旅游及相关服务；文化、娱乐及体育服务；交通运输服务；其他服务。经济学家辛格尔曼（1994）将服务业分成 4 大类：分配服务系统（运输、通信、贸易）、生产服务系统（银行、商业、房地产）、社会服务系统（卫生保健、教育、公共、非营利机构）及个人服务系统（家政、酒店、餐饮、维修业）。

日常生活中对服务业进行细分，服务业的实际分类如表 1-1 所示。

表 1-1　　　　　　　　　　　服务业的实际分类

区分	例　证							
纯产品	糖盐	领带	饼干	汽车	房屋	音响	家具	家电	球具
混合式大量服务	百货公司	便利商店	大众运输	快餐餐饮	干洗衣服	有线电视			
企业服务	新闻杂志	金融财务	银行服务	产险服务	金融商品	商务旅馆	会议餐饮		
贸易服务	贸易	批发	零售	维护	修理	仓储	代理	运送	
基础建设	运输	通信	水电	能源	医疗	卫生	安全		
公共行政	政府	海关	法院	监狱	军队	中学教育	社会工作	图书馆	
定做型服务	星级旅馆	高级餐饮	旅游住宿	美容健康	清洁房屋	娱乐导览	大学教育	殡葬仪式	邮件快递
个别性服务	医疗保健	自助旅行	广告设计	法律经纪	信息服务	医疗看护	委托研究	计算机维修	软件开发
纯服务	理发美容	房屋中介	寿险服务	衣服定做	心理咨询	个人家教			

二、服务业的特征

菲茨杰拉德（1991）把服务业的固定特征引申为以下六个维度：

（1）顾客接触度；

（2）顾客定制化程度；

（3）员工为满足顾客需要自主决策程度；

（4）以人或设备为中心的程度；

（5）附加值的来源是前台还是后台；

（6）关注单个产品或服务过程的程度。

服务业不仅具有以上六个维度，而且在具体运行过程中，根据工作类型不同还具备以下属性：

（1）服务地点弹性（site-selection）：服务业和农业、制造业相比，不再拥有固定的工作地点，而是随顾客的需求及区域布局需求不断变换地点。

（2）服务无形性（intangible）：服务是无形的，是一种执行活动，如美容、休闲度假服务等。基于实体上的无形，服务无法展示、不易被记忆，故称为心理上无形性；因此产出衡量困难，不容易靠专利来保护，只有通过信誉与信任维持工作。

（3）顾客参与性（participated）：顾客参与并影响交易，且顾客之间也相互影响；同时，员工也影响服务成果。例如，快餐餐饮、自助洗衣、旅馆、学校、理发等服务门类。

（4）品质变动性（heterogeneous）：基于人性因素，服务不容易维持一致的质量。

① 相同服务人员,在不同时间地点针对不同顾客,会有不同的服务质量。
② 尖峰与离峰时期,服务人员所花费的时间与精力是明显不同的。
③ 服务人员的经验,也是服务质量差异的另一项重要因素。例如,银行职员、航空站台人员、护士、百货公司等岗位的新员工与老员工服务经验存在一定的差异。

(5) 不易分割性(not-separated):顾客是整个服务产出的不可分离因素。产销同时发生,服务生产与消费是同时进行的。顾客必须亲临现场才能提供服务,顾客必须介入服务生产过程,间接影响服务质量水平。例如,医疗护理、咨询顾问、教练教学等。

(6) 容易消失性(perishable):服务无法在需求前被生产,也无法储存供日后的使用。例如,空机位、空病床、约诊空档、教学时间等。

实质上服务业的发展就是"权利从生产者向顾客过渡"。服务业竞争的焦点及困境均存在于能否提供"高质量、低价格的服务",也就是说价格竞争与服务质量竞争是服务业发展的两个关键因素。法恩(1995)、赫斯克特(1997)将这种双层压力公式化,指出现代服务业中消费决策由所谓的"顾客价值方案"决定,即:

$$客户价值 = (有形的)结果 + 流程的质量/价格 + 链接顾客的成本$$

三、我国服务业的现状分析

(一) 服务业在国民生产总值中的比重

自 20 世纪 80 年代末以来,随着我国国民经济的增长,中国的服务业取得了较快的增长。从年度间的连续变化上观察,服务业基本呈上升趋势,根据《中国统计年鉴》统计,在 2000~2018 年的近 20 年间,三大产业在国民生产总值中的比重逐渐变化,与 2000 年对比,2018 年第一产业占国民生产总值的 4.4%,所占比重下降了 8.70%;第二产业占国民生产总值的 38.9%,所占比重下降了 7%;第三产业占国民生产总值的 56.7%,所占比重增加了 17.7%(见图 1-2)。

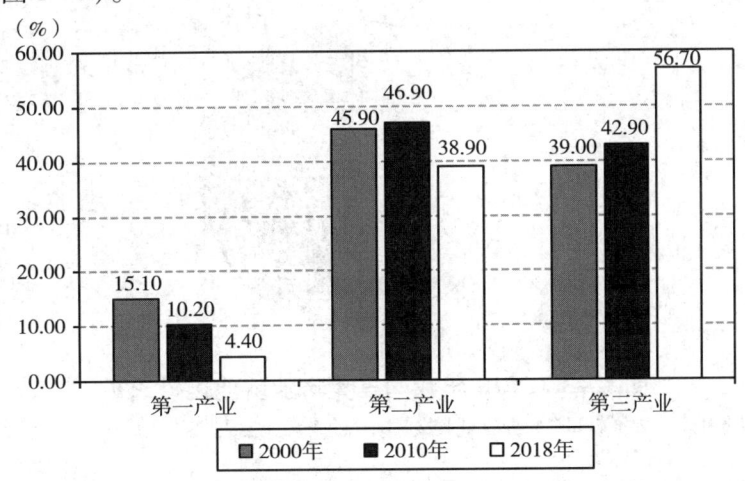

图 1-2 2000 年、2010 年、2018 年三大产业在国民生产总值中的比重变化对比
资料来源:《中国统计年鉴》。

其中,2018年全国第三产业增加值为469 574.6亿元,实际增长指数为107.6。回顾2010~2018年,第三产业呈逐年上升趋势,具体增长数据如表1-2所示。

表1-2　　　　　　2010~2018年全国第三产业增加值及其占
GDP比重、实际增长指数统计

年份	第三产业增加值（亿元）	占GDP比重（%）	实际增长指数
2010	182 058.6	42.9	109.7
2011	216 120	44.3	109.5
2012	244 852.2	45.5	108
2013	277 979.1	46.9	108.3
2014	308 082.5	48	107.8
2015	346 178	50.5	108.2
2016	383 373.9	51.8	107.7
2017	425 912.1	51.9	107.9
2018	469 574.6	56.7	107.6

资料来源:2010~2018年《中国统计年鉴》。

(二) 服务业就业结构变化态势

按从业人员在各产业中的分布衡量,1979~2001年中国产业结构的变化十分明显。根据中国统计年鉴显示,服务业从业人员比重上升幅度较大,由1978年的12.2%上升到1989年的18.3%,再上升为2001年的27.7%,平均每年上升0.7个百分点。人力资源和社会保障部发布的《2018年度人力资源和社会保障事业发展统计公报》数据显示,2018年末全国就业人员77 586万人,其中,第一产业就业人员占26.1%;第二产业就业人员占27.6%;第三产业就业人员占46.3%(见图1-3)。

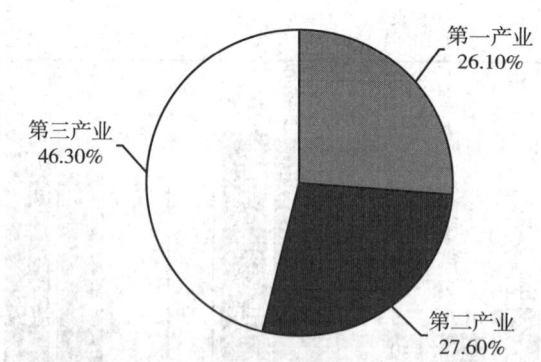

图1-3　2018年我国三大产业就业规模比重

资料来源:《2018年度人力资源和社会保障事业发展统计公报》。

总体来说,中国目前的产业结构变化基本符合世界范围的产业结构演变规律,即农业比重下降,而工业、服务业比重上升。从增加值的比重变化上看,中国产业结构在20世纪80

年代中期发生了标志性的变化——服务业比重于 1985 年开始超过农业，国民经济总量增长从主要由农业、工业带动转为主要由工业、服务业带动。按可比价计算，在 1990~2001 年 GDP 增长的 9.3% 中，有 5.8 个百分点来自工业的贡献，2.5 个百分点来自服务业，1.0 个百分点来自农业。另外，据中国科学院国情研究小组对我国就业结构预测的显示：2010~2020 年，第一产业劳动就业人数比重持续、急剧下降，其降幅每个 10 年都在 10% 以上，共计下降 21%；第二产业劳动就业人数比重稳步上升，但升幅呈递减趋势，2010~2020 上升 3.9%；第三产业劳动就业人数比重呈持续快速上升之势，每个 10 年增长 5%，20 年间增长幅度为 11.9%。

(三) 服务业部分子行业发展概况

服务业包含多个子行业，如服务贸易、餐饮、住宿、家政、美容美发、洗染、家电服务等，下面主要概述一下与民众生活相关的部分子行业发展状况。

1. 服务贸易发展状况

服务贸易展示着一个国家的服务业发展实力，中国的服务贸易发展迅速，尤其在进入 21 世纪后业绩突飞猛进。2002 年我国进口总额为 465 亿美元，比上年增长 21%，出口总额为 373 亿美元，增长 20%。自 2007 年开始，我国的服务贸易连续 10 年占对外贸易综合比重的 10% 以上（见图 1-4），尤其在 2016 年，我国服务贸易达到 5.35 万亿元，首次突破 5 万亿元大关，服务贸易占外贸比重达到 18%，比 2015 年增加了 2 个百分点，保持世界排名第二。

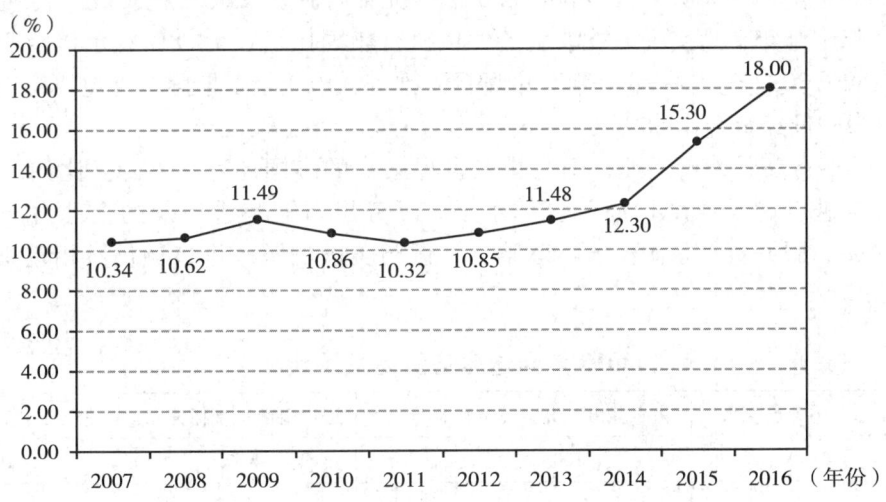

图 1-4 2007~2016 年中国服务贸易占对外贸易的综合比重（%）

资料来源：商务部服贸司。

其中，在数字经济贸易和服务外包贸易两个方面业绩表现突出。在数字经济贸易方面，《中国数字经济发展与就业白皮书（2019 年）》显示，中国数字经济持续快速发展，2018 年，中国数字经济规模达 31.3 万亿元，同比增长 20.9%，占国民生产总值的比重为 34.8%。信息消费、数字经济领域的投资、数字贸易等需求潜力不断释放。2019 年上半年我国数字产业化和产业数字化成效明显。数字产业化稳步发展，5G、人工智能、工业互联网、物联网等新型基础设施建设稳步推进，5G牌照已正式发放。与此同时，产业数字化加快推进，工业领域数字化转型进入加速发展期，制造业与互联网融合发展，成效明显。过去几年，围绕发展数字经济，我国密集出台了一系列政策文件，涉及"互联网+"、大数据、电子商务、智慧城市、创新发展战略等多个方面。一直以来，中国支持世贸组织就电子商务议题制定相关规则。中国在世贸组织中多次提交相关提案，努力推动多边讨论取得进展。2019年1月，包括中国在内的76个世贸组织成员方签署了《关于电子商务的联合声明》。2019年4月，中国已通过世贸组织散发了首轮提案。

在服务外包业务方面，商务部数据显示，2018年我国实现服务进出口总额5.24万亿元，同比增长11.5%，服务贸易规模再创历史新高，连续5年保持全球第二位。2009～2018年，我国服务外包执行金额从200.1亿美元增至1 450.2亿美元，年均增长率近25%，加快产业向高端化、数字化、融合化、标准化方向创新发展，向高技术、高附加值、高品质、高效益方向转型升级，成为数字经济时代提升我国全球价值链层次的战略选择。2019年上半年我国企业签订服务外包合同额7 099.8亿元，执行额4 059.4亿元，同比分别增长29.3%和11.5%。其中，离岸服务外包合同额4 649.2亿元，执行额2 424.7亿元，同比分别增长34.6%和7.9%。就业方面，我国新增服务外包企业1 800家，新增从业人员22.5万人。截至2019年6月底，服务外包产业已累计吸纳就业1 091万人，其中大学以上学历704万人，成为高素质人才的蓄水池。美国、欧盟、中国香港和日本是购买中国服务的主要发包市场。2014年中国承接美国、欧盟、中国香港和日本的离岸服务外包执行金额分别为85.5亿美元、53.6亿美元、51.9亿美元和38.6亿美元，合计为229.6亿美元，占执行总额的62%。2019年上半年，承接中国香港服务外包执行额同比增长14.8%，承接欧盟服务外包执行额同比增长20.2%。"一带一路"市场深入推进，承接俄罗斯服务外包执行额同比增长56.9%，成为中俄经贸合作的亮点。

尽管中国服务贸易发展迅速，但与排名世界第一的美国还存在差距。比如，2015年中国服务出口与进口增长速度均高于全球水平，服务出口额与进口额的全球占比分别达到4.9%和9.6%，服务贸易总额位居全球第二，但与美国的服务进口额仍然相差320亿美元（见表1-3）。

表1-3　　　　　　　　　　2015年全球服务贸易发展状况

国家	出口金额（十亿美元）	占全球出口份额（%）	国家	进口金额（十亿美元）	占全球出口份额（%）
世界	4 675	100	世界	4 570	100
美国	690	14.8	美国	469	10.3
英国	341	7.3	中国	425	9.6
中国	288	4.9	德国	292	6.4
德国	246	5.3	法国	224	4.9
法国	239	5.1	英国	205	4.5
日本	158	3.4	日本	174	3.8

资料来源：2017年《中国统计年鉴》。

2. 餐饮行业发展状况

根据国家统计局统计，2016年，我国餐饮收入35 799亿元，同比增长10.8%（见图1-5）。其中，限额以上单位餐饮收入9 213亿元，同比增长6.0%。餐饮业收入占社会消费品零售总额的10.8%，比重持续回升。

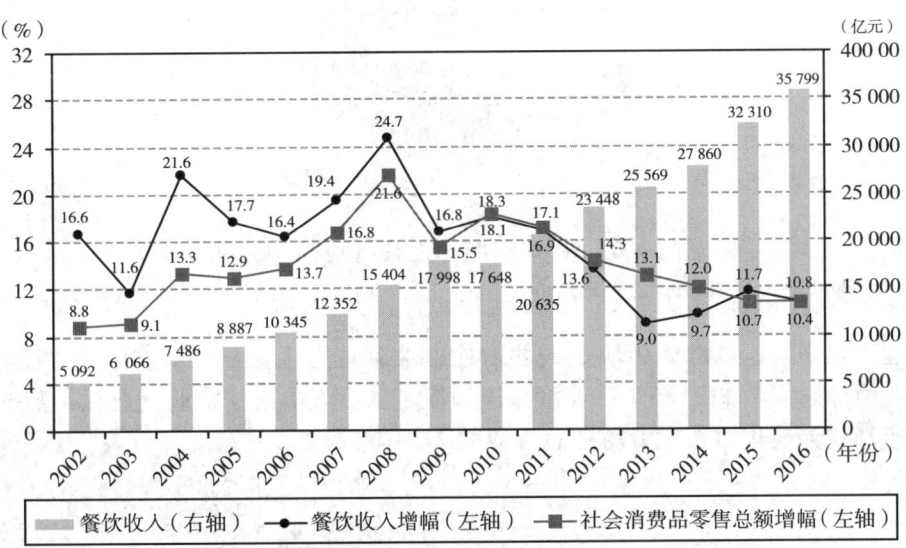

图1-5 中国餐饮业和社会消费品零售总额发展状况（2002~2016年）

资料来源：商务部服贸司。

根据商务部商贸服务典型企业统计，2016年，全社会提供正餐、快餐、饮料及冷饮、其他餐饮服务的餐饮业经营单位为365.5万个，从业人数为1 846.0万人，比上年增加5.7%（见表1-4）。总的来看，餐饮业发展处于合理、平稳发展阶段。

表1-4　　　　　　　　　　　2016年餐饮业发展一览

项目	数额	比上年增长（%）
企业数量	365.5万个	-8.2
从业人数	1 846.0万人	5.7
营业收入	35 798.6亿元	10.8

资料来源：2017年《中国餐饮行业发展报告》。

3. 住宿行业发展概况

据国家统计局统计，2016年，全国限额以上住宿企业营业收入为3 791亿元，比上年增长4.0%。据商务部商贸服务典型企业统计测算，2016年，全行业经营单位达58.8万家，比上年增长2.5%；从业人数达510.1万人，同比增长2.1%；总收入为5 307.5亿元，同比增长4.0%。与上一年度相比，增速有所放缓，主要是住宿业新业态经过上一年爆发式增长后进入稳步增长期。

从行业构成来看，2016年，住宿业在规模和档次上保持着金字塔形的市场结构，高档饭店占7.4%，中档饭店占28.6%，经济型连锁饭店占22.1%，其他旅店占41.9%。总体来看，服务大众市场的业态占比高达 92.6%，体现了住宿业服务大众消费的民生属性（见图 1-6）。

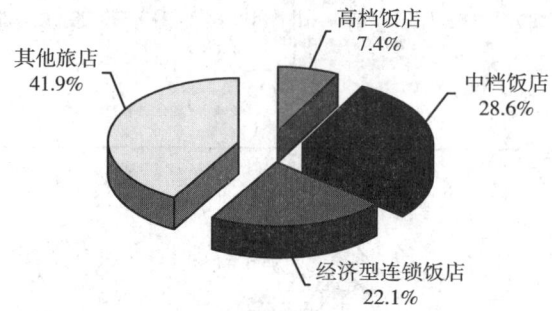

图 1-6　2016 年中国住宿行业规模结构

资料来源：2017 年《中国住宿行业发展报告》。

从就业人员来看，高档饭店从业人数占住宿业就业总人数的 25.6%，中档饭店从业人员占住宿业就业总人数的 31.6%，经济型连锁饭店从业人员占住宿业就业总人数的 21.4%，而其他旅店从业人员仅占住宿业就业总人数的 21.4%（见图 1-7）。

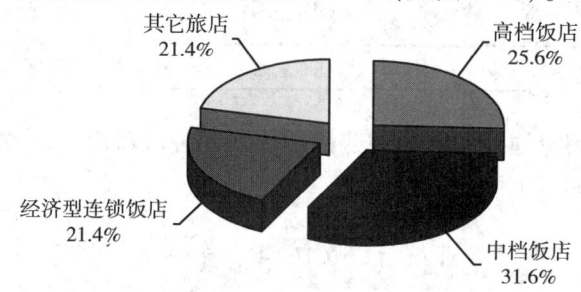

图 1-7　2016 年中国住宿行业从业人员结构

资料来源：2017 年《中国住宿行业发展报告》。

4. 家政行业发展概况

根据商务部商贸服务典型企业统计数据，2016 年，全国家政服务业企业 66 万家，同比增长 3.1%。其中，规模以上企业 14 万家，占全国行业企业总数的比重为 21.3%，比 2015 年下降 0.6 个百分点；规模以下企业 52 万家，占比为 78.7%，比 2015 年增加 0.6 个百分点（见表 1-5）。

表 1-5　　　　　　　　2015~2016 年全国家政服务企业数量

项目	2015 年	2016 年
企业总数（万家）	64	66
规模以上企业占比（%）	21.9	21.3
规模以下企业占比（%）	78.1	78.7

资料来源：2017 年《中国家政行业发展报告》。

对从业人数据进行测算，2016 年，全国家政服务业从业人员 2 542 万人，同比增长

9.3%。从人员结构看,规模以上家政服务企业从业人数1 093万人,同比增长12%;规模以下家政服务企业从业人数1 449万人,同比增长7.3%(见表1-6)。

表1-6　　　　　　　　2015~2016年全国家政服务行业从业人员

项目	2015年从业人数(万人)	2016年从业人数(万人)	从业人数增幅(%)
全国家政服务企业	2 326	2 542	9.3
规模以上家政服务企业	976	1 093	12
规模以下家政服务企业	1 350	1 449	7.3

资料来源:商务部服贸司。

5. 美容美发行业发展概况

根据商务部2016年对美容美发典型调查企业数据统计,截至2016年底,全国美容美发行业活动单位数共计330 684个,同比增长2.0%;营业面积共计1 905 131平方米,同比增长1.5%;从业人员总数为140.9万人,同比增长2.8%;营业额31 293 434万元,同比增长2.7%(见表1-7)。

表1-7　　　　　　　　2015~2016年全国美容美发行业状况

项目	2015年	2016年	增长率(%)
活动单位数(个)	324 200	330 684	2.00
营业面积(平方米)	1 876 976	1 905 131	1.50
从业人员(万人)	137.1	140.9	2.80
营业额(万元)	30 469 353	31 293 434	2.70

资料来源:2017年《中国美容美发行业发展报告》。

截至2016年底,在全国33.1万家美容美发行业活动单位中,专业美容企业(含美甲、美体)数量为14.9万家,专业美发企业数量为18.2万家;在140.9万从业人员中,专业美容企业(含美甲、美体)从业人数为76.7万人,专业美发企业从业人数为64.2万人;在活动单位共计3 129.3亿元营业收入中,专业美容企业(含美甲、美体)营业收入为1 755.4亿元,专业美发企业营业收入为1 373.9亿元(见表1-8)。

表1-8　　　　　　　　2016年全国美容美发行业结构数据

项目	活动单位数量(万家)	从业人员(万人)	营业额(亿元)
专业美容(含美甲、美体)	14.9	76.7	1 755.4
专业美发	18.2	64.2	1 373.9
总计	33.1	140.9	3 129.3

资料来源:2017年《中国美容美发行业发展报告》。

6. 家电服务业发展概况

2016年,家电服务业全国经营单位有9.8万个,与2015年相比减少了3.9%;从业人员为302.8万人,与2015年相比下降2.4%。2016年营业收入为2 365亿元,与2015年的2 166亿元相比,增长了9.2%,家电服务行业市场潜力还很大,保持稳步增长的状态。以主营业务年收入500万元为标准划分为规模以上和规模以下企业两档。根据商务部商贸服务典型企业统计数据,2016年规模以上企业占所有企业的比例为3.5%,规模以下企业占所有企业的比例为96.5%;2015年规模以上企业占所有企业的比例为3.9%,规模以下企业占所有企业的比例为96.1%,规模以上企业的比例略有下降(见图1-8)。

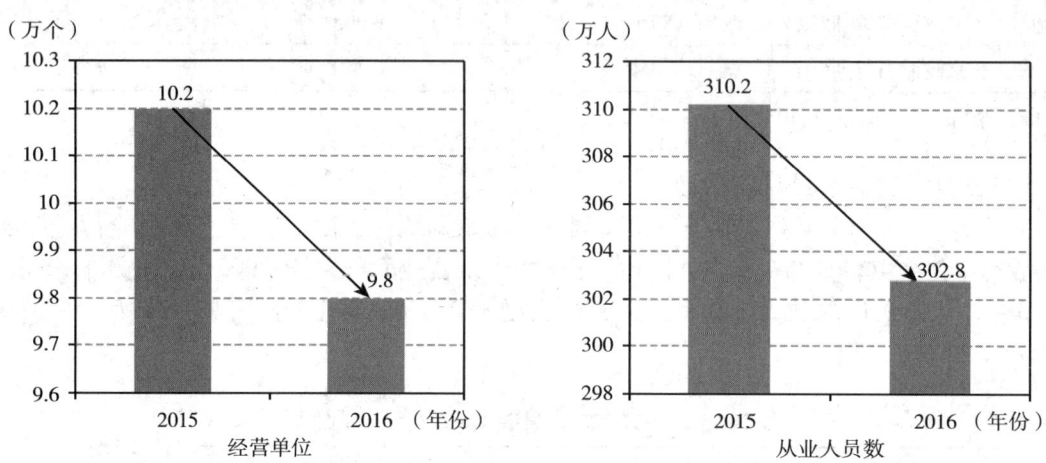

图1-8 2015~2016年家电服务行业单位和从业人员对比情况

资料来源:2017年《中国家电服务行业发展报告》。

(四)新兴产业快速成长,传统服务业加速转型升级

2016年,国家统计局发布的《服务业规模持续扩大 新兴产业快速成长——十八大以来我国服务业发展状况》提出,党的十八大以来,在以习近平同志为核心的党中央一系列治国理政的新理念新思想新战略的指引下,我国服务业全面快速发展,规模持续增大,已占据国民经济的半壁江山,新兴产业不断涌现快速成长,传统产业加速转型升级,结构进一步优化,对促进就业、拉动消费、改善民生等方面发挥了积极重要作用,成为拉动国民经济增长的主要动力和新引擎,并对我国的现代服务业增长特点做了如下概括。

1. 互联网经济呈现爆发式增长

信息消费井喷式爆发。2015年末全国互联网上网人数为6.9亿人,比2012年末增长22.0%;互联网普及率由2012年的42.1%提高到2015年的50.3%;2015年移动互联网接入流量达到41.9亿G,2013~2015年增速分别为71.3%、56.1%、103%。网络消费增长强劲。2014年、2015年全年网上零售额分别为27 898亿元、38 773亿元,增长49.7%和33.3%,其中,实物商品网上零售额占当年社会消费品零售总额的9.1%和10.8%。网络服务高速增长,2013~2015年,规模以上服务业企业中"互联网和相关服务业"营业收入分别增长27.1%、32.6%和25.0%,远高于同期规模以上服务业营业收入9.5%的增速。电子商务交易额快速增长,2014年电子商务交易额达16.4万亿元,增长59.4%;其中,自营电商交易额为8.7万亿元,增长65.9%。

根据前瞻产业研究院发布的《中国生活服务O2O模式闭环策略与应用案例分析报告》统计数据显示，2018年全年中国本地生活服务市场线上交易规模达到15 620.5亿元，比2017年增长56.3%。随着消费升级大潮和新零售的影响，预计未来三年本地生活行业还将继续稳定增长。其中，2018年中国到店业务市场线上交易规模达9 976.3亿元，在整个本地生活市场线上交易中占比63.9%，继续占据主导地位；到家业务线上交易规模达5 644亿元，其中，餐饮外卖市场交易规模达4 450.3亿元，相比去年同期增幅高达114%，整体市场仍处于高速增长态势。

2. 创新创业热潮涌动

新登记企业大量涌现。2015年，信息传输软件和信息技术服务业、文化体育和娱乐业、金融业分别新增企业24万户、10.4万户、7.3万户，分别增长63.9%、58.5%、60.7%。教育、卫生和社会工作的新增企业分别为1.4万户和0.9万户，数量较上年翻番。"三新"服务业快速增长。2015年，规模以上服务业企业中高技术服务业、科技服务业、战略性新兴服务业、文化及相关产业服务业的营业收入分别增长9.4%、8.6%、12.0%和11.1%，均高于规模以上服务业9.5%的增速。

3. 现代金融服务业支撑作用不断增强

金融市场稳健运行。2013~2015年末，广义货币供应量（M2）余额、狭义货币供应量（M1）余额、流通中货币（M0）余额年均增长分别为12.6%、9.1%和5.0%，上市公司通过境内市场累计筹资年均增长72.2%；全国保险业保费收入年均增长16.2%。金融业对经济贡献持续增大。2015年，金融业增加值增长速度达到15.9%，分别比国内生产总值和服务业增加值增速高出9.0和7.6个百分点。金融对重点领域支持力度明显加强。2014年，新增小微企业贷款2.1万亿元，占企业新增贷款的41.9%。2015年末，主要农村金融机构贷款余额120 321亿元，增长11.4%。

4. 交通运输服务保障能力大幅提升

铁路、公路、水运、民航运输网络规模持续扩大。2015年末，全国铁路营业里程、高速铁路里程、公路通车里程、高速公路里程分别达到12万公里、1.9万公里、457万公里、12万公里，分别比2012年末增长23.0%、103.1%、7.8%、24.7%；其中，高铁里程占世界高铁总里程的60%以上，居世界第一，铁路快速客运网基本覆盖我国50万人以上人口城市。2015年末，沿海港口万吨级以上泊位2 100个，比2012年末增长38.4%；民航运输机场206座，增长12.6%。2015年末，海运船队运力规模达1.6亿载重吨，位居世界第三；与我国签署航空运输协定的国家增至118个，国际航线增至663条，通航56个国家和地区的138个城市。综合运输服务能力大幅提升。2013~2015年，铁路、民航客运量年均增速分别达10.1%和11.3%。2015年末，铁路高等级客车比例超过25%；全国开通运营轨道交通的城市达到25个，运营总里程3 287公里，比2012年末增加1 229公里，2013~2015年均增长16.9%。2015年，沿海规模以上港口外贸货物吞吐量达35.9亿吨，占全球比重超过1/3。

5. 邮政快递业实现跨越式发展

邮政业整体发展迅猛。2013~2015年，邮政业务总量实现了高速增长，三年增速分别达到33.8%、35.6%和37.4%。快递业务量问鼎世界第一。2013~2015年，快递业务量年均增长53.8%，快递业务收入年均增长38.0%，快递业务收入占邮政业务收入比重超过

50%。2015年,全国人均快递使用量达到15.1件,快递业务量突破200亿件,继续问鼎世界第一。

6. 旅游业持续快速发展

2013～2015年,国内游客年均增长超过10%,国内旅游收入年均增长超过15%。2015年,全年国内游客突破40亿人次,国内旅游收入超过3万亿元。国际旅游收入1 137亿美元,增长7.8%。国内居民出境12 786万人次,增长9.7%,其中,因私出境12 172万人次,增长10.6%。

7. 公共服务发展成效显著

基础教育不断改善。2017年,教育总支出30 153.18亿元;公共卫生投入不断增长,2017年,我国卫生总费达到14 450.63亿元;社会保障面继续扩大。2017年,社会保障与就业支出24 611.68亿元;城乡社区支出20 585亿元,享受城市最低生活保障和农村最低生活保障的居民得到妥善安置。

四、目前我国服务业发展的困境

虽然近20年来中国在服务业和服务贸易发展方面取得一些进步,但是仍然面临严峻的挑战。这些挑战主要体现在以下几个方面。

(一) 服务业的基础仍然薄弱

中国作为一个发展中大国,与世界大部分国家相比,中国服务业增加值在GDP中所占比重偏低,而且内部结构不合理。目前,绝大部分发达国家的这一比重在60%～80%,发展中国家平均水平也达到了50%,据世界银行WDI数据库统计,2017年有5个国家或地区服务业所占国民生产总值已经超过了70%以上。根据中国统计年鉴显示,中国大陆2002年这一比重仅为33.7%,15年后的2017年增长至56.7%,但依然与其他国家或地区之间存在着很大差距(见图1-9)。

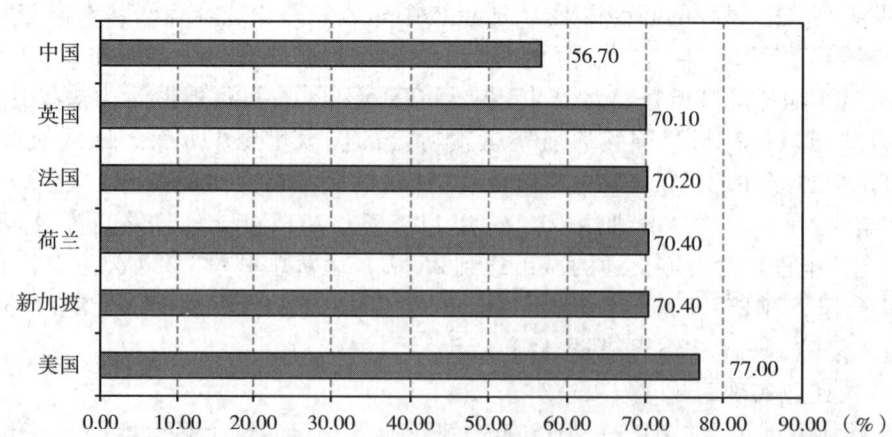

图1-9 2017年世界服务业占国民生产总值70%以上的国家与中国对比

资料来源:世界银行WDI数据库。

(二) 服务业的就业结构还有待提高

2017年"世界银行数据库"对各国服务业就业人数统计表明，服务业占据总就业人口70%以上的国家中，新加坡高居第一位，占总就业结构的83.6%，其次是文莱，占总就业结构的81.8%，英国占总就业结构的80.5%，美国占总就业结构的79.4%，澳大利亚占总就业结构的78.3%，而中国大陆只占总就业结构的55.9%（见图1-10）。

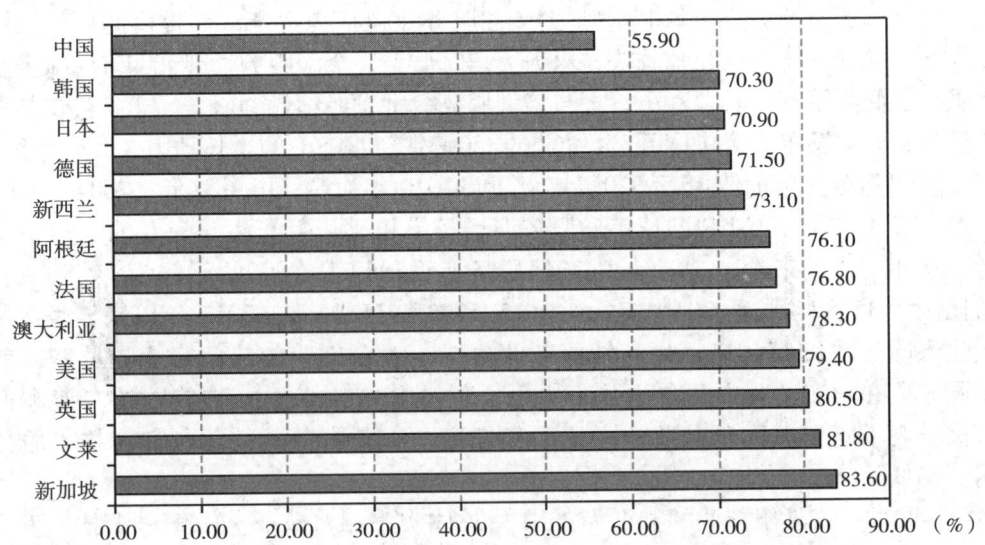

图1-10　2017年服务业从业人数占70%以上的国家与中国对比

资料来源：世界银行WDI数据库。

(三) 履行世贸承诺也给中国政府规划我国服务业发展带来了压力

中国加入世界贸易组织后，在一定程度上给服务业发展带来机遇，但是作为发展中国家，由于国内法规不完善，并且中国的服务业基础薄弱，竞争能力较弱，给中国政府规划中国服务业发展带来更多挑战。市场开放和竞争给国家带来压力不仅体现在法律完善和调整上，还体现在行政管理成本的提高；对国内企业来说，某些方面的市场份额损失对其发展势必造成影响。面对这些压力，中国服务业开放必须坚持在国家整体发展战略指导下，根据具体国情实施宏观调控，有计划、有步骤地进行。政府必须有效掌握为维护国内企业稳定发展和审慎监管所必需的宏观调控手段，保证对外开放符合国家整体发展和经济繁荣。只有这样，在全球化过程中才能最大限度地实现自身的发展利益。

世界贸易组织框架下多边服务贸易谈判僵持不下，以美国为首的发达国家启动了《国际服务贸易协定》（TISA）等诸边谈判，力求制定更高标准的服务贸易规则，推动全球服务市场的进一步开放。《跨太平洋伙伴关系协定》（Trans-Pacific Partnership Agreement，TPP）和《跨大西洋贸易和投资伙伴关系协定》（Trans-Atlantic Trade and Investment Partnership，TTIP）等自由贸易协定谈判蓬勃发展，服务业开放议题成为各方关注焦点，各国谈判和扩大市场准入的对象从传统的商贸、旅游、运输扩展到新兴的信息、金融、保险等。这对全球服务贸易规则改变将产生深远影响。

（四）生产性服务业整体水平不高

生产性服务业是近年来服务业研究的主要热点之一。生产性服务业现已成为发达国家经济增长的重要引擎以及产业结构优化升级的助推器。关于生产性服务业的定义，最早是由 Greenfiel（1966）提出，后经过许多学者不断完善发展。根据国家统计局、国家发展改革委印发的《生产性服务业分类（2015）》，生产性服务业包括为生产活动提供的研发设计与其他技术服务、货物运输仓储和邮政快递服务、信息服务、金融服务、节能与环保服务、生产性租赁服务、商务服务、人力资源管理与培训服务、批发经纪代理服务、生产性支持服务。

根据北京大学发布的《中国经济增长报告 2017：新常态下的增长动力及其转换》统计，2004 年生产性服务业增加值为 23 320.747 亿元。2010 年为 62 416.6 亿元，2004~2010 年增长了 1.68 倍，但与同期 GDP 增长率和服务业增长率相比，生产性服务业的增长率水平明显偏低。从相对比例来看，2004 年生产性服务业增加值占 GDP 的比例为 14.59%，占服务业的比例为 35.87%；而 2010 年分别为 15.55% 和 35.96%。2017 年以来，生产性服务业营业收入同比增长 15.0%。生产性服务业也成为大众创业的热门行业。虽然目前我国生产性服务业在第三产业中的占比并不算低，但从其结构来看，与美国的专业和商业服务业占比较高不同，中国金融业的占比明显偏高，商务服务、科学研究和技术服务业的占比明显偏低。

因此，我国生产性服务业的特点为：（1）总体实力相对较弱。中国科学技术发展战略研究院发布的《国家创新指数报告 2016—2017》显示，在 40 个参评国家中，我国排名第 17 位，与国家经济实力、国际地位等并不相称。（2）产业结构不尽合理。金融业在第三产业中的占比已经超过 15%，高于美国 9% 左右的水平，而租赁和商务服务、科研技术服务和地质勘查业的合计占比仅为 9% 左右，远低于美国 17% 左右的水平。（3）改革滞后、成本上涨等因素制约行业竞争力的提升。具体来看，金融、电信等行业垄断性较高，科技、研发等行业的许多市场主体是国有事业单位，体制机制也不够灵活。（4）监管制度不适应快速发展的新业态、新模式。由于缺乏有效监管，新兴服务市场无序竞争现象日益突出，部分领域风险隐患较大，这也制约了产业健康发展。

（五）地区发展不平衡

我国现代服务业的区域发展水平极不平衡，沿海和内陆一些大城市借助优越地理环境和政策优惠使现代服务业发展迅速，占 GDP 的比重不断提高。而西北、东北等地区服务业的发展十分滞后，严重影响了整体区域经济的发展。

北京、上海等大城市现代服务业生产总值远远高于东北和西北地区。根据《2019 年国家统计年鉴》显示，2018 年现代服务业生产总值最高的是北京，为 24 553.6 亿元，上海次之，为 22 842.96 亿元，而最低的宁夏仅有 1 175.05 亿元。尤其是上海自由贸易试验区自 2013 年 9 月 29 日正式挂牌后，已成为服务贸易发展的重要高地。试验区建立以来，先后出台了 23 项服务业扩大开放措施，涉及金融、航运、商贸、专业服务、文化服务以及社会服务六大领域。不同地区间现代服务业发展失衡严重,一方面是因为基础设施差距大;另一方面是西部地区教育水平低,发展意识落后。比如,西安市近几年培育和扶持了一大批软件服务外包企业,软件服务外包企业的规模以平均每年超过35%的增长速度快速发展,而西安外包服务人才却不能满足现阶段和今后一个时期服务外包产业的需要。调查显示,今后几年西安市软件服务外包人才缺口将达到18万人左右,其中基础性操作人才缺口约13.5万人[1]。这种状况亟待改善,政府应加强地区间的协调发展。

(六) 融资困难亟待改善

大多数服务企业由于规模小、信用低以及缺乏足够的抵押品等原因,很难从银行获得企业发展所需的贷款。在需要大量资金的现代服务行业,如节能服务业,融资困难一直是制约行业发展的最大难题。在金融危机中,虽然文化创意产业呈现出逆势上扬的发展势头,但融资困难依然是制约其更快发展的首要难题。目前,国内大多数文化创意企业没有进行过资产评估,国内保险公司也没有针对性的评估体系,动漫创意等方面的无形资产评估也没有有效开展,使得文化创意企业常常因为无法提供足值抵押而难以获得银行贷款。在我国一些地方试点的知识产权质押贷款也开展得并不顺利,使得文化创意等企业很难通过版权等知识产权质押获得贷款。

(七) 规模品牌有待提升

规模偏小、品牌效应差也是制约我国现代服务业发展的重要原因,在服务外包领域,企业规模越大、品牌效应越高,越容易获得订单。我国大多数服务外包企业虽然发展迅速,但由于规模偏小、品牌效应不大,在国际竞争中处于不利地位,难以获得较大的订单。日本前五大外包公司占了本国外包业51%以上的份额,印度最大的服务外包企业印孚瑟斯(Infosys)拥有员工近4万人,年营业额达70亿美元,而我国目前大型外包企业的规模只有3 000~6 000人,大多数外包企业为500人以下的中小企业,与国外服务外包企业在规模和品牌效应上还存在较大的差距[2]。

第二节 中国服务业发展需求及战略

一、我国服务业发展需求

进入21世纪以来,我国现代服务业发展迅速,根据国家统计局每年发布的统计年鉴显示,2000~2018年,服务业平均增速为10%。现代服务业已经成为全社会固定资产投资的主阵地,其从业人员规模不断扩大,从业人员的比重不断提高。服务业发展的需求来自社会

---

[1] 服务业发展现状 [EB/OL]. http://www.chinabgao.com/freereport/78395.html. 2018-2-26.
[2] 解析服务业市场发展的四大问题 [EB/OL]. http://www.chinabgao.com/k/fuwuye/15201.html. 2015-1-27.

发展及人民生活的需求，主要表现在以下几个方面：(1) 居民消费结构的全面升级对流通服务业发展的要求；(2) 工业化中期阶段，经济快速发展和结构调整对流通服务业发展的要求；(3) 城市化快速推进对流通服务业发展的要求；(4) 市场化进程的推进对流通服务业发展的要求；(5) 落实科学发展观和构建和谐社会对流通服务业发展的要求；(6) 经济全球化的发展对中国流通服务业发展的要求。

由于目前正出现服务业向发展中国家二次产业转移，使中国服务业在未来15年将面临较好的发展机遇。一项战略研究结果显示，中国服务业占GDP比重2010年能达39.3%，就业比重达40%，预计2020年能分别达到48.2%和51%[①]。其中，物流与营销、人力资源开发、软件和信息服务、金融服务、会计审计律师等服务所占比例会越来越高。

二、我国服务业发展战略

2016年，中华人民共和国国民经济和社会发展第十三个五年规划纲要颁布，简称"十三五"规划（2016~2020年），规划纲要主要阐明国家战略意图，明确政府工作重点，引导市场主体行为，对2016~2020年中国经济社会发展提出了宏伟蓝图，"十三五"规划高度重视服务业及新兴产业的发展，通过政策性引导，希望服务业成为拉动国民经济增长的主要动力和新引擎，选取"十三五"规划部分章节内容如下。

（一）加快推动服务业优质高效发展

开展加快发展现代服务业行动，扩大服务业对外开放，优化服务业发展环境，推动生产性服务业向专业化和价值链高端延伸、生活性服务业向精细和高品质转变。

1. 促进生产性服务业专业化

以产业升级和提高效率为导向，发展工业设计和创意、工程咨询、商务咨询、法律会计、现代保险、信用评级、售后服务、检验检测认证、人力资源服务等产业。深化流通体制改革，促进流通信息化、标准化、集约化，推动传统商业加速向现代流通转型升级。加强物流基础设施建设，大力发展第三方物流和绿色物流、冷链物流、城乡配送。实施高技术服务业创新工程。引导生产企业加快服务环节专业化分离和外包。建立与国际接轨的生产性服务业标准体系，提高国际化水平。

2. 提高生活性服务业品质

加快教育培训、健康养老、文化娱乐、体育健身等领域发展。大力发展旅游业，深入实施旅游业提质增效工程，加快海南国际旅游岛建设，支持发展生态旅游、文化旅游、休闲旅游、山地旅游等。积极发展家庭服务业，促进专业化、规模化和网络化发展。推动生活性服务业融合发展，鼓励发展针对个性化需求的定制服务。支持从业人员参加职业培训和技能鉴定考核，推进从业者职业化、专业化。实施生活性服务业放心行动计划，推广优质服务承诺标识与管理制度，培育知名服务品牌。

---

① 第三产业兴旺 2020 年中国服务业就业比重达 51%［EB/OL］. http://www.p5w.net/news/cjxw/200512/t87154.htm. 2015-12-12.

3. 完善服务业发展体制和政策

面向社会资本扩大市场准入，加快开放电力、民航、铁路、石油、天然气、邮政、市政公用等行业的竞争性业务，扩大金融、教育、医疗、文化、互联网、商贸物流等领域开放，开展服务业扩大开放综合试点。清理各类歧视性规定，完善各类社会资本公平参与医疗、教育、托幼、养老、体育等领域发展的政策。扩大政府购买服务范围，推动竞争性购买第三方服务。

（二）加快对外贸易优化升级

实施优进优出战略，推动外贸向优质优价、优进优出转变，加快建设贸易强国。促进货物贸易和服务贸易融合发展，大力发展生产性服务贸易，服务贸易占对外贸易比重达到16%以上。巩固提升传统出口优势，促进加工贸易创新发展。优化对外贸易布局，推动出口市场多元化，提高新兴市场比重，巩固传统市场份额。鼓励发展新型贸易方式。发展出口信用保险。积极扩大进口，优化进口结构，更多进口先进技术装备和优质消费品。积极应对国外技术性贸易措施，强化贸易摩擦预警，化解贸易摩擦和争端。

（三）增加公共服务供给

坚持普惠性、保基本、均等化、可持续方向，从解决人民最关心最直接最现实的利益问题入手，增强政府职责，提高公共服务共建能力和共享水平。

1. 促进基本公共服务均等化

围绕标准化、均等化、法制化，加快健全国家基本公共服务制度，完善基本公共服务体系。建立国家基本公共服务清单，动态调整服务项目和标准，促进城乡区域间服务项目和标准有机衔接。合理增加中央和省级政府基本公共服务事权和支出责任。健全基层服务网络，加强资源整合，提高管理效率，推动服务项目、服务流程、审核监管公开透明。

2. 满足多样化公共服务需求

开放市场并完善监管，努力增加非基本公共服务和产品供给。积极推动医疗、养老、文化、体育等领域非基本公共服务加快发展，丰富服务产品，提高服务质量，提供个性化服务方案。积极应用新技术、发展新业态，促进线上线下服务衔接，让人民群众享受高效便捷优质服务。

3. 创新公共服务提供方式

推动供给方式多元化，能由政府购买服务提供的，政府不再直接承办；能由政府和社会资本合作提供的，广泛吸引社会资本参与。制定发布购买公共服务目录，推行特许经营、定向委托、战略合作、竞争性评审等方式，引入竞争机制。创新从事公益服务事业单位体制机制，健全法人治理结构，推动从事生产经营活动事业单位转制为企业。

（四）健全养老服务体系

建立以居家为基础、社区为依托、机构为补充的多层次养老服务体系。统筹规划建设公益性养老服务设施，支持面向失能老年人的老年养护院、社区日间照料中心等设施建设。全面建立针对经济困难高龄、失能老年人的补贴制度。加强老龄科学研究。实施养老护理人员培训计划，加强专业化养老服务护理人员和管理人才队伍建设。推动医疗卫生和养老服务相结合。完善与老龄化相适应的福利慈善体系。推进老年宜居环境建设。全面放开养老服务市场，通过购买服务、股权合作等方式支持各类市场主体增加养老服务和产品供给。加强老年人权益保护，弘扬敬老、养老、助老社会风尚。

第二章 服务心理学的发展

【学习目标】

服务心理学产生的学科背景
服务心理学产生的理论基础
服务心理学的意义及研究方法

服务心理学是一门新兴的应用性学科。本章通过研究服务心理学与心理学的关系,从心理学的概念入手,简述了心理学的过去、现在与未来,从而引出服务心理学的形成和发展。从心理学的研究对象入手,阐述了服务心理学的研究对象和内容。明确研究服务心理学的意义,并根据服务心理学的特点,提出了研究方法。树立科学的心理观,掌握好心理学的基础知识,是学习和掌握服务心理学的重要前提。

第一节 服务心理学产生的学科背景

服务心理学是一门新兴的应用性学科,它是把心理学的相关原理、研究方法及研究成果运用到服务活动中去,并对消费及服务现象进行分析、研究而产生的一门学科。因此,我们有必要先来了解一下其母科学——心理学。

一、心理学的发展历史概况

人类从古代开始,历经中世纪、文艺复兴以至到19世纪中叶,对心理学的探索和研究,都是处于一种无明确的研究目的、目标,无明确的研究思想、方法的混沌状态下自发的或不自觉地进行的,并依附在对哲学和神学的研究中。心理学的内容融会或包括在哲学和神学的内容体系中,心理学家是由哲学家、神学家、医学家或其他科学家兼任,心理学的方法也主要是思辨的方法。亚里士多德所著的《灵魂论》,可以说是世界上的第一部心理学专著。

而被公认的真正的心理学历史则开始于1879年德国人冯特（Wilhelm Wundt）在德国莱比锡大学建立的世界上第一个心理实验室，因此，冯特成为第一个把心理学转变成一门正式独立学科的真正奠基者，也是心理学史上第一位真正的心理学家。追述心理学的发展历史，大致脉络如下：

（1）古代东方的心理学思想。在东方各国（而后在古希腊）都认为血液循环具有决定性意义，认为生命力的基础是两种因素：血液的浓度和血液中的空气。古埃及的医学文献认为，人类是一种"起源于用鼻子吸入万灵气体的生物"。中国医学文献认为心脏是身体之本，是心理活动的主要器官，气是生命机能的基础。气在人体内与其他的组成部分相混合，既有生理的功能，也有心理的功能。它赋予人以语言的能力，成为"思维的动因"。后来，古印度在"心脏中心"说的基础上也出现了"脑中心"说。这些均是东方心理学发展的理论源说。

（2）古希腊、罗马的心理学。朴素唯物主义的出现，使人们认为自然界的因果起源是存在于自然界本身之中，而不是存在于超感觉世界中的、经不起逻辑分析和试验研究（观察）的、随心所欲的力量的作用之中。他们用自然物（水、火、气等）解释灵魂的起源，坚持灵魂与身体的不可分性，把灵魂视为活跃的生物的一种表现，他们具体探讨了人类的睡眠、梦、记忆、情绪等问题，其主要人物有德漠克利特、柏拉图和亚里士多德。

（3）封建社会的灵魂学说。在欧洲，基督教取得胜利后，成为封建社会的统治思想，它让人们仇视一切以经验和理智为基础的知识，而强调教会教条的千真万确。他们承认知、情、意、行的相互依存性，认为人有一种超理性的认知原型，这一时期的心理学具有神学目的论倾向性。

（4）文艺复兴时期的心理学思想。文艺复兴时期的哲学心理学思想的历史也是从对亚里士多德关于灵魂学说的争论开始的。思想家们对亚里士多德学说持否定态度，在他们看来亚里士多德学说已被改造成符合教会和烦琐哲学的教条。他们复古自然哲学，具有人文主义心理学倾向。主要以人权反对神权、以人性反对神性、以人道反对神道，为科学心理学的诞生提供了理论依据。

（5）17~19世纪的经验心理学。这一时期的心理学以机械决定论为理论模式，以联想主义与感觉主义为主要表现形式。认为活的躯体是一种机械系统，不需要任何隐秘的质和灵魂对它加以解释。意识是个人所固有的，通过内心观察可以获得关于本人的心理状态，激情是在人体内由于人的本性而形成的指使人趋利避害的行为调节器。

（6）科学心理学诞生。1879年，德国心理学家冯特（Wilhelm Wundt）在莱比锡大学建立了世界上第一个心理学实验室，开始对心理现象进行系统的实验研究，宣告了科学心理学的诞生。心理学界把开始系统的实验研究作为科学心理学诞生的标志，是因为科学特征中所强调的客观性、验证性、系统性三大标准，只有实验法才可能做到。冯特本人被誉为实验心理学之父，或心理学之父。他的著作《生理心理学原理》被心理学和生理学两个学科领域推崇为不朽之作。受当时以实验为基础的化学和物理学影响，冯特及其弟子主张研究意识的结构，并由此诞生了科学心理学诞生后的第一个学派——构造主义学派。但该学派不久就遭到反对。由于反对者的主张不同，这种反对逐渐演进为百家争鸣、学派林立的局面，先后形成了一些心理学的经典流派。

（7）心理学壮大时期。19世纪末20世纪初，心理学的研究呈现出百花齐放、百家争鸣的局面。当时出现了以冯特、铁钦纳为代表的构造主义学派，以詹姆士、杜威、安吉尔为代表的机能主义学派，以华生、托尔曼、斯金纳为代表的行为主义学派，以维台默、考夫卡、苛勒为代表的格式塔学派，以弗洛伊德、阿德勒、荣格为代表的精神分析学派等。这些学派的基本理论观点不同，研究的范围和方法不同，却都想以自己的理论体系来统帅整个心理学，于是形成长期的争论和对峙。这在一个新学科的开创阶段是不可避免的，它表明了这个学科的不成熟，也表明它正在发展壮大。

（8）现阶段发展情况。到20世纪30年代，随着部分学派萎缩及个别学派壮大，新行为主义和新精神分析学派成为两个比较有影响的心理学分支。到了60年代，在美国出现了心理学的第三种力量——人本主义心理学，它反对用机械论和还原论的观点研究人，主张心理学应是人化的心理学，强调研究人的本性、价值、尊严和自由。与此同时，认知心理学成为心理学研究的新方向，它认为人的行为主要决定于认识活动，强调心理学主要应研究人类认识的信息加工过程。另外，从这一时期的心理学发展地域来看，第二次世界大战以后心理学的研究中心主要在美国，其他国家多是学习和借鉴美国的心理学。

二、心理学学科发展背景

（一）普通心理学

普通心理学是心理学的主干分支学科，它是以一般正常人的心理现象及其基本规律作为研究对象。普通心理学把个人身上所发生的心理现象分成心理动力、心理过程、心理状态和心理特征四个方面。

（1）心理动力，主要包括动机、需要、兴趣和世界观等心理成分。
（2）心理过程，主要包括认知、情感和意志等心理活动。
（3）心理状态，主要包括在睡眠、觉醒或注意状态下开展的心理活动。
（4）心理特征，主要包括能力、气质和性格。

以上四个方面的划分虽然各自具有一定的独立性，但主要还是为了研究的方便，所以要更重视它们彼此之间的密切联系与相互作用。

（二）社会心理学

社会心理学是研究人的社会或文化行为发生、发展、变化的过程及规律的一门科学。它是研究人的社会行为的，按照某些学者的观点，社会行为主要有三个特征：一是社会行为是对各种社会刺激的反应，同时它又可以成为对他人的社会刺激；二是社会行为既包括人的内在心理现象也包括外在的行为表现；三是社会行为的主体既包括个体也包括由这些个体组成的群体。

社会心理学主要研究的内容包括：社会化、社会认知、社会动机、社会沟通、社会态度、人际关系等。

（三）管理心理学——服务心理学发展的开端

管理心理学是在心理科学日益壮大与管理科学逐渐成熟的基础上产生、形成和发展起来的一种应用性心理学。它重点研究组织中的个体、群体以及组织之间的心理关系，为提高组织生产力提供心理依据。因此，管理心理学是服务心理学产生的主要理论依据之一。管理心理学的主要发展过程如下。

1. 工业心理学诞生

工业心理学发端于冯特的学生闵斯特伯格（1863～1916），他出生于德国后侨居美国，受聘于哈佛大学，被称为"工业心理学之父"。他在1912年发表了名著《心理学和工业效率》，此书论述了用心理测验方法选拔合格工人等问题，也研究疲劳和劳动合理化问题，提出应创造心理条件，使每个工人获得最大满意的产量以及满足人的需要等问题，具体表现在三个方面：尽可能有最好的工人；尽可能有最好的条件；尽可能有最好的工作。

闵斯特伯格的研究成果被广泛应用于职业选择、劳动合理化以及改进工作方法、建立最佳工作条件等方面。选择适合于工人体力和心理的工作条件，在当时不仅是生产力增长的重要因素，也是减少同工人冲突的重要条件。但由于他考虑的面较窄，还缺乏社会心理学与人类学的观点和依据，所以，并未引起更广泛的注意，后来的霍桑实验为工业心理学增加了深度和广度，并开创了管理心理学。

2. 梅奥的霍桑实验与管理心理学的发展

梅奥（1880～1994）是澳大利亚人，在本国取得了逻辑学和哲学硕士学位，后又在苏格兰研究医学及精神病理学。由于得到洛克菲勒基金资助，他移居美国，作为一名工业研究副教授参加哈佛大学的教学工作，在此度过了他的大部分人生，并最终成为企业管理学院产业研究的教授，后还做过政府的顾问。其著作有《工业文明中的人的问题》（1993）、《工业文明中的社会问题》（1949）等，梅奥在哈佛期间进行了许多科研项目，最著名的就是对芝加哥的西方电气公司霍桑工厂进行的为期5年的调研。他被人们称为是人群关系理论（行为科学）或工业社会学的创始人。

（1）梅奥等在霍桑工厂实验的基础上提出了以下几条原则：工人是社会人，是复杂的社会系统的成员，必须从社会、心理方面来鼓励工人提高劳动生产率；

（2）企业中并存着正式组织和非正式组织。非正式组织就是指人们在共同的人性基础上形成的感情联结，它对生产效率有着很大的影响；

（3）以通过对职工满足程度的提高来激发职工的积极性，从而达到提高生产效率的目的，是衡量领导能力的一种新型标准。强调一个具有这种新标准能力的领导者，必须在企业的正式组织的经济需求和工人的非正式组织的社会需求之间谋求平衡，只有这样才能解决劳资冲突和矛盾，并有效地提高生产效率。

霍桑试验的结论及在此基础上提出的人群关系理论，极大地推动了行为科学的发展，在企业管理领域有着重要的意义和深远的影响。他第一次把社会学、心理学引入企业管理领域中来，有力地冲击了传统的管理理论，使管理者认识到人都是有思想、有感情的活生生的人，团体就是由这些具有不同心理特征的人结成的人群组织。

因此，作为一个管理者不仅要有组织、控制整个企业经营事业的能力，还必须具备满足职工社会与心理需求、激发工人的积极性和创造性以及控制和操纵整个群体的能力。梅奥通过霍桑试验提出的"人群关系"理论，为管理心理学的形成奠定了实验的理论基础。因而，被公认为是工业社会心理学的创始人和管理心理学的先驱。

3. 人力资源学派（西方的人性假设理论）

20世纪50年代，美国学者西奥多·舒尔茨提出的"人力资本理论"，道格拉斯·麦格雷戈提出的X理论、Y理论等认为企业中发生各种问题的根本原因在于未能发挥职工的潜力，而职工的潜力是企业的巨大财富。

4. 权变观点进入管理领域——管理心理学形成

美国的艾德佳·沙因提出了：组织文化和领导、组织心理、职业动力学、咨询过程、重新思考咨询过程等问题。他认为人的心理状态是复杂的，人与人之间有差异，人不是单纯的"经济人""社会人"或"自我实现的人"，而是"复杂人"。管理者不能用一个模式进行管理，而应根据每个职工的特点，对症下药，才能取得较好效果。

管理心理学的迅速发展使企业管理进入一个新阶段，企业管理由"物"为中心转变为以"人"为中心；以"纪律"为中心转变为以"行为"为中心；以"监督"为中心转变为以"动机激发"为中心；以"独裁式"管理为中心转变为以"参与式"管理为中心。管理心理学研究的内容是企业中具体的社会心理现象，包括个体心理、群体心理、组织心理和领导心理四个方面。管理心理学的形成，为组织中的个体发展和人群关系提供了心理学依据，也为服务心理学的形成奠定了理论基础。

（四）消费心理学——服务心理学诞生的直接动因

消费心理学是应用心理学的一个重要分支，它研究消费者在消费活动中的心理现象和行为规律。消费心理学是一门新兴学科，它的目的是分析消费者获得消费信息、产生消费需要与动机、进行购买决策、享受消费价值、获得消费体验的过程；介绍消费群体的心理特点；分析商品、营业环境、广告宣传、社会环境等因素与消费者心理之间的关系。研究消费心理学，对于消费者，可提高消费效益；对于经营者，可提高经营效益。

但消费心理学主要以现代营销中的4P理论为基础，即产品（product）、价格（price）、促销（promotion）、渠道（place），从经营者的角度关注消费者的行为特征；而服务心理学则主要以4C为理论基础，即顾客（consumer）、成本（cost）、便利（convenience）和沟通（communication），以顾客为导向，着重在寻找顾客需求、满足顾客需求、掌握消费心理的同时，把握如何通过良好服务获得长期经营效益。

三、服务业及其他相关的基础学科条件

服务本身就是受社会各种因素制约的，服务活动中人的心理复杂多样，也是受社会各种因素影响的。服务心理学的学科性质决定了其相关理论基础是相当广泛的。除普通心理学、社会心理学、管理心理学、消费心理学以及服务业自身是服务心理学的直接理论基础外，还有社会学、人类学、经济学、历史学、民俗学等都是与其相关的基础学科。

第二节 服务心理学产生的理论基础

心理学为服务心理学的研究提供了最基本的理论和方法,掌握好心理学的基础知识,是研究服务心理学的重要前提。本节将对与服务心理学直接相关的理论和学科基础知识做简要介绍,目的是便于对服务心理学的理论基础有个系统、初步的了解,为以后各章的研究学习做准备。

一、心理学的研究实质

心理的实质问题,是心理学首先必须面对的根本性问题。心理学是研究人的心理现象及其发生、发展规律的科学。心理学是兼有自然科学性质和社会科学性质的中间科学。心理现象是心理学的研究对象。心理学研究心理现象,就是要揭示心理现象发生、发展的客观规律,用以指导人们的实践活动。大脑皮层神经中枢的不同分工如图2-1所示。

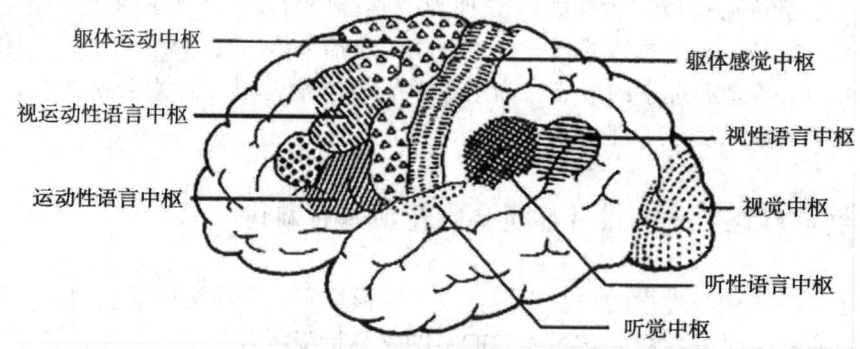

图2-1　大脑皮层神经中枢(背外侧面)

心理,是对心理现象、心理活动的简称。心理并不是人所独有的,动物亦有心理。心理学既研究人的心理又研究动物的心理,通过对动物心理的研究以及共性的量化分析,将规律性的研究结果放回到人类社会检验。而那些经过校验的理论就成为心理学的基本理论。

人的心理可分为个体心理和群体心理。

(一) 个体心理

个体心理是指个别主体即具体的个人的心理。个体心理,一般分为心理过程和个性两大类。苏联心理学家爱列维托夫(1890~1972)认为,在心理过程与个性之间还有一种过渡的状态,即心理状态。这样,人的心理现象结构(人的心理现象之间的相互关系系统)就有心理过程、心理状态和个性心理三大类。

心理过程是指人的心理活动发生、发展的过程,即客观事物作用于人(主要是人脑),

在一定的时间内大脑反映客观现实的过程，包括认识过程、情绪和情感过程、意志过程，三者结合在一起简称为"知情意"。认识、情感和意志这三个过程是相互联系、相互促进，统一在一起的。

心理状态是介于心理过程与个性心理之间的既有暂时性，又有稳固性的一种心理现象，是心理过程与个性心理统一的表现。

个性心理是显示人们个别差异的一类心理现象。由于每个人的先天因素不同，生活条件不同，所受的教育影响不同，所从事的实践活动不同，因此这些心理过程在每一个人身上产生时又总是带有个人特征；这样就形成了每个人的兴趣、能力、气质、性格的不同。譬如，个人的兴趣广泛性，兴趣的中心、广度和兴趣的稳定性不同；各人的观察力、注意力、记忆力、想象力、思考力不同；有的能力高，有的能力低；各人的情感体验的深浅度，表现的强弱、克服困难的决心和毅力的大小也不同，所有这些都是个性的不同特点。人的心理现象中的兴趣、能力、气质和性格，称为个性心理特征。

心理现象的各个方面并不是孤立的，而是彼此互相联系着。不仅在认识、情感、意志过程之间，而且在个性心理特征和心理过程之间也有密切联系。没有心理过程，个性心理特征就无由形成。同时，已经形成的个性心理特征又制约着心理过程，在心理过程中表现出来。例如，具有不同兴趣和能力的人，对同一曲歌、同一幅画、同一出戏的评价和欣赏水平是不同的；一个具有先人后己、助人为乐性格特征的人，往往表现出坚强的意志或行动。

事实上，既没有不带个性特征的心理过程，也没有不表现在心理过程中的个性特征，二者是同一现象的两个不同方面。我们要深入了解人的心理现象就必须分别地对这两个方面加以研究，如果要掌握一个人的心理全貌，必须要将这两方面结合起来进行考察。

心理学是研究心理过程及其机制、个性心理特征的形成过程及其机制、心理过程和个性心理特征相互关系的规律性。人们常说的心理学，就是研究上述个体心理发生与发展规律的一门科学。

（二）群体心理

人不是孤立的存在，人需要作为社会的一员发挥作用。

群体心理分为小群体心理和大众心理。作为社会的人，彼此之间必然要发生一定的关系，进行社会交往，从而产生交往心理。交往心理既存在于个人与他人之间，也存在于群体之间，群体心理包括三大类型，即交往心理、小群体心理、大众心理。

个性是表现在人身上的经常性的、稳定性的和具有本质特点的心理特征。所谓经常性和稳定性，是指那些以某种机能特点或结构形式在个体的身上比较固定的特点，偶尔出现的某些特征，是不能成为人的个性心理特征的。所谓本质特征，是指人所固有的精神面貌。顾客的个性心理特征，就是顾客在各自的心理活动实践中经常表现出来的、比较稳定的个性心理的特殊性。个性心理特征影响着顾客的一切言行举止，个性心理特征与顾客的购买活动的结合，给顾客各自购买行为涂上了独特的色彩，显现出明显的差异。个性心理特征具体地体现在一个人的能力、性格和气质等方面的特点上。

二、现代心理学的三大学派

在回答心理的实质问题以前,我们先来认识一下现代西方心理学中,最著名的三大学派的基本观点。

(一) 行为主义心理学

行为主义心理学派否定以研究意识为出发点的传统观点,而主张以研究行为作为出发点,重视实验的作用,曾一度被当时的青年学者所推崇。行为主义以动物实验为基础,通过改变环境(刺激)来改变动物的行为,认为通过强化刺激可以形成行为习惯,有著名的"巴甫洛夫囊袋""桑代克的猫"和"斯金纳箱"理论,而其集大成者为华生。

1. "巴甫洛夫囊袋"

19世纪末20世纪初俄国心理学家谢切诺夫和巴甫洛夫的条件反射学说的创立就使心理学作为一门现代实验科学正式形成。巴甫洛夫早先致力于研究狗的消化系统。他发现,当把食物置入狗的胃里时,胃壁会分泌胃液以促进消化。一系列研究表明,胃液分泌的数量和持续的时间,是随置入胃里的食物的种类和数量而变化的。为了清楚地测定胃里发生的变化,巴甫洛夫以其精湛的外科手术,使狗的胃一部分外露出来。他把狗的胃一部分组织切开,接着在躯体一边切开一个洞口,外面再连接一个囊袋。

这样,狗实际上就有了两个胃:一个是原来的胃,其绝大部分组织都仍在起着它的基本功能;另一个是通过手术连接在外面的小胃[或称为"巴甫洛夫囊袋(Pavlovian Pouch)"],这个囊袋的内部是可以观察到的(见图2-2)。巴甫洛夫发现,囊袋分泌的情况与胃的分泌活动完全一样。完成了这些准备工作后,巴甫洛夫就能观察到消化过程的细节(巴甫洛夫关于条件作用研究的实验装置见图2-3)。他也由此获得了诺贝尔医学奖。

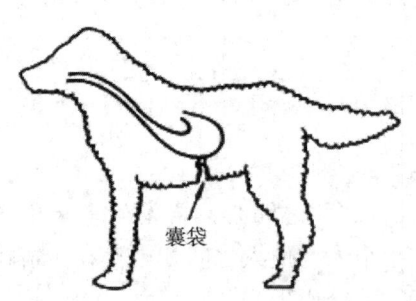

图2-2 巴甫洛夫囊袋

资料来源:Bolles,1979。

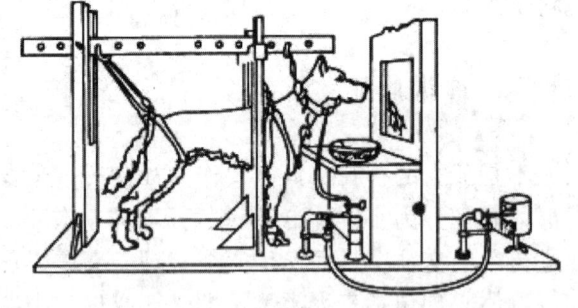

图2-3 巴甫洛夫关于条件作用研究的实验装置

巴甫洛夫根据实验研究得出的基本结论是:动物有一种固有的生理反射,它以一种非常精确的方式随胃里食物的种类和数量进行胃液分泌。这一结论也适用于唾液分泌,因为狗唾液分泌的情况,是与嘴里食物的种类和数量完全吻合的。例如,当嘴里有食物时就会分泌一种黏稠的唾液开始消化过程,而当在嘴里滴一点儿酸液时,就会分泌大量淡的唾液以稀释酸液。条件作用过程的阶段如图2-4所示,条件反射形成如图2-5所示。

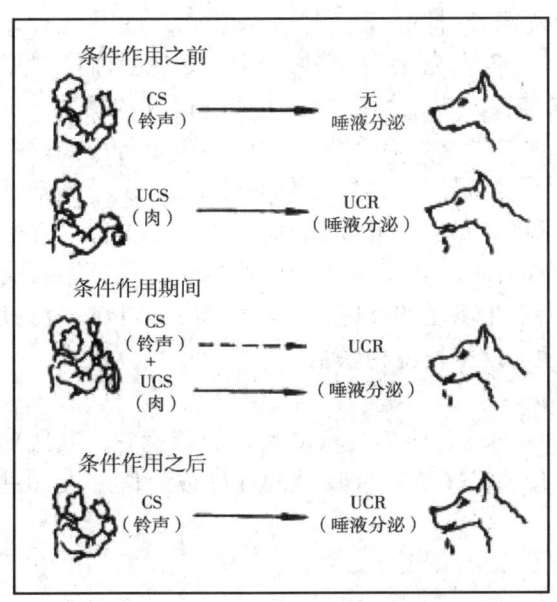

图2-4 条件作用过程的阶段

资料来源：Gazda, et al., 1980。

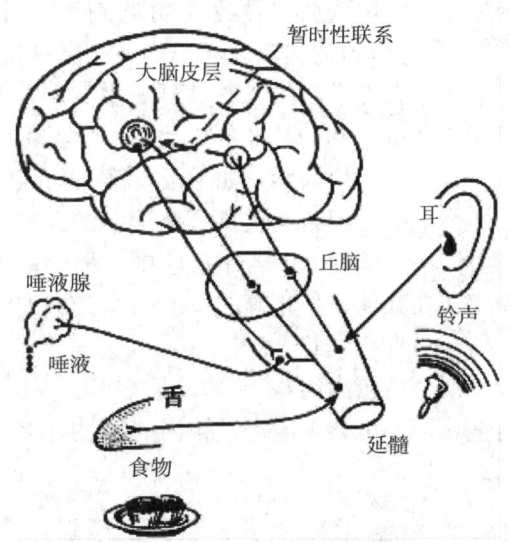

图2-5 条件反射形成示意

资料来源：Gazda, et al., 1980。

2. "桑代克的猫"

桑代克设计了"桑代克迷笼"（见图2-6），将饿猫关入此笼中，笼外放一条鱼，饿猫急于冲出笼门去吃笼外的鱼，但是要想打开笼门，饿猫必须一气完成三个分离的动作。首先要提起两个门闩，接着是按压一块带有铰链的台板，最后是把横于门口的板条拨至垂直的位置。

当猫被关进箱子里，试图从任何空隙中钻出来：它抓、咬电线，把爪子插入任何空隙中，抓取够得着的每一样东西……猫不大留意外边的食物，它这样做出于逃生的本能……在冲动挣扎过程中可能抓到开门的环扣或按钮逃了出来。经过无数次重复实验后，猫的所有不成功的冲动被剔除，而促使成功行为的那种冲动的结果被保留。当猫再次被关进箱子时，它会立即用明确的方式抓住按钮或环扣。

图2-6 "桑代克迷笼"的原型

桑代克认为，动物在每次尝试的过程中，都建立起一种刺激—反应型联系，那些能够导致成功的反应被保留,而那些无效的反应则会逐渐被排除,所以,动物学习就是从各种刺激—反应中挑选那些导致成功的刺激—反应型。桑代克又把这种刺激—反应型称作"联结",认为学习的实质就在于形成刺激—反应联结,并根据其动物心理实验研究的发现,提出了有关人类学习的三条主要规律:(1)准备律:指学习者在学习时的预备定势。如果学习者有准备,并按其准备活动做,学习者就会产生满足感;如果有准备而没有按其准备活动做,就会产生烦恼感;如果没有准备而强制其活动,就会产生厌恶感。(2)练习律:在奖励的情况下,不断地重复一个学会的反应就会增加刺激和反应之间的联结。(3)效果律:在对同一情境所做的若干反应中,那些使学习者产生满足的反应或紧跟着满足所带来的激励作用,在其他条件相等的情况下,会愈加牢固地与这种情境相联结。

3. "斯金纳箱"

斯金纳箱高约0.33米,长方形,一面是单向玻璃,便于观察动物而不惊扰它,其底部是金属网,可产生电击。箱内有照明小灯,并有一根连接着食物台的杠杆或一块踏板(见图2-7)。

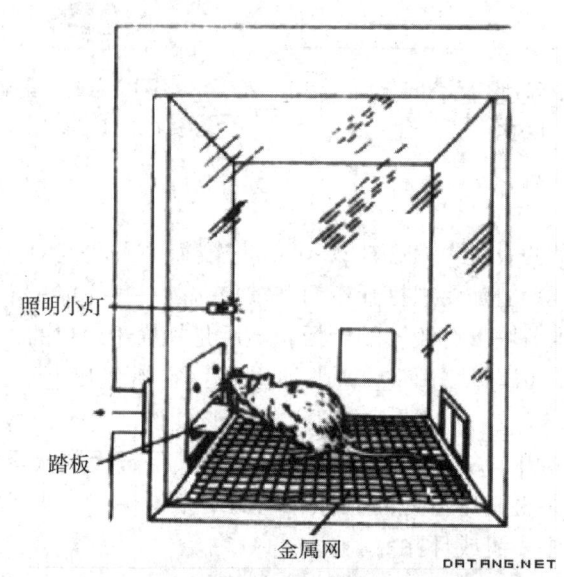

图2-7 "斯金纳箱"原型

将饥饿的动物放到箱子里,当它偶尔按压杠杆时,便可得到一点儿食物,以此建立操作条件反射。实验者通过改变实验程序,就可以改变动物的行为模式。

4. 华生的S-R理论

华生(1878~1958),美国心理学家。行为主义心理学的创建人,他的行为主义又被称作"S-R"(Stimulation-Reaction)心理学,即刺激—反应心理学。他在1903年获芝加哥大学哲学博士学位,1908年任约翰·霍普金斯大学教授。在此期间他开始探索用行为主义的方法来取代当时的心理学,他的观点很快受到了学术界的欢迎,并于1915年当选为美国心理学会主席。华生1913年在其发表的论文《行为主义者心目中的心理学》中指出,心理学应该成为"一门纯粹客观的自然科学",而且必须成为一门纯生物学或纯生理学的自然科学。

华生行为主义心理学的主要观点是:心理学研究行为而不研究意识,心理学的研究方法应该是客观观察而不是自我内省，心理学的任务在于预测和控制行为。

华生认为，行为是可以通过学习和训练加以控制的，只要确定了刺激和反应（即S-R）之间的关系，就可以通过控制环境而任意地塑造人的心理和行为。他曾有一句名言：给我一打健康的婴儿，并在我自己设定的特殊环境中养育他们，那么我愿意担保，可以随便挑选其中一个婴儿，把他们训练成我所选定的任何类型的特殊人物，如医生、律师、艺术家、商人或乞丐、小偷，而不管他的才能、嗜好、倾向、能力、天资和他们父母的职业及种族如何。由此可见，华生特别强调环境对人行为的影响，是典型的"环境决定论"。根据这一理论，犯罪心理和行为的形成与发展，是人在不良的环境中不断学习、训练的结果。行为主义强调环境的影响，有其合理的一面，但这一理论过分夸大了环境的作用，而忽视了人的主观能动性，也有它的不足之处。这一理论后来也得到了不断的改良与补充。

行为主义通过改变环境刺激而引起动物反应的S-R理论，在服务业领域应用广泛，比如，服务营销中的焦点商品在显眼位置的摆放，电视广告连续3次及以上的重播，以及现代娱乐界的炒作、恶搞均通过刺激顾客来达到被注意的目的。

（二）精神分析心理学

精神分析论曾对20世纪的人类文化产生巨大影响。奥地利心理学家弗洛伊德是从事心理治疗起家的，是经典精神分析心理学派的创始人。其代表作有《释梦》《日常生活的心理分析》等。主要观点是心理上的病态是人的本能冲动被压抑的结果，主张应通过分析破译梦的含义去寻求治疗的方法；强调行为的原动力是人的本能欲望冲动的结果，主张治疗的方法，不应使用压抑或放纵，而应该是"升华"，通俗地说就是把原本用于做坏事的心理能量用来做好事。

1. 潜意识理论

弗洛伊德把人的心理活动分为三个层次，即意识、前意识和潜意识。被压抑在潜意识里的各种心理冲突，虽然感知不到，但并未消失，而是潜伏在潜意识之中，在一定条件下可通过某种转换机制以病态的方式表现出来，形成各种身心不适症状或精神疾病。因此，弗洛伊德认为，心理障碍的原因不是来自意识，而是来自潜意识的矛盾冲突。

2. 人格结构理论

弗洛伊德假定人格是由三部分构成的，即本我、自我和超我。弗洛伊德认为，在一个健康的人格之中，本我、自我、超我三者的作用是平衡的。如果本我、自我、超我三种力量不能保持这种动态平衡，则将导致心理失常。

id：本我是指原始的自己，包含生存所需的基本欲望、冲动和生命力，遵循快乐原则。

ego：自我，是自己可意识到的执行思考、感觉、判断或记忆的部分。

super-ego：超我，是人格结构中代表理想的部分，这一发展出现于父母或其他成人将社会的价值和标准传递给儿童。

3. 治疗方法与技术

因为精神分析理论认为心理障碍是潜意识中的矛盾冲突引起的，所以精神分析疗法致力于挖掘病人压抑到潜意识中的幼年创伤性经验，将其带入意识之中，启发病人重新认识这些经验，使潜意识的矛盾冲突获得解决，从而消除病人的症状。这就好比，屋里的异味如果是由地毯下发霉的垃圾散发的，要想彻底消除异味，只在地毯上打扫是不行的，必须把地毯下发霉的垃圾清除掉。为了达到上述目标，精神分析心理疗法主要采用自由联想和释梦等技术。

（1）自由联想（free association）。弗洛伊德认为浮现在脑海中的任何东西都不是无缘无故的，都是具有一定因果关系的，借此可挖掘出潜意识中的症结。自由联想就是让病人自由诉说心中想到的任何东西，鼓励病人尽量回忆童年时期所遭受的精神创伤。精神分析学说认为，通过自由联想，病人潜意识的大门不知不觉地打开了，潜意识的心理冲突可以被带入意识领域，医生从中找出病人潜意识之中的矛盾冲突，并通过分析促进病人领悟心理障碍的"症结"，从而达到治疗的目的。自由联想是精神分析的基本手段之一。

（2）梦的分析（dream analysis）。弗洛伊德在他的著作《梦的解析》中，认为"梦乃是做梦者潜意识冲突欲望的象征，做梦的人为了避免被人家察觉，所以用象征性的方式以避免焦虑的产生""分析者对梦的内容加以分析，以期发现这些象征的真谛"。所以发掘潜意识中心理资料的另一种技术就是要求病人在会谈中也谈谈他做的梦，并把梦中不同内容自由地加以联想，以便治疗者能理解梦的外显内容（又称显梦，即梦的表面故事）和潜在内容（又称隐梦，即故事的象征意义）。

（3）阻抗（resistance）。阻抗是自由联想过程中病人在谈到某些关键问题时所表现出来的自由联想困难。其表现多种多样，如正在叙述过程中突然沉默，或转移话题等阻抗的表现是在有意识的状态下进行的，但根源却是潜意识中本能地有阻止被压抑的心理冲突重新进入意识的倾向。当自由联想接近这种潜意识的心理症结时，潜意识的阻抗就自然发生作用，阻止其被真实地表述出来。精神分析理论认为，当病人出现阻抗时，往往正是病人心理症结所在。因此，医生的任务就是不断辨认并帮助病人克服各种形式的阻抗，将压抑在潜意识的情感发泄出来。克服阻抗往往需要很长时间。

（4）移情（transference）。移情是病人沉浸在对往事的回忆中，将童年期对他人的情感转移到医生身上。移情有正移情（positive transference）和负移情（negative transference），正移情是病人将积极的情感转移到医生身上，负移情是病人将消极的情感转移到医生身上。借助移情，把病人早年形成的病理情节加以重现，重新"经历"往日的情感，进而帮助他解决这些心理冲突。

（5）解释（interpretation）。在治疗过程中治疗者的中心工作就是向病人解释他所说的话中潜意识的含义，帮助病人克服抗拒，而使被压抑的心理问题得以源源不断地通过自由联想和梦的分析暴露出来。解释是逐步深入的，根据每次会谈的内容，用病人所说过的话作为依据，用病人能理解的语言告诉他的心理症结的所在。解释的程度随着长期的会谈和对病人心理的全面了解而逐步加深和完善，而病人也通过长期的会谈在意识中逐渐培养起一个对人对事成熟的心理反应和处理态度。

精神分析心理学作为心理治疗的经典，对现代临床心理治疗、沙盘心理疗法、催眠术等的应用提供了理论基础，同时，给服务活动中顾客的人格特征分析提供了心理学依据，有利于服务人员在客我交流中根据对方的人格状况顺利完成服务活动。

（三）人本主义心理学

人本主义心理学兴起于20世纪五六十年代的美国。由马斯洛创立，以罗杰斯为代表，被称为除行为学派和精神分析以外，心理学上的"第三势力"。人本主义心理学研究的主题是人的本性及其与社会生活的关系。他们强调人的尊严和价值，反对心理学中出现的人性兽化和机械化的倾向，主张心理学要研究对个人和社会进步富有意义的问题；在方法论上，他们反对以动物实验结果推论人的行为，主张对人格发展进行整体分析和个案研究。无论是马斯洛的自然人性说和自我实现的需要层次理论，还是罗杰斯基于尊重、真诚、悦纳的"完人"教育观，都从人性的角度启示我们重新审视儿童的本性与潜能、需要与自我实现，以及早期教育活动的开展等问题。人本主义和其他学派最大的不同是特别强调人的正面本质和价值，而并非集中研究人的问题行为，并强调人的成长和发展，称为自我实现。

1. 产生的背景

第二次世界大战后，西方资本主义社会的社会问题日益严重，人们的精神状态也陷入了更大的危机，很多社会问题的解决急需借助心理学，从而使得临床心理学、心理诊疗、社会心理学等获得了很大的发展空间。人们开始认识到，一切不安的根源在于人缺乏对自身内在价值的认识。但是传统心理学存在着严重的贬低人性化和非人性化的倾向，由此人本主义心理学便应运而生。人本主义心理学其理论产生是出于反击当时两个影响最大的心理学派，即行为主义心理学和精神分析心理学。人本主义心理学认为在这些心理学中，作为心理学核心的人的心理现象的本质属性没有得到正确阐述。人本主义心理学家认为心理学应着重研究人的价值和人格发展。在心理学的基本理论和方法论方面，他们继承了19世纪末狄尔泰和韦特海默的传统，主张正确对待心理学研究对象的特殊性，反对用原子物理学和动物心理学的原理和方法研究人类心理，主张以整体论取代还原论。

2. 马斯洛的人本主义心理学

亚伯拉罕·马斯洛（Abraham Harold Maslow，1908～1970）出生于纽约市布鲁克林区，是美国社会心理学家、人格理论家和比较心理学家，人本主义心理学的主要发起者和理论家，心理学第三势力的领导人。1926年入康乃尔大学，3年后转到威斯康星大学攻读心理学，在著名心理学家哈洛的指导下，1934年获得博士学位。之后，留校任教。1935年在哥伦比亚大学任"桑代克学习心理研究"工作助理，1937年任纽约布鲁克林学院副教授，1951年被聘为布兰戴斯大学心理学教授兼系主任，1969年离任，成为加利福尼亚劳格林慈善基金会第一任常驻评议员。第二次世界大战后转到布兰代斯大学任心理学教授兼系主任，开始对健康人格或自我实现者的心理特征进行研究。曾任美国人格与社会心理学会主席和美国心理学会主席（1967），是《人本主义心理学》和《超个人心理学》两本杂志的首任编辑。

主要著作有：《动机与人格》（1954）、《存在心理学探索》（1962）、《宗教、价值观和高峰体验》（1964）、《科学心理学》（1967）、《人性能达的境界》（1970）等。其主要观点有：

（1）需要层次理论。根据马斯洛的理论，个体成长发展的内在力量是动机。而动机是由多种不同性质的需要所组成，各种需要之间，有先后顺序与高低层次之分；每一层次的需要与满足，将决定个体人格发展的境界或程度。

层次一：生理需要（physiological need），生存所必需的基本生理需要，如对食物、水和睡眠和性的需要。

层次二：安全需要（safety need），包括一个安全和可预测的环境，它相对地可以免除生理和心理的焦虑。

层次三：爱与归属的需要（love and belongingness need），包括被别人接纳、爱护、关注、鼓励、支持等，如结交朋友、追求爱情、参加团体等。

层次四：尊重需要（esteem need），包括尊重别人和自我尊重两个方面。

层次五：自我实现需要（self-actualization need），包括实现自身潜能。

在心理学上，需要层次论是解释人格的重要理论，也是解释动机的重要理论。后来人们将其概括整合为需要层次理论层次图（见图2-8）。

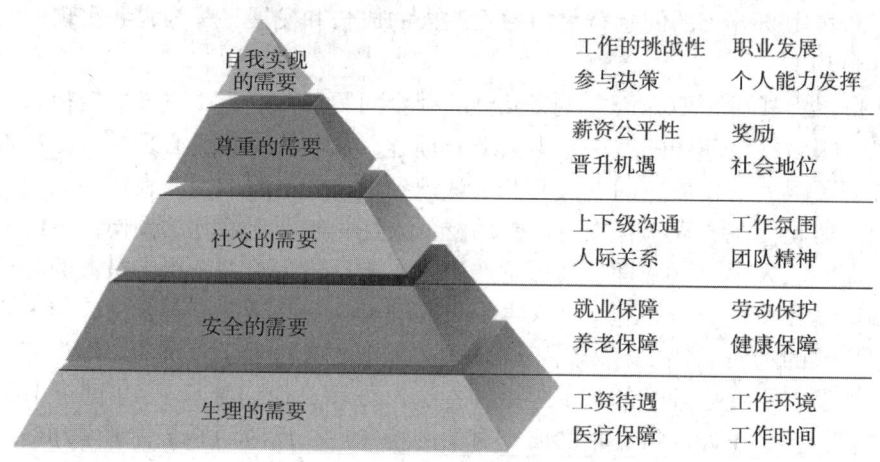

图2-8 马斯洛的需要层次结构

（2）自我实现。自我实现是马斯洛人格理论的核心。他认为可以将其定义为"不断实现潜能、智能和天资"，定义为"完成天职或称为天数、命运或禀性"，定义为"更充分的认识、承认了人的内在天性"，定义为"在个人内部不断趋向统一、整合或协同动作的过程"。也就是说，个体之所以存在，之所以有生命意义，就是为了自我实现。马斯洛对自己的学生进行抽样调查，并对历史上和当时仍然健在的著名人物，如斯宾诺莎、贝多芬、歌德、爱因斯坦、林肯、杰弗逊、罗斯福等进行个案研究，概括出了自我实现的人所共同具有的人格特征。

① 对现实具备更有效的洞察力和更适宜的想法；
② 对自我、他人和自然的接受；
③ 行为的自然流露；
④ 以问题为中心；
⑤ 超然的独立性：离群独居的需要；
⑥ 自主性：对文化与环境的独立性；意志力强；积极的行动者；
⑦ 时常有新的体验；
⑧ 对社会充满感情；
⑨ 良好的人际关系；
⑩ 民主的性格结构；
⑪ 能区分手段与目的、善与恶；
⑫ 富有哲理的、善意的幽默感；

⑬ 创造力；

⑭ 对文化适应的对抗。

（3）高峰体验。高峰体验是自我实现的短暂时刻，只有在生活中经常产生高峰体验，才能顺利地达到自我实现。

马斯洛在阐述高峰体验时认为："这种体验是瞬间产生的，压倒一切的敬畏情绪，也可能是转瞬即逝的极度强烈的幸福感，甚至是欣喜若狂、如痴如醉、欢乐至极的感觉。"许多人都声称自己在这种体验中仿佛窥见了终极的真理、人生的意义和世界的奥秘。人们好像是经过长期的艰苦努力和紧张奋斗而达到了自己的目的。

"这些美好的瞬间来自爱情和异性的结合，来自审美感觉，来自创造冲动和创造激情，来自意义重大的领悟和发现，来自女性的自然分娩和对孩子的慈爱，来自与大自然的交融……"

这种高峰体验可能发生于父母子女的天伦情感之中，也可能是在事业获得成就或为正义而献身的时刻，还或许是在饱览自然、浪迹山水的那种"天人合一"的刹那间。

（4）以人为本的管理。马斯洛很早即关注人的因素。当20世纪60年代美国的管理大师杜拉克、麦格莱高等都将注意力集中于工业化的工作场地时，马斯洛最早认识到人本管理的重要性，他说："工业领域也许能够当作心理动力学研究高级人类发展研究和人类思想生态学研究的新实验室。"他认为，任何组织的管理问题，都可以用一种新方法来加以解决，建立起某种环境条件，使个人目标与该组织的目标结合起来。即无论何种管理都应以人为本。

首先，他尊重个人，强调自我实现，主张以最简单的方式，对人类劳动、生活和谋生的方式进行适当的管理，认为适当的管理是一种理想化的或革命性的技巧。

其次，他认为，推进健康管理和协同管理，要修改在大型组织里一直在起作用的那种顺从性的行为，让人们在一个公司里保持自己的个性，使工作不成为一种工作，而成为自己喜欢的娱乐。

再次，他盛赞协同，主张一个追求自身利益的人，同时也自动地帮助了别人；无私奉献帮助他人的人，同时也得到自我需要的好处。

最后，他极力主张不要将权力赋予"为得到权力而追求权力的人"。

马斯洛的观点很具有颠覆性、穿透性和准确的预见性。几十年过去了，其有关要求自我实现的员工、培养客户忠诚、树立领导风范以及把不确定性作为一种创造力源泉的主张等，描绘了我们今天数字化时代的图景，显得非常深刻。

3. 罗杰斯的自我理论

卡尔·兰塞姆·罗杰斯（Carl Ransom Rogers）1902年1月8日生于芝加哥附近的奥克帕克。他在严厉的宗教环境下成长，并在威斯康星大学学习了农业、历史和宗教。在他20岁时，参加了在北京举办的一个国际基督教会议，从那时起他开始怀疑自己的宗教信仰。在参加了一个"为什么我做牧师"的研讨会，决定改变自己的职业方向。两年后他离开了神学院，去哥伦比亚大学师范学院读研，1928年获得硕士学位，1931年获得博士学位。当他完成博士论文后，开始从事儿童研究。在1930年担任纽约罗切斯特市防止虐待儿童协会的儿童研究室主任。1935～1940年在罗切斯特市大学授课和著书。基于自己在问题儿童方面工作的经验，编写了《问题儿童的临床治疗》（1939）。1940年，罗杰斯成为俄亥俄州立大学临床心理学教授，在那里他编撰了第二本书《咨询与心理治疗》（1942），在书里，罗杰斯提道：应以患者为中心进行心理治疗。1945 年，他在芝加哥大学建立了一个咨询中心。同时期担任芝加哥大学的心理学教授（1945～1957），在他任职时期，确立了咨询中心的工作理念，并进行相关的研究去验证方法的有效性。他的一些发现和理论出现在《以患者为中心治疗》（1951）和《个人改变精神治疗》（1954）里。1956 年，获美国心理学会颁发的杰出科学贡献奖。1957～1963 年在威斯康星大学教授心理学，在此期间他撰写了他最畅销的一本书《论人的成长》（1961）。1972 年，获美国心理学会卓越专业贡献奖。罗杰斯在 La Jolla 度过了余生，平时给人做治疗、演讲和著书，直到 1987 年突然去世。

罗杰斯认为心理学应着重研究人的价值和人格发展，他既反对 S. 弗洛伊德的精神分析把意识经验还原为基本驱力或防御机制，又反对把意识看作是行为的副现象。关于人的价值问题，人本主义心理学家大多同意柏拉图和卢梭的理想主义观点，认为人的本性是善良的，恶是环境影响下的派生现象，因而人是可以通过教育提高的，理想社会是可能的。在心理学的基本理论和方法论方面，他们继承了 19 世纪末 W. 狄尔泰和 M. 韦特海默的传统，主张正确对待心理学研究对象的特殊性，反对用原子物理学和动物心理学的原理和方法研究人类心理，主张以整体论取代还原论。

自我理论认为刚出生的婴儿并没有自我的概念，随着他（她）与他人、环境的相互作用，他（她）开始慢慢地把自己与非自己区分开来。当最初的自我概念形成之后，人的自我实现趋向开始激活，在自我实现这一股动力的驱动下，儿童在环境中进行各种尝试活动并产生出大量的经验。通过机体自动的评估过程，有些经验会使他感到满足、愉快，有些则相反，满足愉快的经验会使儿童寻求保持、再现，不满足、不愉快的经验会使儿童尽力回避。在孩子寻求积极的经验中，有一种是受他人的关怀而产生的体验，还有一种是受到他人尊重而产生的体验，不幸的是儿童这种受关怀尊重需要的满足完全取决于他人，他人（包括父母）是根据儿童的行为是否符合其价值标准、行为标准来决定是否给予关怀和尊重，所以说他人的关怀与尊重是有条件的，这些条件体现着父母和社会的价值观，罗杰斯称这种条件为价值条件，儿童不断通过自己的行为体验到这些价值条件，会不自觉地将这些本属于父母或他人的价值观念内化，变成自我结构的一部分，渐渐地儿童被迫放弃按自身机体评估过程去评价经验，变成用自我中内化了的社会的价值规范去评价经验，这样儿童的自我和经验之间就发生了异化，当经验与自我之间存在冲突时，个体就会预感到自我受到威胁，因而产生焦虑。预感到经验与自我不一致时，个体会运用防御机制（歪曲、否认、选择性知觉）来对经验进行加工，使之在意识水平上达到与自我相一致。如果防御成功，个体就不会出现适应障碍，若防御失败就会出现心理适应障碍。罗杰斯的以人为中心的治疗目标是将原本不属于自己的是经内化而成的自我部分去除掉，找回属于他自己的思想情感和行为模式，用罗杰斯的话说是"变回自己""从面具后面走出来"，只有这样的人才能充分发挥个人的机能。人本主义的实质就是让人领悟自己的本性，不再倚重外来的价值观念，让人重新信赖、依靠机体评估过程来处理经验，消除外界环境通过内化而强加给他的价值观，让人可以自由表达自己的思想和感情，由自己的意志来决定自己的行为，掌握自己的命运，修复被破坏的自我实现潜力，促进个性的健康发展。

人本主义心理学中的"以人为本"，实质上在服务业领域就是"权利从生产者向顾客过渡，顾客就是上帝"的现代以顾客为中心的顾客满意（customer satisfaction，CS）服务战略，也是现代服务业的主流思想。

第三节 服务心理学的研究对象和内容

一、服务心理学的研究对象

服务心理学是研究顾客和服务者在服务交往活动中双方的心理现象、行为规律，以及交往技巧的一门新兴应用心理学。学习服务心理学目的是以掌握顾客心理为前提，提升服务者的服务能力及心理素质，提高服务质量，推动服务业整体健康发展。

在服务业发展的诸多要素中，参与客我消费及服务活动的主要有现实的和潜在的顾客以及服务业的从业人员，他们在服务活动中既有不同的心理活动，又有密切联系。服务人员与顾客，服务人员与服务地点、设施之间在服务活动中无时无刻不在发生着关系，这些关系的发生、发展取决于各自的心理活动。服务业要以优质服务取胜，就必须研究顾客和服务人员的心理。顾客的心理趋向决定着服务业的发展方向，掌握不好顾客心理就无法广开客源，服务业赖以生存的基础就会发生动摇。服务业从业人员是服务业的主力军，他们的心理状态、心理素质直接影响到服务质量，服务质量又关系到服务业的生存和发展。研究从业人员心理，利用其心理活动规律和心理学等行为科学原理对职工进行管理、培训，就可以很好地开发利用人力资源，使现有的人力、物力资源有机结合，从而发挥出整体效益。

二、服务心理学的研究任务

从服务心理学的研究范围来看，顾客和服务人员的决策、行为及人际关系受内因、外因两个方面因素的影响。内因包括生理和心理两个方面。其中生理方面表现为年龄、性别、身体健康等因素；心理方面表现为心理过程、心理状态、个性心理等因素；外因指相关的自然和社会环境因素。可以用函数来表示：

$$y = f(m, n)$$

其中，y 表示服务行为及人际关系，m 表示内因，n 表示外因。

从研究服务心理学的具体内容来看，主要包括以下几个方面：

（1）认识研究服务心理学的意义，掌握好服务心理学的基础理论，是研究服务心理学的基本前提。

（2）研究服务从业者和顾客的心理。顾客是服务活动的主体，服务的主要对象，是需求决策者。从业者是整个服务活动的行使人，是服务活动的主要执行者。因此，了解从业者和顾客心理活动的规律、特点，掌握服务从业者和顾客消费心理的方法，才能更好地进行服务。

（3）研究服务过程中的心理。服务行为是服务业的灵魂。服务质量关系到服务业的兴衰成败。

(4) 研究服务业管理中的管理心理。服务心理学研究如何在管理工作中遵循人的心理和行为的特点而采取有效的措施，根据员工的不同心理特点，开发人力资源，研究如何调节和控制个体行为、群体行为及领导行为等。

三、服务心理学研究的意义

服务业在我国是朝阳产业，2008年国务院下发了《国务院办公厅关于加快发展服务业若干政策措施》，服务业日益受到各级政府、部门和企业的高度重视。这种重视是前所未有的，服务业已成为国民经济中的一个重要的支柱产业。服务业的飞速发展，对服务心理学的研究提出了越来越高的要求，研究服务心理学任重而道远。研究服务心理学的意义具体有以下几个方面：

（一）有助于提高服务质量，进而提高人们的生活质量

人类从重视生理需要的满足转向重视心理需要的满足，服务业的发展正是适应了这种转变，成为现代文明的产物。服务产品是服务吸引物和服务的组合，这个产品顾客是带不走的，但可以凝刻在记忆中。要想提高服务质量，首先就要了解顾客的心理，掌握顾客的心理活动及其规律。顾客一般都不只是为了满足低层次的需要，消费也是为了获得尊重、友谊等高层次需要，顾客更看重的是服务质量，是富有人情味的接待，是友谊、尊重、理解和美感交织在一起的一种人生享受。通过对顾客心理活动的分析研究，总结出一些带有普遍性的东西，为透过现象深入地了解顾客，更好地满足其需要提供了理论依据，以减少工作的盲目性，增强针对性。

研究服务心理学，不但要着眼于知识的具体运用，以达到"知己知彼"、有的放矢，还要有大服务的概念。将着眼点放在帮助顾客构建其美好经历上，真正帮助实现"服务促进生活质量的提高"的目标，这才是服务心理学的最大意义所在。

（二）有助于提高服务行业的经营和管理水平，进而促进服务事业的发展

现代服务业面临着各种各样激烈的市场竞争，这种竞争是全面的，不仅有技术上的、环境上的竞争，更重要的是在经营方针和策略上的竞争。现代服务业的发展依赖于科学的预测和决策。服务心理学的研究可以帮助我们运用心理学等行为科学原理去分析顾客的心理趋势，了解其需要和变化，有针对性地开展服务宣传，吸引顾客，不断调整经营方针和策略，在了解顾客心理趋势的基础上进行科学的预测和决策。服务业的竞争其实就是吸引客源的竞争，服务心理学的理论可以对经营方针和策略提供心理学的理论依据。

现代服务业要求从业人员具有现代化的综合素质。而要提高员工的素质，最根本的就是要提高心理素质，包括对他人和对自己的心理活动的认识、理解和把握。服务心理学对解决服务人员的服务意识等方面的问题具有重要作用。能有效地帮助服务人员正确认识服务的对象，正确处理客我关系，提高文化和业务水平。能使服务从业人员增强对生活和事业的信心，促进沟通，提高工作的效率。能全面提高职工的素质，使他们积极主动地、富有创造性

地去完成服务工作，以一个强健的、完善的心理素质去迎接四海宾朋。服务心理学通过对服务行业的管理心理进行详尽的分析，给人力资源的开发、团队精神的培养、凝聚力工程和领导科学提供了有益的启示。

（三）有利于科学、合理地开发服务资源和安排服务设施

服务设施和服务资源是支持服务业生存和发展的"硬件"系统，是服务业存在的前提条件。但是，服务资源要变为现实的服务产品，其前提是要为广大服务人员所接受，要做到这一点就需要遵循和利用服务心理学的知识。成功的服务产品在其"硬件"建设上都十分注重顾客的心理因素，使顾客在消费活动中心理得到极大满足。

现代科技为服务业发展提供了技术保证，使服务业的现代化程度日益提高，但这并不能保证其一切都是合理的、科学的。服务设施的安排和服务资源的开发一定要考虑服务人员的心理活动规律，否则就会事倍功半，浪费人力、物力，甚至破坏服务资源，使设施、资源发挥不出应有的效益。服务心理学可以为此提供充分的理论支撑。

此外，研究服务心理学还有利于建设与完善服务学科体系，以解答在服务理论构建过程中必须给予解答的问题。如人们为什么去享受服务？服务心理学可以为这个难以解答的根本性理论问题给出一个满意的答案。

四、服务心理学研究的方法

服务心理学是一门新兴学科，它的研究对象是服务活动中活生生的人。这一特点要求我们一方面要掌握心理学的理论基础，因为服务心理学是心理学的分支学科，是以心理学、行为科学等理论为指导的；另一方面还要研究服务这种社会现象以及服务业的工作特点，熟悉服务业务。总之，研究现代服务心理学的前提条件是，既要借助于心理学的基础理论，又要深入服务实践活动。

心理学是一门边缘学科，其研究方法往往兼有自然科学和社会科学两方面的特点，服务心理学是心理学的分支学科，其研究方法也具有此类特点。由于服务心理学的主要研究对象是顾客和服务者，是一个特殊群体，其特点表现在空间上的流动性、时间上的短暂性与构成上的复杂性。因此在研究方法上又与普通心理学有不同之处，可重点采用以下一些基本方法进行：

（1）观察法。观察法是在自然情况下，有计划、有目的、有系统地直接观察被研究者的外部表现，了解其心理活动，进而分析其心理活动规律的一种方法。观察法应在自然条件下进行，研究者不应去控制或改变有关条件。否则，被试者行为表现的客观性将受到影响。观察法的优点在于能保持被观察者心理及行为的自然性和客观性，所得材料客观可靠；缺点是由于研究者处于被动地位，只能消极地等待其所需要的现象发生，对所观察到的现象不易做定量分析。

（2）案例研究法。案例研究法就是研究者深入服务业，对服务企业、顾客以及服务工作人员进行全面的、较长时间的、连续的观察、调查、了解，研究其心理发展的全过程，在掌握各方面情况的基础上进行分析整理，得出结果。使用案例研究法得到的结果对教学、科

研以及指导服务实际工作都有很大意义，它可以使人们通过典型的案例了解服务活动中人的心理、行为及其发展规律。

（3）实验法。实验法是有目的地严格控制或创设一定的条件，人为地引起某种心理现象产生，从而对它进行分析研究的方法。实验法有两种形式：实验室实验法和自然实验法。

实验室实验法是在专门的实验室内借助各种仪器来进行的，得到的结果一般较精确，但使用起来难度较大，使用较少。自然实验法是由研究者有目的地创造一些条件在比较自然的条件下进行的，兼有观察法和实验室实验法的优点，使用较多。

（4）调查法。调查法就是对那些不可能深入了解的心理现象通过调查、访问、谈话、问卷等方法搜集有关资料，间接了解被试者心理和行为的一种方法。调查法主要包括谈话法、问卷法、材料分析法等。

（5）测量法。测量法是指使用测量工具对具有某一属性的对象给出可资比较的数值而采取的方法。心理学的研究成果表明，通过一些心理测试量表，可以测试出被试者有关的心理品质，这种方法被称为心理测试，是测量法中的一类重要方法。这一方法往往用在对服务从业人员的心理测试上，用以研究员工的心理品质与服务行为的关系，对研究服务管理心理具有积极作用。

【课后小知识】读案例，了解几大心理学派

【行为主义心理学案例】乘坐电梯行为

当乘坐电梯的时候，如果里面的人全是背对电梯门，那么会有多少人也会照做背对电梯门呢？25%、50%、75%三个选项，呵呵，挺有意思，一个有关行为心理学的问题。

一个四人组成的研究小组进入了一家宾馆，进行了实地测试：第一个画面，他们四人都正常的面对电梯门，分散在电梯的四个角落，进来的人站在他们中间，表情很不自在，进来者面对电梯门，大家都没有反应，这是很正常的乘坐电梯方式；第二个画面，电梯门打开时，他们四人都背对电梯门，一个乘坐电梯者站在门口看看，惊慌的不知所措，赶紧退了出去，恐怕是被他们的行为吓到了；第三个画面，电梯门开了，他们四人都背对门，一个乘坐电梯的人愣了一下，还是进去了，然后很惊讶地看着四周，最后还是照做和他们一样背对电梯门，第三个画面、第四个画面，都是照做，乘客很别扭的背对电梯门，还有一个侧向电梯门，好奇地看着靠墙的两个试验者；后来的一个画面最搞笑：电梯门开了，四个测试员正常的面对电梯门，乘客进来，关上门之后，他们四人依次背对电梯门，只看到那个乘客见鬼似的惊恐表情，也许是被吓到了，或是怀疑这几个人是不是疯子，惊恐之后自己也索性转了过去。哈哈，太有意思的一个画面。最终 n 个抽样调查之后结论是 75%。

这个行为心理学的测试，说明了什么呢？从众心理，人们的行为或多或少的都会受环境的影响，受到他人的影响。从众，是一种信息不对称或者信息量不足的一种心理的表现，有些时候我们是需要从众的，比如在我们没有信息的情况下，可能从众会减少行为的风险，也会减少或者缓解自己精神上的压力。当然如果我们碰到一些有关个体的可以客观判断的事情，甚至我们有能力或者有条件获得足够的信息，没有去做，而去从众，这就叫做盲从。

比如乘坐电梯，有四个人背对电梯门，可能我们想到的是如果背对电梯门，那么到达我们的楼层自己也不知道，可能不太方便，那么我又何必去背对电梯门呢，当然我们也会想到这四个人是不是有什么企图，或者有犯罪动机，那么我最多会选择侧向电梯门，保护好自己贵重物品，然后到最近的楼层迅速撤出电梯。因为碰到一些不规则的东西或不熟悉的事件，我们总会第一时间想到风险，然后才会去分析它的存在合理性。

【精神分析心理学】自杀行为之释

王一萍，女，21岁，大学三年级学生。上大学后看了尼采的许多哲学著作，对人生采取越来越消极的态度，总是觉得人生就像小说描写的那样"来去匆匆"，毫无意义。从大学二年级开始，她从网上收集了大量有关世界末日到了的材料，觉得活着已经没有意思，不断地将自己许多心爱之物赠送好友。实质上是尼采哲学不断暗示着她的生活行为。系里领导发现其行为反常，让其母亲从家乡赶到学校，并与女儿居住一室。可是有一天大清早，母亲尚在睡梦中，王一萍却从宿舍大楼顶上跳下身亡。

心理学分析：自杀是指自己策划的直接或间接地伤害自我的行为，而且自杀者完全清楚行为的后果可能导致死亡，但还是启动并完成此行动。

自杀不是突然发生的，它有一个逐渐发展的过程。日本学者冈利贞指出，自杀过程一般经历"产生自杀意念——下决心自杀——行为出现变化——思考自杀的方式——选择自杀的地点与时间——采取自杀行为"的过程。尽管不同个性的人自杀过程有长有短，但我国学者通常都将自杀过程分为三个阶段。

第一阶段为自杀动机或自杀意念形成阶段，表现为遇到难以解决的问题，想逃避现实，为解脱自己而准备把自杀当作解决问题的手段。

第二阶段为矛盾冲突阶段，在产生了自杀意念后，由于求生的本能会使打算自杀的人陷入生与死的矛盾冲突之中，从而表现出谈论自杀、暗示自杀等直接或间接表现自杀企图的信号。

第三阶段为自杀行为选择阶段，从矛盾冲突中解脱出来，选择死亡的意志坚定，情绪逐渐恢复，表现出异常平静，考虑自杀方式，做自杀准备，如买绳子、购买安眠药等。等待时机成熟，即采取结束生命的行为。

大学生为什么自杀？原因自然是极其复杂的。从现有的研究资料来看，大学生自杀主要出于三方面的原因。一是社会性原因，许多人认为学业问题的困扰是导致大学生自杀的主要原因。但另一部分学者们认为，50%以上大学生自杀的原因涉及与父母的关系，其次是男女感情，最后是学校问题。人际冲突、家庭破裂、信仰和角色冲突、家庭破产、失恋等都极有可能导致大学生自杀。二是心理原因，精神分析学者认为大多数自杀者都有早期创伤，生活中往往遭遇重大挫折，这种挫折潜意识中一直在折磨她。不同的心理因素有可能引起不同类型的自杀。解脱型自杀是大学生遇挫后企图逃避现实的心理反应；泄愤型自杀是表白自我、胁迫他人和震动社会的心理反应；否定型自杀是自责自罪的心理反应；精神病态型自杀则是妄想、幻觉和抑郁的结果。三是生物学原因，加拿大医学专家的研究发现，自杀行为与一种控制情绪的基因出现突变有关，专家经科学研究可以使用一种基因检测方法，辨别出带有这种变异的"自杀基因"的人，从而早做防范。

【人本主义心理学】"民工饭店"之经营策略

20世纪90年代，张晓丽（化名）作为一名内地本科毕业生随着南下务工人员只身来到广州为自己的职业生涯开辟一块天地。谁知在拥挤的火车上，她的全部行李丢失，学位证书也不翼而飞，大学生的荣耀失去了证明。

为了找回学位证书，她天真地四处张贴广告，希望拿走之人能归还于她，在等待的日子里，她不敢离开广州火车站，为了能活下来，她决心免费为站旁的一家饭店做杂务。日子一天天过去，学历证书没有任何音信，但她却发现了一个现象：来饭店就餐的有一半都是南下务工的农民工，当听到两荤一素5元钱（当时广州的最低消费）的套餐时，他们都咽着口水纷纷离去。通过个别访谈，张晓丽得知，外来人员一半都来自内地贫困地区，他们家乡消费低，一般1~2元便可填饱肚子，并且他们还未找到工作，5元钱饭菜对于他们来说简直是天文数字。

经过思考大学时候的马斯洛"需要层次理论"，张晓丽大胆地向饭店老板提出了一个2元套餐计划（米饭加咸菜，米饭任吃，吃饱为止）。因为外来务工人员的底层需要即生理需要是吃饱而非吃好，这一套餐推出后，该饭店顿时爆满，生意非常兴隆，老板也给了张晓丽奖金。

不过，好景不长，周围的饭店纷纷模仿，生意有些惨淡，于是老板又向张晓丽讨经验，她才向老板诉说了自己在火车上的经历。于是通过几天观察，张晓丽又提出了2.5元套餐（米饭加咸菜，米饭任吃，外加5角钱，提供一桶热水可以在单间洗澡）。此套餐推出后，本店生意再次火爆。

因为张晓丽发现，许多外来务工人员坐了好几天火车，蓬头垢面，对找工作时自我形象存在严重的不自信，加之2元钱已付，不会再差5角钱，而此套餐有着双层作用却并未收取双倍价钱，顾客肯定受用。

经过多次策划，本饭店生意一直保持不败，张晓丽也与老板交好，老板愿意借钱为张晓丽在火车站开一家"民工饭店"，两人共同服务社会。张晓丽饭店开业后，一直以人本主义的需要层次为服务依据，变换菜单及服务方式，得到了社会各界的好评，最终，她被广州市评为"广州市十大杰出青年"。

第三章

顾客的个性心理与消费行为

【学习目标】

  顾客知觉的基本原理
  顾客的情绪情感过程
  顾客的态度
  顾客消费偏好和消费决策的形成

  人的心理活动是错综复杂的，但一般来说，任何心理活动都有其产生、发展和完成的过程。这一过程包括认识过程、情绪情感过程和意志过程。本章将以普通心理学原理为基础，探讨了服务人员的一般心理活动规律。即从顾客的心理过程：知觉过程、情绪情感过程、意志过程、人格状态等出发，分析和研究顾客的心理活动的全过程，掌握顾客的共性心理和一般心理规律。

第一节　顾客知觉的基本原理

  认识过程是最基本的心理过程，也是消费决策和行为形成的前提。认识过程从低到高包括：感觉、知觉、记忆、想象和思维。这个过程也可以分为两个阶段，即顾客的认识形成阶段和认识发展阶段。

  顾客的认识形成阶段也称顾客的感性认识阶段，主要包括感觉和知觉两种心理现象。感知是感觉、知觉的总称，感觉是人脑对直接作用于感觉器官的刺激物的个别属性的反应。感觉是人对客观存在的反应，这种从内容来说是客观的，但从形式来说是主观的。知觉是客观事物直接作用于人的感觉器官时，人脑产生的对刺激物整体反应。

  感觉是知觉的基础，也是知觉的组成部分，但知觉不是许多感觉简单的总和，而是各种感觉的有机联系。感知是认识事物的最简单过程，是心理过程的开始、基础，是科学发现和艺术创作的必要前提，是维持正常心理活动的必要条件。

一、知觉的特征

知觉是人们理解世界的过程,是个体选择、组织和解释刺激,形成一种有意义的与外部世界相一致的心理画面的过程,经过生理和心理两个历程,即人们感知一事物,首先经历生理历程,再由感知者的先行经验参与所致,所以知觉是因人而异的。

人们的知觉具有差异性,但也有着共同的规律,即知觉的选择性、组织性、解释性等。

(1) 知觉的选择性。人们对客观事物并不是全面接受,而只是根据个人的经验、兴趣、身份、情绪等的不同,有选择地知觉其中的一部分。

[知觉选择性的实验]

23 位企业主管共同阅读了一篇有关某钢铁公司的资料

迪尔波恩和西蒙(Dearborn and H. A. Simon)曾做过一项知觉选择性的实验研究。

23 位分别来自销售部门、生产部门、会计部门和总务部门的企业主管,共同阅读了一篇有关某钢铁公司的资料。阅读之后,实验者要求这些主管写下他们认为这家企业最需要解决的问题。结果,各人所写的大多是与他们主管的业务有关的问题。例如,有 83% 的销售主管认为问题在销售方面,而其他各部门的主管中只有 29% 的人强调销售问题的重要性。

这一结果表明,主管们只注意与自己部门有关的问题。而且对组织活动的知觉与决策也倾向于与自己部门相关的内容。这种本位主义的知觉反映了工作特点、兴趣、需要以及利害关系对主管们的影响。

一般来说,人们首先感知那些能够有助于满足他们需求的刺激以及过去曾为他们带来益处的刺激,而忽视那些给他们造成轻微不快的事物,同时对于非常危险的事件也是重视的。

影响选择性的因素:

主观因素——动机、需要、兴趣、情绪、经验。

客观因素——刺激物的变化、对比、位置、运动、反复出现等。

(2) 知觉的解释性。人们在知觉事物的过程中,总是要根据以往的知识经验来理解事物的。知觉不仅依赖于刺激,也依赖于感知主体本身,知觉个人特点、态度、需要、兴趣、爱好、情感、经验,都影响知觉。在知觉中总是表现出一个进行活动、进行认识的活生生的人的特点,反映了这个人的愿望兴趣情感及对意义的理解。知识越丰富,知觉就越丰富。知觉的解释性如图 3-1 所示。

(3) 知觉的整体性。人们在知觉过程中,往往把事物按一定的规律知觉为一个统一的整体,例如,在看下面这幅知觉整体图时,并不把它看作四条单独的直线或虚线的组合,或几个分散的圆圈,而是一眼就会把它知觉为正方形、圆形和由圆组成的三角形。知觉的整体性如图 3-2 所示。

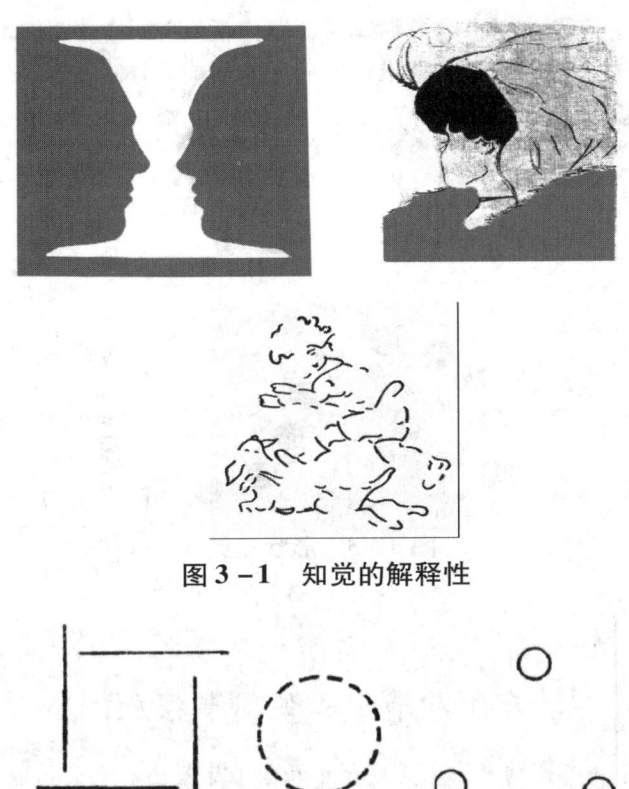

图3-1 知觉的解释性

图3-2 知觉的整体性

（4）知觉的恒常性。在人们知觉事物的过程中，知觉的效果往往不会因为知觉条件的改变而改变。也就是说，只要是认识了的事物，不管在什么条件下，都容易抓住它的本质。例如，无论是在强光下还是在黑暗处，人们总是把煤看作是黑色的，把雪看作是白色的。实际上，强光下煤的反射亮度远远大于暗光下雪的反射亮度。

知觉的恒常性主要受习惯和经验的影响，靠后天习得。

二、知觉的类型

感觉的类型，按接受外部刺激的器官分，有视觉、听觉、嗅觉、味觉和皮肤觉；按接受机体的内部刺激分，有口渴感、饥饿感等；按身体的运动位置分，有运动觉、平衡觉等。感觉具有适应性、相互作用性和可训练性等特征，正常的感觉能力是产生知觉的前提。知觉的类型主要有空间知觉、时间知觉和运动知觉。

（一）空间知觉

空间知觉是人脑对事物形状、大小、距离、方位等空间特征的知觉。

（1）形状知觉。形状知觉是靠视觉、触觉和动觉获得的。对物体形状知觉时，物体在视网膜上成像起着巨大作用。同时，在观察物体时眼球随着物体轮廓运动所产生的动觉刺激,为物体形状提供了信号,用手触摸物体时,肌肉活动产生连续的动觉刺激也传到大脑,大脑皮层对这些信号进行分析综合的结果,人们才能形成物体的形状知觉,如图3-3所示。

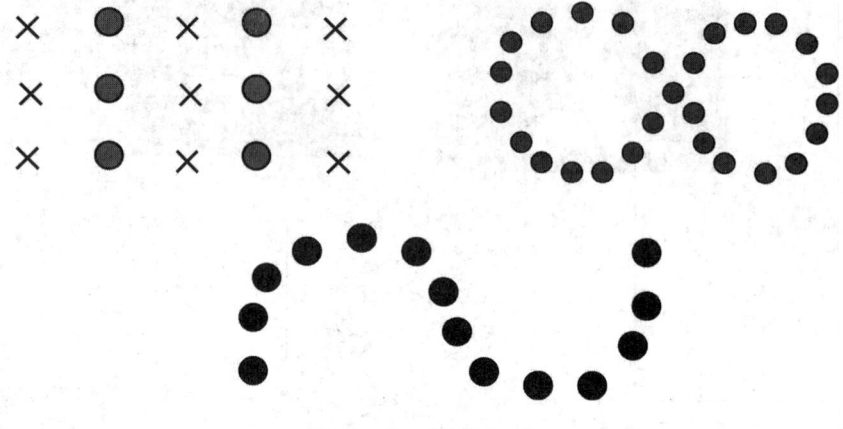

图3-3 形状知觉

【案例3-1】

广州购书中心的图书摆放

位于广州市天河路的广州购书中心是广州市新华书店集团有限公司以现代企业制度要求组建的一个大型的图书零售企业。自1994年11月23日开业以来,被誉为"神州第一书城"的广州购书中心,其环境优雅、设备和服务功能现代化,堪称是"南中国"一座文化大殿堂,总营业面积1.5万平方米,常年图书备货品种10余万种,其他音像制品、文化用品3万多种。配备先进的电脑图书管理系统、中央空调、电动扶梯以及写字楼、展览厅、多功能会议厅、快餐厅等服务设施。销售收入累计15.6亿元。至今,广州购书中心已建成为以图书经营为主,系列文化用品经营并举,在广州地区乃至全国都具有相当影响力的大型图书文化企业。

在图书的摆放上,始终遵循以顾客的感觉规律为主,行距优雅、高低适宜,尤其在对海报书刊、热销书刊的摆放上,以人的形状知觉为模式,例如,摆放成S形、Z形等不同形状,冲击人们的视觉,达到审美及营销的目的。

(2) 大小知觉。对象的大小知觉也是靠视觉、触觉和动觉获得的。其中物体大小的视知觉总是与距离知觉紧密联系着,只有两者相互配合,才能保证物体大小知觉的正确性,如图3-4所示。

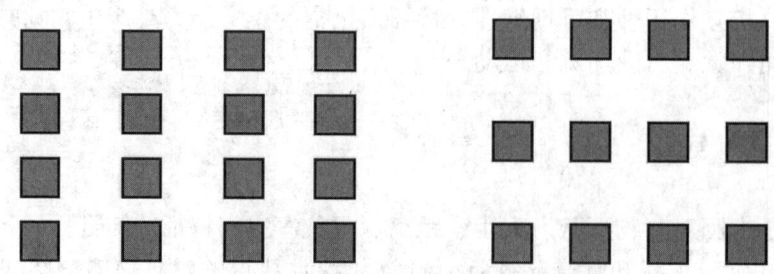

图3-4 大小知觉

(3) 距离知觉。距离知觉是对物体离我们远近的知觉，人是依据很多参照物来估计物体的远近的。这些参照物既有外部的，也有内部的。

(4) 方位知觉。方位知觉是对物体在空间上的方向、位置的知觉。如对东西南北、前后左右、上下等的知觉。方位总是相比较而言的，必须有其他条件作为参考标志。东西南北是以太阳升落的位置和地球磁场为参考的，上下则是以天地为参考，而左右前后是以人的身体为依据的。可见，离开了客观标志就无法辨认方位。

方位知觉是靠视觉、动觉、平衡觉、触摸觉等来实现的。用眼睛观察客观的事物，用耳朵辨别声音的方向，用触觉、动觉去感知自己身体与客体之间的空间关系，甚至嗅觉在方位的确定上也起着作用。正是许多感知器官的协同配合、相互补充，才提高了空间定向的能力。

（二）时间知觉

时间知觉是对客观现象的延续性和顺序性的反映，即对事物运动过程的先后和长短的知觉。人总是通过某种衡量时间的媒介来反映时间的。这些媒介可能是自然界的周期性现象和其他客观标志，也可能是机体内部的一些生理状态。如古人经常利用自然界的周期现象来衡量时间。后来人们发明了计时工具，制定了日历，使人们对时间的知觉更为准确。

影响时间知觉的因素有活动的内容、情绪和态度、时间标尺的利用等。

"欢娱嫌夜短，寂寞恨更长"就是时间知觉的写照。时间的客观性，如朱自清在《匆匆》中所描绘的。也如西班牙作家赛万提斯的小说《堂吉诃德》中所说的一句话："每个时间都不是一样的"。这就有了"怨人觉夜长，壮士嗟日短""人逢喜事日子快""人到愁时，度日如年"等感叹。而且，一个时间周期内，人们也常会有"前快后慢"的心理现象。"年怕中秋日怕午，星期就怕礼拜三"。

（三）运动知觉

运动知觉是对物体的空间位移和移动速度的知觉。通过运动知觉，我们可以分辨物体的静止和运动及其运动速度的快慢。

三、错觉

（一）错觉的本质

(1) 直接感受性。错觉是对认识对象的直接反应，凡是脱离眼前的认识对象，由判断、推理而得出的一切关于对象的认识都不在错觉之列。错觉的直接感受性，也是划分错觉和幻觉的界限。幻觉是在没有反映客体直接作用于感觉器官的情况下产生的一种虚幻的知觉。幻觉就是通常所说的"白日做梦"。如安徒生在《卖火柴的小女孩》中，描述这个女孩在又冻又饿的境况下，眼前出现了幻觉。

(2) 主观性。错觉是客观对象在人脑中的一种反应，既具有客观性的一面，也具有主观性的一面。错觉的主观性是它有别于假象的一个重要特征。假象是客观的，是从事物本身发展中产生出来的,是事物固有的,是客观世界的组成部分。假象不具有主观性。

(3) 表面性。错觉是对客观事物表面现象或外部联系的反映。

(4) 不正确性。错觉,顾名思义,是对认识对象的不正确的知觉,错觉具有不正确性、歪曲性。

综上所述,错觉的实质就是主体对于客体的表面现象或外部联系的直接的、歪曲的知觉。

(二) 错觉的一般类型

(1) 面积大小错觉(见图3-5)。

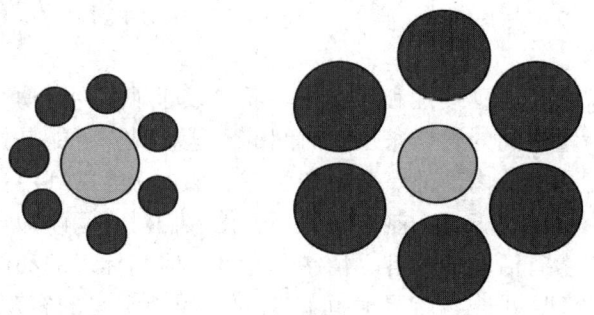

图3-5 错觉图例一

(2) 线条长短错觉(见图3-6)。

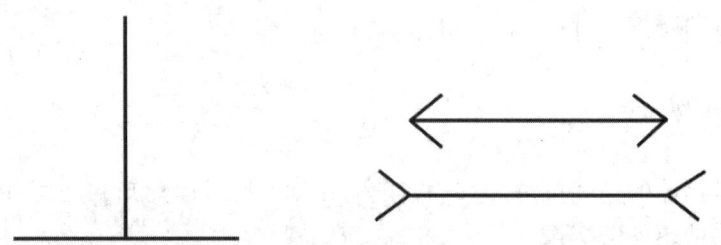

图3-6 错觉图例二

(3) 方位错觉(见图3-7)。

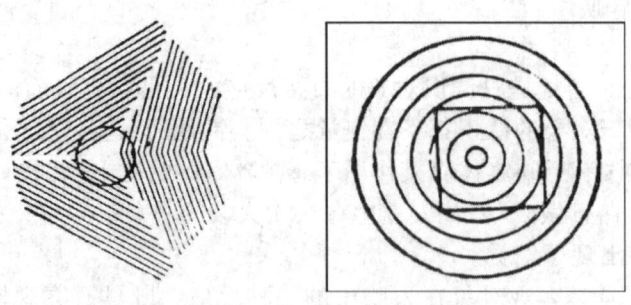

图3-7 错觉图例三

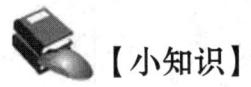【小知识】

镜子的神奇错觉运用

如果房间墙壁上有一块大镜子，镜子里就可以反映出全屋的景象，似乎有一种房屋扩大了的感觉，其实是这种光学幻觉在起作用。假如你把镜子装在面对一扇大窗或门的方向上的墙壁上，可使你感觉到房间多了一扇窗（门）似的，并能获得另一个光源。为了加强这种光学幻觉，你可以在镜子的两旁装上一对钩子挂起的窗帘，效果就会更好。如果在门背后装上一块与门一样大小的镜子，房间里的门就会"消失"，你的视觉就会出现房间变大了的错觉。

假如你的房间较短，你可以在墙壁的较下部分的两边装饰一组横的线条，会使房间看得"长"了不少；如果房间太低，在两边墙壁装饰以竖直线条，可以使房间变"高"；如果你只在背面墙上饰以横线条，会给你房间变"宽"了的感觉。

街市上，那些几平方米组成的小商铺、凉茶店、小吃店往往通过墙壁的大镜子来扩展店铺面积，给顾客以宽敞、豁亮的视觉感受。

（4）形重错觉。所谓形重错觉，就是因为物质的外形或表面属性干扰了人们对其重量的判断。例如，一斤棉花和一斤铁的轻重问题等。

（三）错觉产生的原因

首先，错觉的产生与认识对象的客观环境有关，在异常的外部条件下来认识客体时往往容易引起错觉。特别表现在感知对象所处的环境发生了新的变化这种情况下。

其次，错觉的产生也与事物本身有关。如活动的内容就与时间长短的知觉有关。颜色错觉也是这样，浅颜色给人以宽大的感觉，深颜色使人感到窄小。

错觉的产生不仅有客观方面的原因，更重要的是主观方面的原因。因为客观条件只提供了产生错觉的可能，只有通过人的主观因素才能起作用。

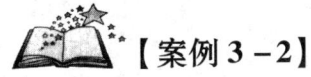【案例 3-2】

咖啡店老板的"偷工减料"

日本东京三叶咖啡屋老板挖空心思，利用人的眼睛对颜色产生的不同感觉，为他的店铺节省了咖啡用料，因而获取更多利润。

老板邀请了 30 多名朋友，每人都各自喝了 4 杯完全相同的咖啡，但盛咖啡的杯子颜色分别为咖啡色、红色、青色和黄色四种。

试饮的结果，居然对完全相同的咖啡得出迥异的结论。

对咖啡色杯子里的咖啡，2/3 的人说"太差了"。

用青色杯子的人则异口同声地说"太淡了"。
用黄色杯子的人大部分认为"不浓，刚好"。
用红色杯子的朋友却说"太浓了"。
老板将咖啡屋里的杯子一律改用红色。

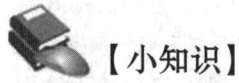【小知识】

十种基本的配色设计

颜色绝不会单独存在。事实上，一个颜色的效果是由多种因素来决定的：反射的光，周边搭配的色彩，或是观看者的欣赏角度。

有十种基本的配色设计，分别叫做：

无色设计（achromatic）、类比设计（analogous）、冲突设计（clash）、互补设计（complement）、单色设计（monochromatic）、中性设计（neutral）、分裂补色设计（splitcomplement）、原色设计（primary）、二次色设计（secondary）以及三次色三色设计（tertiary）。

（1）无色设计：不用彩色，只用黑、白、灰色。
（2）冲突设计：把一个颜色和它补色左边或右边的色彩配合起来。
（3）单色设计：把一个颜色和任一个或它所有的明、暗配合起来。
（4）分裂补色设计：把一个颜色和它补色任一边的颜色组合起来。
（5）二次色设计：把二次色绿、紫、橙色结合起来。
（6）类比设计：在色相环上任选三个连续的色彩或其任一明色和暗色。
（7）互补设计：使用色相环上全然相反的颜色。
（8）中性设计：加入一个颜色的补色或黑色使它色彩消失或中性化。
（9）原色设计：把纯原色红、黄、蓝色结合起来。
（10）三次色三色设计：是以下两个组合中的一个：红橙、黄绿、蓝紫色或是蓝绿、黄橙、红紫色，并且在色相环上每个颜色彼此都有相等的距离。

四、社会知觉

社会知觉就是个体在生活实践过程中，对别人、对群体以及对自己的知觉。社会知觉是影响人际关系的建立和活动效果的重要因素。服务活动中的社会知觉，主要包括对他人的知觉、人际知觉和自我知觉。

（一）对他人的知觉

对他人的知觉主要是指对别人的外表、言语、动机、性格等的知觉。对他人的知觉主要包括对他人面部表情、目光、言语表情、身段表情、性格及角色知觉等，以此来判断他人的需要、动机、兴趣、情感和个性等。对他人的正确知觉，是建立正常的人际关系的依据，是有效地开展服务活动的首要条件。

面部表情极为丰富,最能表达高兴、羞怯、愤怒等情绪。例如,高兴的表情——眉开眼笑、满面红光;羞怯的表情——脸红耳赤、眼光避开;愤怒的表情——脸上青筋暴露、眼光灼灼逼人。

脸部表情主要是通过眼睛和脸部肌肉的运动产生的。眼睛能表达友好、温和、探究、怀疑、贪婪、高傲、自信等丰富的表情,有"眼睛是心灵的窗户"之说法。脸部肌肉运动最为明显的是嘴巴。

言语表情主要是通过言语的音调、强度、节奏、速度等表达的。例如,高兴时——音调比较高、速度比较快、语音高低差别比较大;悲哀时——音调低、缓慢、语调高低差别比较小;愤怒时——音调比较高、速度特别快。

身体的姿态也是表达情绪的一种方式,其中以手和足的动作最明显。例如,高兴时——手舞足蹈、拍手鼓掌;懊恼时——捶胸顿足;焦急时——两手相搓。

值得注意的是,不同民族、不同文化背景的人,在脸部表情上大体一致,而在身体表情上存在差别。如有的国家摇头表示赞成,点头表示反对。

对他人的知觉依赖于多种因素,如认知主体、认知客体以及环境等,从认知主体心理方面看,存在一些社会知觉误区,它们的存在容易给社会认知带来偏差。这些社会知觉误区主要有以下几种:

(1) 首因效应。"一见钟情"及鲜明、深刻而牢固的第一印象,会给人形成一种固定的看法,影响甚至决定着今后的交往关系,在社会知觉中起重要作用。如对某人的第一印象好,则愿意接近他,容易信任他,对于他的言行能给予较多的理解;反之,就不愿意接近他,对他的言行不予理解。第一印象只能作为对人的知觉的起点,而不能作为终点。这是因为第一印象不可能全面反映一个人的根本面貌,难免有主观性;同时人总是在不断变化着的,不能一眼把人看死。所以,要历史地、全面地、发展地看待一个人,才能形成正确的对人的知觉。虽然人们都知道仅靠第一印象来判断人常常会出现偏差,可实际上每个人都不可避免地受第一印象的影响。

影响第一印象的主要因素,一方面是对方的外部特征的直接影响,另一方面是有关对方的间接信息的间接影响。

服务活动中的第一印象特别重要,这是由服务业的特点所决定的。顾客每到一处地方,接触到第一个服务人员等,留下的印象都会特别深刻,甚至会影响到整个服务过程的心情。作为服务工作者一定要时刻注重自己的仪容、言谈、举止和态度,给顾客留下良好的第一印象。

(2) 近因效应。所谓近因效应就是在人际交往过程中新获得的信息往往起优势作用,换句话说,最近的信息对认知的影响相对比较大,所留下的印象也相对比较深刻,有人称这种现象为后摄作用。心理学者洛钦斯做了这样的实验:分别向两组被试介绍一个人的性格特点。对甲组先介绍这个人的外倾特点,后介绍内倾特点;对乙组则相反,先介绍内倾特点,后介绍外倾特点。最后考察这两组被试留下的印象。结果与首因效应相同。洛钦斯把上述实验方式加以改变,在向两组被试介绍完第一部分后,插入其他作业,如做一些数字演算、听历史故事之类不相干的事,之后再介绍第二部分。实验结果表明,两个组的被试,都是第二部分的材料留下的印象深刻,近因效应明显。首因效应和近因效应看似矛盾,实际上并不矛盾。这两个心理活动的规律告诉我们一个很简单但很有价值的道理:在一般情况下,第一印象和最近印象对人际认知的影响比较大,所以,我们既要重视好的开始,也要重视好的结尾。

> [测验]
>
> ### 首因效应与近因效应联合测试
>
> 请快速读一遍下面一行随机数字或字母,然后按顺序快速默写出来:
> 7 1 8 6 3 9 4 5 2 1 8 4
> H J M R O S F L B T S W
> 注:本实验最早来自普通心理学中对人的短时记忆模块测试(结论为人的短时记忆模块为7±2个符号),笔者通过更换多次符号反复实验,发现可用于测试人的社会知觉规律,实验结果表明:记住第一个符号的几率几乎为100%,这就是社会知觉中的首因效应;记住最后一个符号的几率为85%以上,这就是近因效应。而中间符号的记忆率均低于第一和最后一个符号。

(3)晕轮效应。晕轮效应又称为"光环效应",是指认知主体对客体获得的某一特征的突出印象,进而将这种印象扩大为对象的整体行为特征,从而产生美化或丑化对象的现象。

晕轮效应与第一印象一样普遍,两者的主要区别在于:第一印象是从时间上来说的,由于前面的印象深刻,后面的印象往往成为前面印象的补充;而晕轮效应则是从内容上来说的,由于对对象的部分特征印象深刻,使这部分印象泛化为全部印象。晕轮效应之所以导致认知的偏差,其原因是犯了以点带面,以偏概全的错误。

人们常说"一俊遮百丑""一坏百坏"都是晕轮效应所致。有的学者又称它为"光环效应",指人们对他人的认知判断首先主要是根据个人的好恶得出的,然后再从这个判断推论出认知对象的其他品质的现象。如果认知对象被标明是"好"的,他就会被"好"的光圈笼罩着,并被赋予一切好的品质;如果认知对象被标明是"坏"的,他就会被"坏"的光环笼罩着,他所有的品质都会被认为是坏的,是一种认知偏见。就像月晕一样,由于光环的虚幻印象,使人看不清对方的真实面目,如图3-8所示。

晕轮效应在服务业中会妨碍客我关系的正确知觉。这种晕轮效应一旦泛化,会产生很大的消极作用。如顾客第一次到某饭店投宿,碰到了一个态度傲慢的服务员,他就会认为这个饭店整体的服务都不好。又如,有的外国人第一次到中国,碰巧遇上了交通事故,他就会认为在中国交通服务很不安全。因此,为了使顾客产生好的印象,在提供服务产品和服务时,一定要防止晕轮效应的消极性。

图3-8 月晕现象

所谓的"以貌取人"正是生活中晕轮效应的经典形式。当给被试者3张照片而未附带任何个人其他信息时,被试者根据相貌美丑做出的判断如表3-1所示。

表 3-1　　　　　　　　　相貌的美丑对认知的晕轮效应

	特性的评定	相貌丑者	相貌一般者	相貌漂亮者
刺激人（相片上的人）	人格的社会合意性	56.31	62.42	65.30
	刺激人的婚姻能力	0.37	0.71	1.70
	刺激人的职业地位	1.70	2.02	2.25
	刺激人做父母的能力	3.91	4.55	3.54
	刺激人社会和职业的幸福	5.28	6.34	6.37
	刺激人总体幸福状况	8.83	11.60	11.60
	结婚的可能性	1.52	1.82	2.17

（4）刻板印象。刻板印象指认知主体对认知客体概括而固定的看法，并对以后该类客体的知觉产生强烈的影响。"一朝被蛇咬，十年怕井绳"就是典型的刻板印象。刻板印象产生的基础是人们的经验，并能潜在于人的意识之中。如人们普遍认为山东人身材魁梧、正直豪爽；江浙人聪明伶俐、随机应变。这种刻板印象一旦形成后，在对人的认知中就会不自觉地、简单地把某个人归入某一群体中去，对人的认知带来偏差。但刻板印象对社会认知也会有积极的一面，即有助于简化人们的认知过程，为人类迅速适应社会生活环境提供一定的便利。因此，在服务工作中，为来自不同国家和地区的顾客进行服务时，除了了解他们的共同特征之外，还应当注意不受刻板印象的影响，进行具体的观察和了解，并且注意纠正错误的、过时的旧观念。

而在现实服务工作中，服务人员如果对某个国家、地区的群体给予刻板的、先入为主的看法，将会影响消费与服务交流中的主观意识，戴"有色眼镜"服务，将会带来偏颇。

（5）以己度人。指用自己的心思去猜测对方，又称"投射效应"。"己所不欲，勿施于人"，人的想法千差万别，不要拿自己的想法去衡量别人，以心度心，以情度情，以类度类，难免出现社会知觉偏差。

（6）移情效应。移情效应是指人们在对对象形成深刻印象时，当时的情绪状态会影响他对对象今后及其关系者（人或物）的评价的一种心理倾向，即把对特定对象的情感迁移到与该对象相关的人或事物上，引起他人的同类心理效应。

我国古代早就有"爱人者，兼其屋上之乌"之说，就是移情效应的典型表现。意思是说，因为爱一个人而连带爱他屋上的乌鸦。后人以"爱屋及乌"形容人们爱某人之深情及和这个人相关的人和事，心理学中把这种对特定对象的情感迁移到与该对象相关的人或事物上来的现象称为"移情效应"。

移情效应首先表现为"人情效应"，即以人为情感对象而迁移到相关事物的效应。

比如，喜欢交际的人经常会说："朋友的朋友也是我的朋友"，这是把对朋友的情感迁移到相关的人身上；仗义行侠的"勇士"也表示："为朋友两肋插刀"，这就是把对朋友的情感迁移到相关的事上去；许多人们珍藏去世的亲朋好友的遗物，这是把对去世者的情感迁移到相关的物上。

心理学研究表明，不仅爱的情感会产生"移情效应"，恨的情感、嫌恶的情感、嫉妒的情感等也会产生移情效应。古时候中国的皇帝可以因一人犯罪而株连九族，其恨可谓泛；战国时的庞涓因嫉妒孙膑的才华而设计剜去孙膑的膝盖骨，其妒可谓深。人都是有所谓"七情六欲"的，所以人和人之间最容易产生情感方面的好恶，并由此产生移情效应。

移情效应还表现为"物情效应"和"事情效应"。

宋代皇帝从喜爱蹴鞠到喜爱高俅，最后高俅成了皇帝的宠臣；在中国历史上，"以酒会友""以文会友"都是美谈，因为都爱喝酒和都爱舞文弄墨，不相识的人以酒以文为桥梁建立了友谊；喜欢喝茶的人会对别人送来的茶具感兴趣，也许以后自己也会去收集各种茶具，成为茶具收藏家甚至茶具制作家；有些女同志对抽烟深恶痛绝，因而对一切抽烟的男子都抱有成见，即使从未见某人抽过烟而仅仅是听说也会对这个人的品行妄加评说。移情效应是一种心理定式，例如，请歌星、影星、体坛名将、政界、文化界要人等社会名人做商品广告的"名人效应"，就是一种移情效应。

在公关活动中，设法把公众对名人的情感迁移到自己的产品上来，或是迁移到自己企业的知名度上来，是公共关系活动中常用的手段。公关人员应当"投其所好"，针对公众的兴趣、爱好开展宣传活动，增加"受"者对"投"者的好感，使公众喜欢自己、信任自己、帮助自己。

在现代广告中，利用名人做广告，就是一种移情效应；设法把公众对名人的情感迁移到自己的产品上来或者迁移到自己组织的知名度上来，是公共关系活动常用的手段。

在现代服务中，服务人员必须通过自我高质量的服务使顾客产生移情效应，进而扩大对本企业或本产品的知名度。

（二）人际知觉

人际知觉是指对人与人之间关系的知觉，包括对人的外部特征、个性特点了解、对人行为的判断和理解。这种知觉主要是在人际交往中发生的，以各种交际行为为知觉对象。交际行为指人们在交往中相互接触和交换的言语、态度与动作，包括礼节、交谈、表情、援助、侵犯等行为。

人际知觉的主要特点是有明显的情感因素参与知觉过程。即人们不仅相互感知，而且彼此间会形成一定的态度，在这种态度基础上又会导致产生各种各样的情感。如对某些人喜爱、对某些人同情，而对另一些人反感等。人际知觉过程中产生的情感决定于多种因素，如人们彼此间的接近程度、交往频繁程度以及彼此间相似程度等，都会对人际知觉过程中的情感产生很大影响。一般来说，人们彼此越接近，交往越频繁，相似之处越多，就越容易产生友谊、同情和好感。

服务工作者一方面要尽快了解被服务团体的人际关系状况，另一方面也要洞悉服务工作者自己与顾客之间的人际关系状况，以便利用这种关系搞好服务工作。

（三）自我知觉

自我知觉，其实就是人们常说的自我认识，是指人们对自己的需要、动机、态度、情感等心理状态以及人格特点的感知和判断。它可以是有关自我的一套观念，也可以只是有关自身认识的一些直觉，但不论是观念还是直觉，都会对我们的行为产生影响。准确的自我知觉，有助于个体的社会调适和心理、行为素质的良好发展。

自我知觉是自我意识的重要组成部分。随着自我意识的发展，在社会化进程的影响下，个体的自我知觉水平一般是遵循着生理的自我—社会的自我—心理的自我这一进程的。由于每个人的社会化程度的不同以及各种主客观因素的影响，每个人的自我知觉水平也不完全一样。比如，有人过分注重自己的身材容貌、物质欲望的满足，有人则偏重于社会地位、名誉等方面的追求，也有人追求高尚的情操、自我实现的需要等。

顾客如果缺乏正确的自我知觉，或者产生知觉防御（指个体对恐惧或者感到威胁的刺激倾向于回避、阻滞或反应缓慢），就可能会在服务中提出不适当的要求，一旦达不到自己的目标，就会产生消极心理。服务工作者如果缺乏正确的自我知觉，就不能正确知觉服务活动中客我关系，把自己摆在不适应的位置，就不能很好地规范自己的行为。所以，服务工作者的自我知觉的正确与否，对做好服务工作至关重要。

五、顾客的知觉印象

实践证明，顾客对服务场所的环境等条件的知觉印象，与具体的消费决策、消费行为以及对服务的评价等都有显著的影响。

（一）对消费目的的知觉

顾客之所以选择不同的产品、服务项目，很大程度上取决于其对消费目的的知觉。这种知觉在其未亲临其地之前，主要是靠个人及周围亲友的知识、经验和服务广告宣传等得到的。有了这种知觉为基础，结合各人的需要、兴趣等的不同，人们会基于不同的消费目的，从而选定不同的服务目标。

在服务过程中，顾客对服务区的知觉印象主要表现为：产品是否具有独特性、实用性和观赏性，即是否具有满足心理需要的吸引力；服务设施是否安全、方便、舒适；服务工作者是否礼貌、周到、诚实、公平。

（二）对服务距离的知觉

人们在选择服务目的的同时，还要考虑从居住地到服务区的距离。人们对服务距离的知觉，经常是以空间距离的远近来衡量，也常常是用时间的长短来衡量。如从上海到杭州，人们较少说要经过几百里，而是强调要坐几个小时的车。服务距离也是影响人们服务决策的重要因素之一。通常表现为阻止作用和激励作用两个方面。

（1）阻止作用。服务距离是决定顾客花费时间、金钱、体能等代价的主要因素。只有他们意识到，能够从活动中得到的益处大于所要付出的代价时，他们才会做出有关的决策。这些和距离成正比的代价，抑制人们的消费动机，阻止了行为的发生。一般情况下，服务区的距离越远越长，意味着所费的金钱、时间、体力等越大，所以人们就不会轻易地选择长距离的服务地。从这个意义上说,服务距离会对人们的服务产生阻止作用。

(2) 激励作用。一方面,人们外出消费的动机之一是寻求新奇、刺激,别具一格的享受。例如,旅游等活动。服务距离越远越长,就越有一种特殊的吸引力使人产生一种神秘感。另一方面,从审美心理学的角度看,距离越远越长,就更容易增加信息的不确定性,给人以更广阔的想象空间,从而产生一种"距离美"。正是由于这种吸引力、神秘感、"距离美",才会有人舍近求远,宁愿到陌生、遥远的地方去服务。从这个意义上说,服务距离又会对人们的服务产生激励作用。

服务距离对人的行为的作用具有两重性,即既有阻止作用,又有激励作用。而哪种作用更大,又受到许多因素的影响。这些因素除了顾客自身的时间、金钱、身体、需要和兴趣等以外,还和服务区的开发、建设和广告宣传等因素有关。根据服务距离的知觉原理,服务工作者应充分利用各种方法,积极开展服务宣传,引导人们的消费决策。

(三) 对服务风险的知觉

减少风险理论是在知觉研究中一个比较有代表性的理论。

1. 风险知觉的种类

消费决策总是会包含着风险和不可知因素。顾客常遇到的风险有以下几种:

(1) 功能风险。功能风险涉及服务产品的质量和服务优劣问题,在一般情况下,当购买的服务产品和享受的各种服务不能像预期那样满意时,就存在着功能风险。

(2) 资金风险。资金风险指花费较多的资金是否会买到较好的产品和享受到优质的服务。

(3) 安全风险。安全风险是指顾客所购买的产品或服务项目能否危害自身的健康和安全的风险。

(4) 时间风险。时间风险是指在消费活动中能否在预定时间内完成服务与被服务活动。

(5) 不可抗力风险。由于地震、洪水、传染病、社会动荡等不可抗力造成的风险。如2003年初发生的非典型肺炎(SARS)事件表明,服务业在应对不可抗力风险方面是比较脆弱的行业,值得认真研究。

(6) 心理风险。心理风险是指服务产品或服务项目能否增强顾客的幸福感和自尊心,反之是否引起了顾客的不满意和失望的情绪。人们接受服务的主要原因之一,是提高自我价值、放松自己。消除或减少顾客心理风险显得十分重要,因为服务人员所承担的心理风险往往要比实际发生的事实风险大得多。

2. 风险知觉产生的原因

不同的顾客对风险的知觉是不同的。这一方面受顾客个人特点如文化层次、智力水平、经济水平的影响,另一方面也受顾客购买的服务产品或服务种类的影响。虽然顾客知觉到的风险并不等于实际存在的风险,但对服务风险的知觉,会影响人们的消费决策。人们通常在以下情况下会感知到风险:一是目标不明确,已经决定去消费,却不知去哪里;二是缺乏经验,一个很少接受服务的人,面对众多的选择常会感到不知如何是好;三是掌握的信息不充分,缺少信息或相互矛盾的信息来源也能使顾客知觉到风险;四是受相关群体的影响,个体的行为一旦与相关群体中的其他成员的行为不一致时,便会感到来自相关群体的压力。

3. 消除风险的措施

正因为顾客在决策过程中会知觉到各种风险,为了使消费活动顺利进行,顾客总是会想方设法地去防范在消费活动中遇到的各种风险,以减少、消除或避免风险。这些方法主要有:一是广泛地搜集信息,并进行认真比较衡量;二是寻求高价格、高收费,购买名牌服务产品;三是放弃某些消费活动。

(四) 对服务质量的感知

帕拉苏拉曼(1998)创建了顾客对服务质量感知的一般模型和评估工具,得出了五种要素模型,称为服务质量测量模型(SERVQUAL),如表3-2所示。反映出了顾客形式理性和非理性的双层性。

表3-2　　　　　帕拉苏拉曼的服务质量测量模型(SERVQUAL)

维度	定义
可靠性	可靠地、准确无误地履行所承诺的服务能力
响应性	愿意帮助顾客并为他们提供快速的服务
有形性	设备、人员、通信工具等看得见的物理设施或资产
保证性	服务人员拥有知识和良好的举止,有能力表现出自信与信任
移情性	关心顾客,向顾客提供个性化的关注

注:[英] 马雷克·科尔钦斯基. 服务业人力资源管理 [M]. 人民邮电出版社,2004.

第二节　顾客的情绪情感过程

认识和情绪情感在反映的对象、形式上有所不同。认识反映客观事物本身,而情绪情感则是反映客观现实与人的需要之间的关系。认识是通过形象或概念来反映客观事物,而情绪情感则是通过态度体验来反映客观现实与人的需要之间的关系。如果说观察顾客知觉是对顾客的"六欲"的研究,那么顾客的情绪情感过程就是"七情"的展现。

【小知识】

何谓"七情六欲"

七情六欲是指人们与生俱来的一些心理反应。不同的学术、门派、宗教对七情六欲的定义稍有不同。但是所有的说法都承认七情六欲是不可避免的。

医家的七情:喜、怒、哀、乐、爱、恶、欲。

六欲：眼、耳、鼻、舌、身、意。
佛说六识：眼、耳、鼻、舌、身、意。
产生六尘：色、声、香、味、触、法。
故有七情：喜、怒、哀、乐、爱、恶、欲。

何谓七情？

《佛学大词典》七情，指一般人所具有之七种感情：喜、怒、哀、惧、爱、恶、欲。

《礼记·礼运》说："喜、怒、哀、惧、爱、恶、欲七者弗学而能。"可见，情是喜怒哀乐的情感表现或心理活动，而欲是七情之一。

佛教的"七情"竟与儒家的"七情"大同小异，指的是"喜、怒、忧、惧、爱、憎、欲"七种情愫，把欲也放在七情之末。

中医理论稍有变化，七情指："喜、怒、忧、思、悲、恐、惊"七种情志，这七种情志激动过度，就可能导致阴阳失调、气血不周而引发各种疾病，令人深思的是，中医学不把"欲"列入七情之中。中医认为，这七种情态应该掌握适当。如果掌握不当，例如大喜大悲、过分惊恐等，这种精神上的错乱会演变到身体上，形成各种病。

何谓六欲？

《吕氏春秋·贵生》首先提出六欲的概念："所谓全生者，六欲皆得其宜者。"那么六欲到底是什么东西？

东汉哲人高诱对此做了注释："六欲，生、死、耳、目、口、鼻也。"可见六欲是泛指人的生理需求或欲望。人要生存，生怕死亡，要活得有滋有味，有声有色，于是嘴要吃，舌要尝，眼要观，耳要听，鼻要闻，这些欲望与生俱来，不用人教就会。后来有人把其概括为"见欲、听欲、香欲、味欲、触欲、意欲"六欲。

但佛家的《大智度论》的说法与此相去甚远，认为六欲是指色欲、形貌欲、威仪姿态欲、言语音声欲、细滑欲、人想欲，基本上把"六欲"定位于俗人对异性天生的六种欲望，也就是现代人常说的"情欲"。今所用"七情六欲"一语，即套用佛典中之"六欲"，泛指人之情绪、欲望等。

后人又将六欲总结为：见欲（视觉）、听欲（听觉）、香欲（嗅觉）、味欲（味觉）、触欲（触觉）、意欲。

分析题：如何在服务工作中留意并合理利用顾客的七情六欲？

一、情绪情感概述

（一）情绪情感的概念

情绪情感是人们对客观事物所持态度的体验，是人脑对客观世界的一种特殊的反映形式，是人类行为中最复杂、最重要的一面。人的情绪情感是任何动物或高智能的计算机都不能替代的。试想，若是一个人没有情绪情感生活，这个丰富多彩的世界，对他将毫无意义，无所谓悲伤忧愁，无所谓幸福快乐，不需要友谊的慰藉，也体验不到爱情的温馨。就本质而言，情绪情感为客观事物的刺激所引起，是一种主观体验过程，它受态度支配，并受需要制约。

（二）情绪和情感的关系

情绪和情感是十分复杂的心理现象，它们是从不同角度来提示人的心理体验的概念。对二者做出严格区分是很困难的，只能从不同的侧面对它们加以说明。

情绪通常是指那种由机体的天然需要是否得到满足而产生的心理体验。它是由天然的、低级的，并与生理需要相联系的心理体验，具有情景性、冲动性和不稳定性。

情感是与人在历史发展中所产生的社会需要相联系的心理体验。它是由后天的、高级的，并与心理需要相联系的心理体验，具有情景性、历史性、深刻性和稳定性。

情绪和情感的联系：情绪是情感的外在表现，情感是情绪的本质内容；情绪情感是多种多样的，情感是一种深刻持久的情绪，它反映着人们的社会关系和社会状况，并对人的社会行为起着积极的和消极的作用。

（三）情绪情感的两极性

把多种多样的情绪情感的表现形式分为最基本的两类，就是情绪情感的两极性。主要体现在以下几个方面：

（1）肯定的与否定的。例如，满意与不满意、快乐与悲哀、热爱与憎恨、敬慕与蔑视、兴奋与烦闷、轻快与沉重等。构成肯定或否定的这种两极的情绪情感不是绝对互相排斥的，对立的两极性在一定条件下可以互相转化。如"乐极生悲""苦尽甘来"。

（2）积极的与消极的。积极的情绪如愉快、热情等能够增强人的活动能力，促使人去积极地行动。消极的情绪如烦闷、不满等能降低人的活动能力。在有些情况下，同一情绪可以既有积极的性质又有消极的性质，如在危险情境下产生的恐惧情绪，既会抑制人的行动，减弱人的精力，又可以驱使人动员自己的能量与危险情境做斗争。

（3）紧张的与轻松的。紧张和轻松一般与人所处的情境、面对的任务、对个人需要的影响等相联系。当人所处的情境直接影响到个人重大需要的满足，以及面临重大任务需要完成时，人们的情绪就会紧张起来。相反，则比较轻松。一般来说，紧张的情绪与人的活动的积极状态相联系，人们进行的任何活动，都需要激发起一定紧张度的情绪。否则，情绪处在很低的水平而松松垮垮，甚至处在半睡眠状态，是无法适应任务和活动的要求的。但过度的紧张情绪也会引起抑制，造成心理活动的干扰和行为的失调。

（4）激动的与平静的。激动的情绪表现为强烈的、短暂的然而是爆发式的心理体验，如激愤、狂喜、绝望。激情的产生，往往与人们在生活中占重要地位、起重要作用的事情的出现有关，而且这些事情违反原来的意愿并以出乎意料的形式出现。与激动的情绪相对立的是平静的情绪。人们在大多数情况下是处在平静的状态之中的，在这种状态下，人们能从事持久的智力活动。

（5）强的与弱的。许多类别的情绪都有由强到弱的等级变化。如从微弱的不安到强烈的激动，从愉快到狂喜，从担心到恐惧等。情绪的强度越大，人自身被情绪卷入的程度越大。情绪的强度决定于事件和活动对人的意义的大小，以及人的既定目的和动机是否能够实现。

肯定的与否定的，积极的与消极的，紧张的与轻松的，激动的与平静的，强的与弱的等，每一对对立的情绪之间，都存在强度不同的中间情绪状态，如非常满意与非常不满意之间有很满意、满意、不满意、很不满意。人们在某时某地的情绪情感总是处于两极之间的某一位置。

两极性是相对的，没有爱就无所谓恨，没有快乐就无所谓悲伤，没有紧张就无所谓轻松。所有情绪情感的两极性都是相互联系的，并可以在一定条件下相互转化。

（四）情绪情感的功能

正常的情绪反应，有助于人适应环境，良好的情感生活有益于身心健康。情绪情感的功能表现在以下几个方面：

（1）增加体能功能。如呼吸加速，是要增进体内的氧化作用；心跳加快、血压升高，是增加血液循环，加强输送作用；部分动作受到抑制，是要节约能量，等等。这时人就会产生较大的力量，去抵抗敌人或逃避危险。人正是有了这样灵敏的机制、奇特的功能，才能更好地适应复杂的环境。

（2）信号功能。情绪情感是人的思想意识的自然流露。如在言语彼此不通的情况下，凭着表情，彼此也可以相互了解，达到交往的目的。

（3）感染功能。人的情绪情感具有感染性。人们之间感情的沟通正是由于情感、情绪的易感性功能，才能以情动情。文学、艺术、电影、电视、戏剧、歌曲和音乐等无不是以情感人。

（4）调节功能。情绪情感能在很大程度上调节一个人的行为活动。当然，情绪情感也由大脑控制，受一个人的世界观所支配。思想水平高的人，就不该完全为情绪情感所左右，单凭感情用事。

（五）情绪情感的分类

为了便于理解和把握，根据情绪情感的性质、状态及包含的社会内容，可以做出以下三种不同的分类。

1. 根据情绪情感的性质分类（原始情感分类法）

（1）快乐。快乐是指人们盼望的目的达到后，或者某种需要得到满足时产生的情绪体验。如高考时取得了好成绩，买了一件自己喜爱的衣服，都会产生快乐的体验。快乐可以有满意、愉快、欢乐、狂喜等不同的程度之别，快乐的程度取决于愿望满足的意外程度。目的突然出乎意料地实现会引起极大的快乐。

（2）愤怒。愤怒是人们在实现某种目的的过程中受到了挫折，或者愿望不能够得到满足时产生的情绪体验。愤怒的程度可以有不满、生气、愤怒、暴怒几种。一般来说，当人们遇到挫折时，都会产生一定的不满情绪，但不一定会发怒。如果人们意识到这种挫折是由于他人的恶意中伤造成的，那么，怒气就会油然而生。特别是当人的自尊受到伤害，人格受到侮辱时，往往会产生激烈的愤怒情绪，甚至勃然大怒。愤怒是一种不良情绪，它会破坏人的心理、生理平衡，从而诱发各种疾病。因此容易发怒的人，一般体质都欠佳。

（3）悲哀。悲哀一般是与所热爱事物丧失和希望破灭有关的情绪体验。如亲人去世、升学考试失意都属这种情况。悲哀也有遗憾、失望、难过、悲伤、哀痛等程度的不同，悲哀的强度决定于个人所失去事物的价值。由悲哀引起的紧张的释放就是哭泣，通过哭泣，人们的悲哀就会得到缓解。哭不仅是表达感情的一种方式，也是一种心理保护措施。当人遭遇到极大的委屈或亲友亡故时都会情不自禁地哭起来。

（4）恐惧。恐惧是人们面临危险的情景，或预感到某种潜在的威胁时产生的情绪体验。它往往是人们无力摆脱困境时的表现。如大难临头，又无路可走时，人们的恐惧心理就会油然而生。一个人夜间单独行走，本无危险，但想象到某种可能的危险也会产生恐惧。恐惧可分为程度不同的怕、惧怕、惊恐和恐怖几种。人在恐惧时，脸色苍白，反应迟钝，有时还会浑身发抖。"心惊肉跳"就是形容人在恐惧时的精神状态。可见恐惧也是一种消极情绪。恐惧有常态和变态之分。对陌生的东西产生恐惧乃常态恐惧，如原始人害怕雷电。变态恐惧则是五花八门，千奇百怪。人的恐惧心理大多都是后天习得的。

在上述四种基本情绪形式的基础上，又能派生出许多情绪，组成各种复合的形式。与对他人评价有关的如爱慕、厌恶、怨恨；与对自我评价有关的如谦虚、自卑、悔恨等都包含着快乐、愤怒、悲哀、恐惧等因素。

2. 根据情绪情感发生的强度、速度、持续时间等分类

（1）心境。心境是持久而微弱的情绪状态。心境由于持久且具有弥散性，故可以形成人的心理状态的一般背景。一个人在愉快、喜悦的心境中，仿佛一切都染上了"快乐的色彩"，看什么都那么顺眼，对一切都感到是满意的。而处在忧愁悲伤心境中的人，在一段时间里就表现得无所不悲，仿佛一切都染上了"忧伤的色彩"。心境的特点是不具有特定的对象，即不是关于某一事物的特定的体验，它是具有弥散性的情绪状态。

心境可分为暂时心境和主导心境两种。

暂时心境是由当前的情绪产生的心境。例如，人们在欣赏艺术表演时会产生愉快的心境，当演出结束后，这种心境还会持续一段时间，但不会很长。随着其他情境和事物的出现，这种心境就会逐渐消失。

主导心境是由一个人的生活道路和早期经验所造成的个人独特的、稳定的心境。主导心境是以一个人生活经验中占主导地位的情感体验的性质为转移的。它决定着一个人的基本情绪面貌。一个具有良好主导心境的人，总是朝气蓬勃，具有乐观的情绪，对这样的人，别人就比较愿意并容易和他交往。一个具有不良主导心境的人，就会经常表现为失望、忧愁和情绪消沉，别人也不太容易和他交往。当然，对主导心境不好的人，更需要给以热情的关心、帮助并予以更多的谅解。

心境的产生总是有原因的，其原因也是多种多样的。个人生活中的重大事件，事业的成败，工作的顺利与否，与周围人相处的关系等都能引起某种心境。此外，身体的健康程度、自我感觉及气候的变化等，也可能成为某种心境发生的原因。

（2）热情。热情是一种强有力的、稳定而深刻的情感。热情的人情绪饱满、生活丰富、动作迅速、学习和工作很有效率。热情的人蕴藏着坚强的意志力。巴甫洛夫指出："科学是需要人的高度紧张性和很大的热情的"。因此，热情是一种对学习和工作具有巨大推动力的健康情感。

（3）激情。激情是强烈、短暂、爆发式的情绪状态。激情是由对人具有重大意义的强

烈刺激所引起的，这种刺激的出现及出现的时间往往出人意料。人产生激情时伴有明显的外部表现，例如，欣喜若狂、悲痛欲绝等。激情发生时机体内部也会出现显著的变化，如心跳、呼吸加快，血压升高，毛发竖立，语音尖而快等。这是因为在大脑皮层相应部位引起强烈的兴奋，降低了皮层对其他部位的控制作用。

激情有积极和消极之分。积极的激情与理智和坚强的意志相联系，它能激励人们克服艰险，成为正确行动的巨大动力。如运动员参加国际性比赛时，为国争光，打出国威，这就是激励他们力量的源泉。而消极的激情对有机体活动具有抑制作用，这使人的自制力显著降低。如在绝望时目瞪口呆，呆若木鸡，或者引起冲动的行动，如打人、摔东西等。

（4）应激。应激是在突然出现的异常紧急情况下所产生的情绪状态。有些人在应激状态下会出现姿态失调、语无伦次、呆若木鸡；但也有些人能在应激情况下反而会产生积极作用，使思维清晰、精确灵敏、增强反应能力。这种个别差异，主要是受人的性格、过去经验、知识、还有道德品质、理想、对集体的义务感和责任感等因素的影响。

3. 根据情感的社会情操分类

社会情操是指对社会的精神需要是否满足的基础上产生的情感，主要有道德感、理智感和美感等。高级的社会情操的内容是由人的世界观、道德行为的准则和美学评价所决定的。

（1）道德感。道德感是用道德准则去感知社会行为时所产生的情感体验。例如，义务感、责任感、友谊感、同情感、仇恨感、嫉妒感、自豪感、尊严感、爱家乡等都是道德感的不同表现。当一个人的思想、行为符合道德标准时，就产生肯定的情感体验，感到满意、愉快，反之，就会产生一种不愉快的心情，会感到内心痛苦和良心的谴责。当别人的思想、意图和行为、举止符合道德标准时，就对他肃然起敬，反之，则对他产生鄙视和愤怒的情感。道德感在高级情感中占有特殊的地位。它对人的言行起着重要作用，它可以迫使人按照道德准则去衡量和影响别人的言行；同时也以此规范自己的言行，促使自己成为一个道德高尚的人。

（2）理智感。理智感是由客观事物间的关系是否符合自己所相信的客观规律所引起的情感。客观事物所表现出来的关系，如果出乎自己所相信的客观规律之外，就会感到困惑不解，甚至痛苦。如果别人发现的客观规律与自己所相信的不符，或自己不懂，也会感到痛苦。在这些情况下，都会感到不愉快。通过再认识，经过调整，消除了认识上的矛盾，才能感到愉快。例如，求知感、惊讶感、怀疑感、坚信感、满意感等是理智感的不同表现。理智感是和人的认识活动、求知欲、认识兴趣的满足、对真理的探求相联系的。当一个人的科学活动与深刻的理智相联系时，往往会在科学上取得一定成就。

（3）美感。美感是对客观现实及其在艺术中的反映进行鉴赏或评价时所产生的情感体验。如对自然景色的欣赏，祖国山河的赞美，对新人新事的喜爱，对艺术作品的鉴赏，以及对一切丑恶现象的厌恶、鄙视等都是美的体验和表现。美感是客观事物与主体审美需要的不同关系的反映。同一客观对象，对不同的人会产生不同的美感。美感还具有社会性和民族性。美感受社会生活条件所制约。一个人对美的需要，总是反映了一定社会关于美的标准。不同民族由于在文化、风俗习惯、传统观念、所处的地理环境、气候条件等方面各不相同，形成了具有不同民族特点的审美意识，形成了美感的民族差异。

此外，成就感、期待感、自我安慰感、虚荣和忌讳心理等也属于情感的社会情操范围。

二、顾客的情绪情感

消费活动是顾客在接受服务过程中满足某种需要的社会性活动。一方面，服务人员的情绪情感影响着顾客的行为；另一方面，顾客的行为也受到自身情绪情感的影响。二者是相互制约的互动关系。

（一）影响顾客的情绪情感的因素

在服务活动中，能引起顾客情绪情感的变化的因素是多方面的。主要有以下几个方面：

(1) 需要是否得到满足。人们接受服务就是为了满足某种需要。需要是情绪产生的主观前提。人的需要能否得到满足，决定着情绪的性质。如果服务能够满足人的需要，顾客就会产生积极肯定的情绪，如高兴、喜欢、满意等。如果顾客的需要得不到满足，就会产生否定的、消极的情绪，如不满、失望等。

(2) 服务活动是否顺利。不仅服务的结果会让顾客产生愉快或不快的情绪，整个服务过程中双方的合作是否顺利也会引起不同的心理体验。

(3) 客观条件。服务活动中的客观条件包括服务资源、服务项目、接待设施、社会环境、交通、通信等状况。地理位置、气候条件等也是影响顾客情绪的客观条件。

(4) 团体及人际关系。一个团队中成员之间心理相容，互相信任，团结和谐，就会使人心情舒畅，情绪积极；如果互不信任，互相戒备，则会随时都处在不安全的情绪之中。在人际交往中，尊重别人，欢迎别人，同时也受到别人的尊重和欢迎，就会产生亲密感、友谊感。

(5) 身体状况。身体健康、精力旺盛，是产生愉快情绪的原因之一。身体健康欠佳或过度疲劳，容易产生不良情绪。因此，服务工作者应该随时注意顾客的身心状态，使其保持积极愉悦的情绪，以保证服务活动的正常进行。

（二）顾客的情绪情感的特征

(1) 兴奋性。兴奋性常常表现为"解放感和紧张感两种完全相反的心理状态的同时高涨"。如考试后去旅游的解放感；久别恋人的紧张感等。无论"解放感"或"紧张感"其共同特征是兴奋性增强，外在表现为兴高采烈和忐忑不安。

(2) 感染性。在服务活动中，顾客和服务工作者的情绪都能够影响到别人，使别人也产生相同的情绪。比如，旅游中导游员讲解时的情绪如果表现出激动、兴奋、惊奇等，游客就会对导游员的讲解对象表现出极大的兴趣；如果导游员表现得厌烦、无精打采，游客肯定会觉得索然无味。当然，游客的情绪也会影响导游员的情绪。

(3) 易变性。在服务活动中，顾客随时会接触到各种各样的刺激源，而人的需要又具有复杂多变的特点，因而顾客的情绪容易处于一种易变的不稳定状态。

(三) 顾客的情绪情感对行为的影响

人的任何活动都需要一定程度的情绪和情感的激发，才能顺利进行。情绪情感对顾客行为的影响，主要表现在以下几个方面：

（1）对动机的影响。要促使人们产生消费行为，首先要激发人们的消费动机。而喜欢、愉快等情绪可以增加人们消费活动的动机，增加做出选择决定的可能；消极、悲观、懊悔的情绪会削弱人们从事消费活动的动机。

（2）对活动效率的影响。人的一切活动都需要积极、适宜的情绪状态，才能取得最大的活动效率。情绪与工作效率的关系理论说明，顾客的情绪过高或过低都不利于产生最佳的活动效率。过低的情绪不能激发人的能力，而过高的情绪会对活动产生干扰作用。

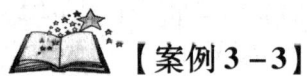
【案例 3-3】

顾客引起的情绪波动

近年来，电话客服代表的日子可不好过。自助语音系统的采用，让客户陷入了迷宫之中，他们要长时间地等待，并且难以和真人讲话。在客服代表有时间接听之前，他们就会变得很沮丧。唐娜是旧金山一家客户服务咨询公司的所有者，她说："等到你的电话被接听时，你就会疯掉。"

被气疯的顾客会如何，伊恩再清楚不过了。她是一家金融公司的客户服务代表，至今仍清晰地记得她的最悲惨的经历之一——面对一名叫简的客户。简打电话是为了信用卡收费的问题，她开始"大声叫嚷"。尽管伊恩试图通过退款的方式来安慰暴怒的简，她还是把伊恩称作"傻瓜"。在伊恩开始发抖，把电话交给她的主管并离开座位之前，这场激烈的谈话持续了大约 10 分钟。

有时候，顾客是完全的种族主义者。新泽西州一家公司的客服代表就因为经常听到顾客的种族评论而辞退了工作。她认为客户会有评论是因为听出了她的西班牙口音。"到你离开的时候，满脑子都是抱怨。"她说。

不幸的是，除了忍受外，这些员工几乎别无选择。很多公司要求客服人员一直保持积极的情绪，以此来留住满意的顾客。但是，这简直就是情感的噩梦，即便电话挂掉，噩梦都未必会结束。伊恩说，她经常会把消极情绪带回家。接到简无礼的电话那天，伊恩回到家，和室友吵了一架。那是"一场竭尽全力的战争，我暴跳如雷"。

埃玛辞去了旅游业客服代表的工作。面对无礼的顾客以及被他们搅乱的心境，她什么都不能做，这让她很沮丧。"有时候，挂掉电话，你会想要打某人的脸。我不能逃，也没有发泄的途径。"她说，如果她报复无礼的客户，她的老板就会处罚她。

有的公司会培训他们的客服代表，消除客户的愤怒，避免个人承受辱骂，但这还不够。Radclyffe Group 是位于新泽西州的一家咨询公司。它的员工说，对着电话工作的客服人员比其他人员的缺勤率更高，更容易生病，更有可能提出压力致残的索赔。因此，在客户服务时，特别是通过电话互动时，情绪明显会激动，带来的影响也是具有破坏性的，虽然很多人都听过"顾客至上"的说法,公司也要向员工授权,让他们自己判断什么时候把顾客放在第二位是合适的。否则,强迫员工应付无礼的顾客,会给个人和公司都带来有害的影响。

(3) 对人际关系和心理气氛的影响。人在良好的情绪状态下,会增加对人际关系的需要,对人际交往表现出更大的主动性,并且容易使别人接纳,愿意与之交往。在服务活动中,服务工作者应该细心观察顾客的情绪变化,主动引导他们的情绪向积极方向发展,并利用情绪对顾客行为的影响作用,协调顾客与各方面的人际关系,创造良好的心理气氛,达到服务的最佳境界。

第三节 顾客的态度

态度是一种复杂的心理现象,态度对人的行为有着很大的影响作用。通过本节学习,掌握态度的构成、特征及其形成和发展的规律,了解知识、经验、动机和外界条件等因素对态度的影响,掌握改变顾客态度的基本策略与技巧。

人们评论某人时往往说其态度好或不好;发生争执时又会说:"你这是什么态度!"那么,态度究竟是什么?它又是如何形成与变化的呢?

一、态度的构成

态度是指个人对某一对象所持有的评价与行为倾向。人们对一个对象会做出赞成或反对、肯定或否定的评价,同时还会表现出一种反应的倾向性。这种倾向性就为人们的心理活动提供了准备状态。一个人的态度不同,会影响到他的行为取向。

态度的心理结构主要包括认知、情感和意向三种因素。

(一) 认知因素

认知因素是指对人对事的认识、理解和评价,也就是平时所说的印象。认知因素是构成态度的基础。比如,某游客认为杭州是个好地方,环境整洁优美,有秀丽的西湖,悠久的历史,气候湿润宜人,这就是这位游客对杭州的认识,留下的印象。

(二) 情感因素

情感因素是指对人对事的情感判断。这种判断有好与不好两种,诸如喜欢与厌恶、亲近与疏远等。情感因素是构成态度的核心,在态度中起着调节作用。比如,当上述的这位游客进一步认为"杭州是个美丽、可爱的城市"时,这就有了积极的情感成分。

(三) 意向因素

意向因素指肯定或否定的反应倾向,它是外显的,制约着人们对某一事物的行为方向。

意向因素构成了态度的准备状态。比如，该游客对杭州产生了积极肯定的情绪情感后，他就会有向周围的人推荐的意向，或自己在心理上积极地做各种准备，一旦外部条件成熟就可能去杭州接受各种旅游服务。

态度的三种因素是缺一不可的，三者协调程度越高则态度越稳定，反之则不稳定。

态度这种内在的心理体验不能直接被观察，只能通过人们的语言、表情、动作等进行判断。比如，顾客对酒店的服务感到满意，常常表现为温和、友好、礼貌、赞赏等；如果顾客不满意就可能表现出烦躁、易怒，容易制造事端。所以在服务中如果发生顾客投诉或产生矛盾、冲突，我们在寻找原因时不能仅仅把眼光放在当前具体事件上，很可能这不过是顾客不满意态度的一个表现。

二、态度的特征

人们的态度常带有以下几个方面的特征：

（一）对象性

态度总是针对某一对象而产生。人们做任何事物，都会形成某种态度，在谈到某一态度时，就会提到态度的对象。

（二）社会性

态度不是先天决定的，而是后天学习来的。态度不是本能行为，虽然本能行为也有倾向性，但那是不学就会的。比如，顾客对某酒店的态度，或者是他自己在接受服务的过程中通过亲身观察得来的，或者是他通过广告宣传、他人的评价等形成的。

（三）内隐性

态度是一种内在结构。一个人究竟具有什么样的态度，只能通过外显的行为加以推测。

（四）相对稳定性

人们的态度在结构上、因果关系上有一定的规律性，表现出一定的稳定性。比如，顾客在某酒店接受了良好的服务后，感觉很好，从而形成了对这家酒店的肯定的态度，以后当他再有这种需要时，很可能还选择这家酒店。这也就是人们常说的"回头客"。回头客的多少，既反映了酒店服务质量的高低，也反映出了顾客态度的稳定性。

态度的稳定性是相对的，由于主观和客观因素的多变性，态度是可以改变的。态度的可变性功能有助于人们更好地适应环境，保持一致性。对服务人员来说，有助于在心理上适应新的或困难的处境，使自己不必亲身经历或付出代价而达到态度的改变。在服务活动中最常见的就是人们根据他人或社会的奖惩来调整或改变其态度。例如，某人准备到某旅游胜地去度假,当其同事或朋友表示了不同的看法,或看到游客在此地受到不公正对待的报道后,他就很可能改变原来的态度,而取消这次旅游或改变旅游目的地。

(五) 价值性

价值观是态度的核心。价值是指作为态度的对象对人所具有的意义。G. 奥尔波特提出的事物的六种价值具有一定的参考意义:一是理论价值;二是实用价值;三是美的价值;四是社会价值;五是权力价值;六是宗教价值。

事物对人的价值大小取决于事物本身和主观因素两个方面。就事物本身来看,比如,顾客对某酒店的态度,主要取决于该酒店能为顾客提供什么,如社会价值、实用价值等。就主观因素来看,受人的需要、兴趣、爱好、动机、性格、信念等因素所制约。所以,同样一件事物,由于人们的价值观不同,因而产生不同的态度。为此,能满足个人需要、迎合人的兴趣爱好、与人的价值观念相符的事,人们会产生正面的态度;反之,则产生消极的态度。

三、态度的形成过程

人的态度是在一定的社会环境中形成的。刚出生的婴儿,无所谓态度,在其发育成长过程中不断接触周围事物,从而在大脑中形成了各种印象、看法,获得了相应的情绪体验就逐渐形成了对事物的态度。

这里我们着重介绍心理学家 H. C. 凯尔曼关于态度形成的三阶段说。

(一) 服从阶段

服从的含义是指人为了获得物质与精神的报酬或避免惩罚而采取的表面顺从行为。服从阶段的行为不是个体真心愿意的行为,而是一时的顺应环境要求的行为。其目的在于获得奖赏、赞扬、被他人承认,或者为了避免处罚、受到损失等。当环境中奖励或惩罚的可能性消失时,服从阶段的行为和态度就会马上消失。

服从阶段的态度在日常生活中普遍存在。比如,刚入学的大学生对于学校规定的出早操的要求,有些学生由于没有早起的习惯,刚开始觉得非常别扭,甚至觉得学校真是多此一举。可是学校的规定必须执行,否则就要受到惩罚,无奈只能出早操。这种不愿早起又不得不早起的行为,就是服从行为。

服从阶段是态度形成的关键阶段,对孩子的教育具有重要的意义。良好的性格、习惯和品德的形成,往往是在服从阶段时打下了良好的基础。在多数情况下,服从阶段是不可逾越的,这尤其是对孩子。

(二) 同化阶段

同化阶段与服从阶段的不同之处,就是同化阶段不是在环境的压力下形成或转变的,而是出于个体的自觉或自愿。它的特点是个体不是被迫而是自愿地接受他人的观点、信念，使自己的态度与他人的要求相一致。以大学生出早操为例，某学生坚持了一段时间以后，由于出早操给他的身体和精神都带来了好处，即使不出操不给任何惩罚，他也会主动遵守学校的这一规定。又如一个人想加入某个有吸引力的社会团体，他就会承认该团体的章程，愿意以该团体的规范约束自己的行为，接受团体对他的要求和指导，并以该团体一分子的态度对待工作与生活。

（三）内化阶段

内化阶段是指人们从内心深处真正相信并接受他人的观点而彻底转变自己的态度，并自觉地指导自己的思想和行动。在这一阶段，个体把那些新思想、新观点纳入了自己的价值体系，以新态度取代旧态度。一个人的态度只有到了内化阶段，才是稳固的，才真正成为个人的内在心理特征。

态度的形成从服从阶段到同化阶段再到内化阶段，这是一个复杂的心理过程。并不是所有的人对所有事物的态度都要完成这个过程。人们对一些事物的态度的形成可能完成了整个过程，但对另一些事物可能只停留在服从阶段或同化阶段。

四、态度与行为

态度是影响行为的重要因素之一。态度是行为的内在准备状态，因而可以通过态度来预测行为。态度在多数情况下与行为是相一致的，但在某些情况下也会出现不一致。服务人员一般在自己独立作决策时，其行为会和态度一致；当某种其他因素对其施加压力或干扰时，态度和行为就会出现不一致的情况。

[实验]

高成就者的态度典范

T. W. 纽曼公司通过试验研究表明，高成就者的态度典范表现为：(1) 自我尊重；(2) 责任心；(3) 乐观主义；(4) 目标定向；(5) 富有想象力；(6) 警觉性；(7) 创造性；(8) 喜欢与他人交往；(9) 发展的倾向性；(10) 对压力的积极反应；(11) 信任；(12) 快乐；(13) 敢于冒险；(14) 现实性。

五、影响顾客态度的因素

顾客态度的改变有两种情况：一种是方向的改变；另一种是强度的改变。比如原来不喜欢某种产品，后来变得喜欢了，这是方向的变化；原来对某服务项目有犹豫不决的态度，后来表示坚定不移地要去或不去，这是强度的变化。当然，方向与强度也有关系，从一个极端向另一个极端的转变，既是方向的改变，又是强度的改变。

顾客态度的改变主要受以下几个方面因素的影响：

（一）顾客本身的因素

1. 需要

态度的改变与顾客当时的需要密切相关，如果能最大限度地满足他当时的需要，则容易使其改变态度。

2. 兴趣

兴趣是人们力求认识某种事物和从事某种活动的意识倾向。它表现为人们对某种事物、某项活动的选择性态度和积极的情绪反应。兴趣是在需要的基础上，通过社会实践而形成和发展起来的。人的需要多种多样，因人而异，因而人的兴趣也是多种多样，各不相同。爱打扮的姑娘对服装感兴趣；爱看球的小伙对球赛感兴趣。人的需要改变了，兴趣也随之改变。但需要并不一定表现为兴趣，人有睡眠的需要，这不等于人对睡眠有兴趣。兴趣与好奇心不同，好奇心是天然的、内在的产物，而兴趣是一种具体的心理倾向，它必须存在具体的对象。兴趣是产生态度的前提，是认知过程的保证。当兴趣发展成为从事实际活动的倾向时，就成为爱好，成为一种特殊的动机。不过人对某种活动产生的动机，未必一定能发展为兴趣。兴趣是人的认识中的一种倾向，而爱好是人的活动中的倾向。多数情况下两者方向一致、对象相同。

兴趣可分为有趣、乐趣、志趣三种。有趣常常是稍纵即逝，一笑了之；乐趣总有些"乘兴而来，兴尽而返"，靠客观事物的趣味性诱发而来；志趣则带有目的性和方向性，是最高级的形态，它可以使人如痴如醉，废寝忘食，持之以恒地攀登成功的阶梯。有趣和乐趣统称为情趣，情趣是主体热衷于某种创造性活动的倾向。情趣是志趣的广泛心理基础，比志趣发生的范围广；志趣是某种情趣高度发展的表现，比情趣发生的程度深厚。

兴趣的品质，表现为人们兴趣的个别差异性：

（1）兴趣的指向性。兴趣总是指向于一定的事物，并且因人而异，在一定程度上反映出一个人的需要、知识水平、信念和世界观。

（2）兴趣的广度。它是指兴趣的范围。

（3）兴趣的持久性。它是指兴趣维持时间的长短。

（4）兴趣的效能。它是指人的兴趣对活动所产生的效果大小。

兴趣对服务的作用：

（1）兴趣能促使服务人员易于做出服务决策；

（2）兴趣有助于服务人员为未来的服务活动做准备；

（3）兴趣可以刺激服务人员对某种服务方式重复使用或产生长期使用的偏好；

（4）兴趣的个体差异影响服务人员的态度倾向；

3. 气质

气质（temperament）是表现在心理活动的强度、速度、灵活性与指向性等方面的一种稳定的心理特征。人的气质差异是先天形成的，受神经系统活动过程的特性所制约。孩子刚一落生时，最先表现出来的差异就是气质差异，有的孩子爱哭好动，有的孩子平稳安静。

气质是人的天性，无好坏之分。它只给人们的言行涂上某种色彩，但不能决定人的社会价值，也不直接具有社会道德评价含义。一个人的活泼与稳重不能决定他为人处世的方向，任何一种气质类型的人既可以成为品德高尚、有益于社会的人，也可以成为道德败坏、有害于社会的人。

常见的气质研究理论通过体形、血型、体液、激素、神经等将人分为多种类型，具体如下：

（1）胚叶起源说和体型说。

内胚型（肥胖型）：喜欢闲适、乐群。

中胚型（筋骨型）：好活动，自信、独立性强，爱冒险、不太谨慎。

外胚型（瘦长型）：爱思考、好孤独。

（2）血型说。

A 型：温和、老实，依赖他人，容易受挫折。

B 型：感觉灵敏、恬静、不怕羞，喜社交，好管事。

AB 型：是以上两种的混合型。

O 型：志向坚强，霸道，不听指挥，喜欢支使别人，有胆识，不愿吃亏。

（3）特质说。由希腊医生希波克拉底（Yippccrares）提出，后来罗马医生盖仑（Galen）做了整理。将人的气质分为四种类型：

多血质：活泼、好动，反应灵敏，喜欢与外人交往，兴趣和情趣容易变换；

胆汁质：精力旺盛、脾气急躁、容易冲动，心境变换剧烈；

黏液质：安静稳重、沉默寡言、显得庄重、情绪不易外露；

抑郁质：孤僻、行动迟缓、善于观察他人不易觉察的细节，具有内向性。

4. 人格

根据弗洛伊德的"本我""自我""超我"理论，在任何情况下，人的行为都受这三种人格状态或其中之一的支配。

（1）儿童自我状态。儿童自我状态是一个人的人格中感受挫折、无依靠、欢乐等情感的一部分，也是好奇心、想象力、创造性、自发性、冲动性和新发现引起的激动等的源泉。

儿童自我状态是人格中主管情绪情感的部分，同时人们的欲求、需要和欲望大部分也由它掌管。可见，儿童自我状态表现出的大多是原始的、具有动机或动力性的东西。如果一个人的儿童自我状态瘦弱，就是一个缺乏活力的、刻板的人。

（2）成人自我状态。成人自我状态是人格中支配理性思维和客观处理信息的部分。它掌管理性的、非感情用事的、较客观的行为。当一个人成人自我状态起主导时，往往表现为：冷静、处事谨慎、尊重别人，喜欢探究为什么、怎么样等。

（3）父母自我状态。父母自我状态是人们通过模仿自己的父母或其他在其心目中具有父母一样的权威人物而获得的态度和行为方式。父母自我状态能提供一个人有关观点、是非、怎么办等方面的信息。

父母自我状态以权威、优越感为标志，是一个"照章办事"的行为决策者。通常以居高临下的方式表现出来，并具有两面性：一方面是慈母式的同情、安慰；另一方面是严父式的批评、命令。

因此，从人格状态来看，儿童自我状态人格表现强的顾客由于好奇心、冲动性和对新事物容易产生激动，因此在较强的暗示性下容易相信他人，因而容易改变态度；反之，成人自我状态较强的顾客独立性强、自信心高，不容易被他人说服，因而不容易改变态度。而对于具有父母自我状态人格的顾客只要利用比较随和的方式与其沟通，也容易使其改变态度。

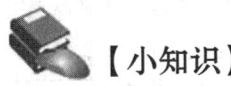

【小知识】

如何辨别病态人格类型并应对

病态人格，即人格障碍。它扭曲反映客观环境和人际关系，形成反应障碍。人格病态也是一种心理现象，是心理疾病的反映。没有病态心理就不会有人格病态。人格病态可分为以下几种症状：

（1）自卑人格。往往是生理上有缺陷，性情孤僻，沉默寡言，胆小懦弱，加之学习低劣，社交障碍，易对前途悲观失望，重者有轻生之念。

（2）猜疑人格。常常无端猜疑，缺乏自信，明明是一个正确数字，却疑来疑去；明明是父母所生，却怀疑是他人所生；明明无病，疑心有病。对别人无故怀疑，由怀疑而生忌恨，由忌恨而报复，攻击他人。

（3）偏执狂人格。过分自负，以自我为中心，好嫉妒，好争吵，从不认错，有过错推诿于人，与任何人都搞不好关系。

（4）反社会人格。没有稳定的道德理智，心理行为反复无常，常与社会道德准则相背离。对社会缺乏义务感。严重者为人极端自私，冷酷残忍，不考虑后果，常蛮横无理，不知羞耻。

（5）性变态人格。性变态是对性欲对象的倒错（如同性恋），以不正当的方式来获得性满足。

思考题：在服务过程中，如果你遇到上述人格状态的顾客将如何应对？

5. 智力

从智力水平上看，就一般而言，智力水平高的人，由于具有较强的判断能力，能准确分析各种观点，不容易受他人左右；反之，智力水平低的人，难以判断是非，常常人云亦云，因而容易改变态度。

6. 自尊心

从自尊心上看，自尊心强的人，心理防卫能力较强，不容易接受他人的劝告，因而态度改变也比较难；反之，自尊心弱的人则敏感易变。

其他如受教育程度高和社会地位高的人要想改变他们的态度也比较难。

（二）原有态度的特点

（1）态度构成要素的一致性。构成态度的三种要素（认知成分、情感成分、意向成分）一致性越强，越不容易改变。如果三者之间直接出现分歧、不一致，则态度的稳定性较差，也就比较容易改变。

（2）态度的强度。态度的强度是指顾客对某一顾客赞成或不赞成、喜爱或厌恶的程度。一般来说，服务人员受到的刺激越强烈、越深刻，态度的强度就越大，因而形成的态度越稳固，也越不容易改变。

人们对某一对象的态度强度与态度对象的突出属性有关，而态度对象的突出属性对人的重要程度是因人而异的。任何事物都有许许多多的属性，如形状、外观、价格等，人们对事物的认知是针对事物的具体属性而言的。不仅如此，对同一个人来说，随着他的需要或目标的改变，其态度对象的突出属性也会发生变化。这里指的需要或目标就是人们期望通过服务所获得的主要收获。"收获"在服务行为和服务决策中是一个重要的概念。

因此，对于服务工作者来说，重要的是要按照顾客所寻求的"收获"去理解他们的行为，要能够识别与他们的服务相联系的突出属性。也就是说，要真正做到自己提供的正是顾客所需要的。当然，做到这一点也是非常不容易的。因为一方面，如前所述，每一种属性的相对重要性是因人而异的；另一方面，在有些时候通常被我们看作是非常重要的属性，实际上有的顾客并不把它看得特别突出。例如，各个大型航空公司的安全记录都差不多。因此，当人们在选择两个大城市之间的飞机航线时，安全就不是一个突出的属性了。其他因素如航班时间、舒适程度、价格和飞机类型等就可能成为突出属性。

（3）态度的复杂性。态度的复杂性是指人们对态度对象所掌握的信息量和信息种类的多少，它反映了人们对态度对象的认知水平。人们对态度对象所掌握的信息量和信息种类越多，所形成的态度就越复杂。

比如，对于某个特定航空公司的态度就可能很简单，除了起飞时间、直达服务及其他时间方面的便利外，人们往往觉得相互竞争的大航空公司之间差别很小。然而对于整个航空旅行的态度则比对于个别航空公司的态度要复杂得多。对航空旅行的态度涉及速度、方便程度、节约时间、费用、身份、声望、空中服务、行李携带等多方面的问题。对服务人员来说，最复杂的态度也许是对国外服务目的地的态度。这些态度至少涉及陌生的旅馆、异国风味的食品、外国人、陌生的语言、不同的传统等很多方面。

一般来说，复杂的态度比简单的态度更难以改变。态度形成的因素越复杂，越不容易改变。例如，一个顾客对某旅馆的否定态度如果只依据一个事实，那么只要证明这个事实是纯偶然因素造成的，顾客的态度就容易改变过来。而如果态度是建立在很多事实的基础上的，那么要改变态度就比较难。

（4）态度的价值性。态度的价值性是指态度的对象对人的价值和意义的大小。如果态度的对象对顾客的价值很大，那么对他的影响就会很深刻，因而一旦形成某种态度后，就很难改变；反之，态度的对象对顾客的价值小，那么对他的影响就较少且容易发生改变。

（5）态度改变的幅度。要转变一个人的态度取决于他原来的态度如何，如果两者差距太大，往往不仅难以改变，反而会更加坚持原来的态度，甚至持对立的情绪。例如，要让一个恐高症患者或在一次空难中死里逃生的人乘飞机旅行几乎是不可能的事。

（三）外界条件对态度改变的影响

除服务人员和态度本身的特点影响态度的改变外，还有以下一些外界条件也能改变顾客的态度。

1. 服务产品的改变

服务产品是顾客在接受服务过程中所购买的各种有形产品和无形服务的总和。服务产品的改变包括产品或服务的形式、质量、价格等方面的改变。它是影响顾客态度改变的重要因素，必须运用好服务产品改变的心理策略。从某种意义上讲，根据顾客的需要不断地更新服务产品、提高产品的质量、降低成本，增加服务目标的吸引力是改变顾客态度的最基本的有效方法。

从我国服务业的现状看，存在的主要问题是服务产品种类少，结构简单，交通落后，产业观念相对滞后。因而，顾客对服务过程中许多方面常常产生不满情绪，在有些时候消费变成了花钱买罪受。比如，在旅游服务中，由于交通"瓶颈"现象的存在，使人们外出旅游时最头疼的就是买票难问题，特别是由于旅游旺季的火车票难买，使得许多人退出了旅游者队伍。另外，有些旅游点的人文景观也难以让旅游者满意。

从服务业角度来看，为满足顾客的需要，提供的服务产品和服务应具备什么特色才能激发人的服务动机呢？其一，服务产品必须有吸引力；其二，服务产品必须具有满足顾客需要的能力，服务产品必须有质量。一定的数量和齐全的品类也是满足人们需要的保证。人们外出消费，都希望能得到他所希望的一切，如果其他服务产品有限，主产品即使具有相当大的吸引力，也会使人们失望。或产品品类单一，不能满足不同层次、不同水平、不同类型人的需要和尊重，该产品也不会对顾客的动机起激励作用。

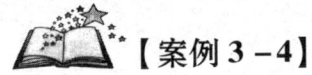【案例3-4】

咬不动的牛排

某天晚上，一位外国顾客到某酒店餐厅用餐，他点了一个中式牛排，一个蛋汤，一碟青菜。等菜上齐后，他就迫不及待地吃了起来。只见他将一块牛排放进嘴里咬了几下，就把牛排吐在骨碟上，接着又连试了几次，都是如此。他无可奈何地擦擦嘴，招手示意服务员过来。当服务员走到他面前时，他幽默地说："小伙子，你们这里的牛一定比我的爷爷还老，你看看我的嘴对它不高兴，能否来一点儿让它高兴的牛呢？"说完，他笑眯眯地望着服务员，等候他的回答。服务员说了声对不起，便马上去找主管。主管来了后，望望桌上的菜，对顾客说："这个菜是本酒店奉送的，免费。"说完就径直走开了。这位顾客无可奈何地摇摇头，买完单，失望地离开了酒店。

问题：（1）案例中的顾客对本次消费是否满意？为什么？
　　　（2）如果你是主管会怎么处理？怎样转变顾客的态度？

案例总结：

（1）这位外国顾客对该酒店的服务是不满意的。因为他的就餐需要没有得到满足，即没有吃好。主要原因是牛排太老、咬不动。而酒店却没有更换牛排，导致顾客不满意。虽然主管说免费，但这不是顾客所希望的，顾客只是想吃到满意的牛排，但是没有实现，最后失望地离开。

（2）酒店主管的做法显然不合适。酒店应该以满足顾客的需要为服务的前提，而采取

"免费"的处理办法不是顾客需要的。主管把自己的想法强加于顾客,导致顾客不愉快。主管服务的态度是否定的、驱逐的、伤害的态度,结果只能伤害顾客,使顾客望而却步,心灰意冷,阻止了顾客继续消费的行为,对酒店的声誉也会起到负面影响。只有提供积极、尊重的旅游服务,才能转化旅游者的态度。主管应该重新为顾客送上较嫩的牛排。

(资料来源:《旅游心理调适技能》案例库[BE/OL]. https://www.taodocs.com/p-5172434.html.)

鉴于这种情况,为了改变顾客的态度并促进服务业本身的持续发展,必须更新服务产品,不断提高服务产品的质量。

(1)改善服务基础设施的建设。服务基础设施包括交通、通信、金融、文化娱乐、宾馆饭店等,设施的建设要跟上时代发展的进步,要适应日益繁荣的经济环境的要求,运用先进技术,提高服务水平。

(2)运用先进的科学技术,可以简化服务过程,这既节省了时间,又方便了服务人员,有助于顾客形成更加肯定的态度或变消极的态度为积极的态度。

(3)对服务从业人员进行业务训练,来提高人际交往的能力。比如,美国航空公司对所有雇员进行了"业务分析"的训练,提高一线员工的人际交往能力和技巧。

(4)运用价格策略。对一般人来说,服务项目的价格是一个比较突出、比较敏感的问题。因此,适当地运用价格策略,可以使顾客产生"公平合理"的感觉。例如,在物价上涨的情况下,降低一些产品的价格或保持价格不动,但增加服务的品种和项目,可以收到较好的效果。此外,也可以改变服务的手段和策略,如增加预订车船票、代办金融信贷等业务,这些都可以改变顾客的态度。

2. 其他信息的改变

从某种意义上说,顾客的态度是他们在接受各种信息的基础上形成或改变的。

(1)信息作用的一致性。顾客在行动前,会主动搜集各种有关的信息。各种信息间的一致性越强,形成的态度越稳固,因而越不容易改变。

(2)顾客之间的相互感染。态度具有相互影响的特点。这在作为顾客的游客之间表现得尤为明显。因为顾客之间的意见交流,不会被认为是出于个人的某种利益,也不会被认为是有劝说其改变态度的目的,因而不存在戒备心理;此外由于顾客之间角色身份、目的和利益的相同或相似性,彼此的意见也容易被接受。事实证明,当一个人认为某种意见是来自与他自己利益一致的一方时,人们就乐于接受这种意见,有时甚至主动征询他人的意见,以作为自己的参考。

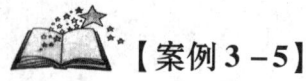

【案例3-5】

排队的诱惑

假设你走过一家餐厅,看到两个人在门口排队等着进去用餐。"有人在排队,这家餐厅一定不错,"你心想着,于是也跟着排队。另一个人经过,看到有三个人在排队,也想:"这家餐厅一定棒呆了!"于是也跟着排队,就这样,其他人陆续加入人龙。我们把这类行为称作"从众"(herding)。从众行为就是我们根据别人先前的行为,而认定某事物是好

(或坏)的，接着自己也跟进。

这就是为什么有些销售或服务场所会出现"托"的现象。目前有"医托""饭托""商托""基金托""房托"等，总之有服务的地方就有人利用从众心理效应，"托"的排队行为往往会感染其他顾客的消费态度。

(3) 团体的规范、习惯力量等压力的影响。顾客的态度通常是与其所属团体的要求和期望相一致的。这是因为团体的规范和习惯力量会无形中形成一种压力影响团体成员的态度。如果个人与所属团体内大多数人的意见相一致时，他就会得到有力的支持；否则，就会感受到来自团体的压力。

[气质类型测试]

测试说明导语：下面总共有60道题大致可确定你的气质类型。每个问题没有对错之分，无须再三考虑，把你脑海里想到的第一答案写下来。若与你的情况"很符合"记2分，"较符合"记1分，"一般"记0分，"较不符合"记1分，"很不符合"记2分。请记好题号与相应的分数，便于计算结果。

(1) 做事力求稳妥，不做无把握的事。
(2) 遇到可气的事就怒不可遏，想把心里的话全说出来才痛快。
(3) 宁肯一个人干事，不愿很多人在一起。
(4) 到一个新环境里很快能适应。
(5) 厌恶那些强烈的刺激，如尖叫、噪声、危险的情景等。
(6) 和人争吵时，总是先发制人，喜欢挑衅。
(7) 喜欢安静的环境。
(8) 善于和人交往。
(9) 羡慕那些善于克制自己情感的人。
(10) 生活有规律，极少违反作息制度。
(11) 在多数情况下情绪是乐观的。
(12) 碰到陌生人觉得很拘束。
(13) 遇到令人气愤的事，能很好地自我克制。
(14) 做事总是有旺盛的精力。
(15) 遇到问题常常举棋不定，优柔寡断。
(16) 在人群中从不觉得过分拘束。
(17) 情绪高昂时，觉得干什么事都有趣，情绪低落时，又觉得什么都没意思。
(18) 当注意力集中于一事物时，其他事很难使我分心。
(19) 理解问题总比别人快。
(20) 碰到危险情景，常有一种极度恐惧感。
(21) 对学习、工作、事业怀有很高的热情。

（22）能够长时间做枯燥、单调的工作。
（23）符合兴趣的事情，干起来劲头十足，否则就不想干。
（24）一点儿小事就能引起情绪波动。
（25）讨厌做那种需要耐心、细致的工作。
（26）与人交往不亢不卑。
（27）喜欢参加剧烈的运动。
（28）爱看感情细腻、描写人物内心活动的文学作品。
（29）工作学习时间长了，常感到厌倦。
（30）不喜欢长时间谈论一个问题，愿意实际动手干。
（31）宁愿侃侃而谈，不愿窃窃私语。
（32）别人说我总是闷闷不乐。
（33）理解问题常比别人慢些。
（34）疲倦时只要短暂的休息就能精神抖擞，重新投入工作。
（35）心里有话宁愿自己想，不愿说出来。
（36）认准一个目标就希望尽快实现，不达目的，誓不罢休。
（37）学习、工作同样长时间后，常比别人更疲倦。
（38）做事有些莽撞，常常不考虑后果。
（39）老师讲授新知识时，总希望他讲得慢些，多重复几遍。
（40）能够很快忘记那些不愉快的事情。
（41）做作业或做一件事情，总比别人花的时间多。
（42）喜欢运动量大的剧烈的体育活动，或参加各种文艺活动。
（43）不能很快把注意力从一件事转移到另一件事上去。
（44）接受一个任务后就希望尽快把它解决。
（45）认为墨守成规比冒风险强些。
（46）能够同时注意几件事物。
（47）当我烦闷的时候，别人很难使我高兴。
（48）爱看情节起伏跌宕、激动人心的小说。
（49）对工作抱有认真严谨、始终一贯的态度。
（50）和周围人们的关系总是相处不好。
（51）喜欢复习学过的知识，重复做已经掌握的工作。
（52）希望做变化大、花样多的工作。
（53）小时候会背的诗歌，我似乎比别人记得清楚。
（54）别人说我"出语伤人"，可我并不觉得这样。
（55）在体育活动中常因反应慢而落后。
（56）反应敏捷、头脑机智。
（57）喜欢有条理而不甚麻烦的工作。
（58）兴奋的事常使我失眠。
（59）老师讲的新概念，常常听不懂，但是弄懂后就难以忘记。

(60)假若工作枯燥无味,马上就会情绪低落。

四种气质类型测试结果的评分与解释:

(一)把每题得分按下表题号相加,并计算各栏的总分。

胆汁质(A)　2　6　9　14　17　21　27　31　36　38　42　48　50　54　58　合计
多血质(B)　4　8　11　16　19　23　25　29　34　40　44　46　52　56　60　合计
黏液质(C)　1　7　10　13　18　22　26　30　33　39　43　45　49　55　57　合计
抑郁质(D)　3　5　12　15　20　24　28　32　35　37　41　47　51　53　59　合计

汇　总:A(　);B(　);C(　);D(　)

如A栏得分超出40分,并明显高于其他3栏(>8分),则为典型胆汁质,其余类推;

如A栏得分在1~40分,并高于其他3栏,则为一般胆汁质,其余类推;

如果出现两栏得分接近(<6分),并明显高于其他两栏(>8分),则为混合型气质,如胆汁质—多血质混合型,黏液质—抑郁质混合型等;

如4栏分数皆不高且相近(<6分),则为四种气质的混合型。

多数人的气质类型是一般型气质或两种气质的混合型,典型气质和三种、四种气质混合型的人较少。

(二)四种气质类型的确定。

如果某类型气质得分明显高出其他三种,均高出8分以上,则可定为该类气质。如果两种气质得分接近,其差异低于6分,而且又明显高于其他两种,则可定为两种气质的混合型。如果三种气质得分均高于第四种,而且接近,则为三种气质的混合型。

第四节　顾客消费偏好和消费决策的形成

一、促进消费偏好形成的策略

(一)消费偏好

消费偏好是指顾客对特定商品、品牌或服务场所产生特殊信任,重复、习惯地前往一定的商店,或反复、习惯地购买同一商标或品牌的商品。又称"消费者嗜好"。它是对商品或劳务优劣性所产生的主观感觉或评价。偏好受文化因素、经济因素、社会因素等多种因素的影响。

(二)消费偏好行程的种类

(1)消费价值观。消费价值观是消费群体对消费对象整体化的评价或价值取向,是消费者心理结构的核心。它反映着消费主体所处的文化环境和文化传统对其心理的制约与影响,这种作用集中体现在消费者对商品的使用价值、社会价值和文化价值的评价上,同时也决定着消费行为的基本特点。不同的国家、民族和地区的消费者由于所处的文化背景不一样,导致了他们价值评估和取向的差异性,形成了不同的消费行为特征。

这说明消费价值观念是和各民族的传统价值文化理念紧密地联系在一起的,它们之间具有深厚的认识基础。消费者对所购商品的享用,一方面是为了获取它的使用价值,另一方面则是为了追求商品的文化价值,只有当企业提供的商品所蕴含的价值取向与消费者的价值取向产生共鸣时,消费者才会为实现对这种取向的认同而进入购买过程。

(2)消费审美取向。消费审美取向是指人们对消费对象的欣赏和情趣的感受,它是文化环境与人的心理交互作用的衍生物。文化的民族性和国度性在消费者的审美取向上都有深刻地反映,这造成消费者的求美消费行为具有文化的选择性。研究发现,同种文化中的消费者的审美标准和审美情趣具有高度的趋同特征,它作为一种消费需求反映在市场活动中构成了同质市场。从这个意义上说,文化因素对消费者审美取向的制约和选择是我们区分市场性质的隐性标准之一,忽视了这一点,就会缺乏对市场的深刻考察,必然对其营销活动产生不利的影响。

(3)民族性格倾向。长期生活在一种文化中的人们,在其性格塑造过程中必定会打上文化的烙印。文化对人的性格的制约,一是规范人们的基本生活态度和基本观点;二是调控人们行为的基本倾向。最能反映文化对性格形成作用的、在大多数民族成员身上都体现出来的典型特征,构成了民族性格。不同的文化形成不同的民族性格,不同的民族性格造成了消费行为倾向的差别。

如西方民族的典型性格是外向和奔放,而中华民族的典型性格则是内向和含蓄,这两种民族性格的不同使中国人和西方人的消费行为截然不一样。中国人在消费中一般不善于直接表达自己的喜怒哀乐等各种情绪,大家都喜欢含而不露的消费风格,商家时常感到对消费者的心理有些揣摩不透,在营销工作中时有隔山打虎的感觉。而西方消费者在消费过程中,总喜欢直截了当地表达自己的消费愿望,由于西方顾客比较容易接近,营销人员在推销产品时就有了较多的成功机会。相较而言,营销人员面对中国消费者时,要更多地"察言观色"。通过提高工作艺术去降低由于消费者性格内向而给营销工作带来的难度,为自己创造更多的成交机会。

(4)民风民俗。由于自然环境、物质生活条件、经济发展水平和历史的作用,不同的国家和民族都有自己独特的、习惯化的生活方式,在生活的各个方面都形成了一些有别于其他国家和民族的传统风俗习惯,这些民风民俗等文化因素对消费者的心理和行为影响颇大。

第一,它促使人们形成了不同的消费偏好,各民族成员对自己民族的风俗习惯都十分尊崇,它明显地反映在衣食住行等各种消费活动中,以市场需求的方式形成了不同的消费导向。

第二,民族文化对某些方面的禁止导致了消费禁忌的形成。

第三,不同的宗教有着不同的文化偏好和禁忌,如佛教、基督教等宗教团体对其教徒的行为都有明确的规定,这些因素都制约着人们的消费行为。

第四,节日是人类文化中非常典型的象征,这对人们的生活具有重要的象征意义,能激发起人们的情感,并有一套习惯化、程式化的消费模式。

（三）促进消费偏好形成

态度虽然只能间接地预测人们的消费决策和行为，但能直接地预测消费偏好。而消费偏好与消费决策之间有着直接的紧密关系。这就是我们为什么还要探讨消费偏好的原因。所谓消费偏好是指人们趋向于某一消费目标的心理倾向。以下我们着重探讨如何来促进消费偏好形成的策略问题。

从服务企业角度来说，应尽量使顾客的态度变消极为积极，进而促使消费偏好的形成。这就要求我们重视消费促销的心理策略。

偏好的形成依赖于顾客对态度对象的认识，通过消费促销，向顾客传送新的知识和新的信息，有助于消费态度的改变和消费偏好的形成。因此，在消费宣传和促销过程中：一是要做到全方位；二是运用正反面材料，做到宣传有针对性；三是要有逐步提高要求的过程。

1. 要进行全方位的宣传

以日本人在进行海外服务宣传活动中的做法为例：

（1）广告、专栏报道；

（2）举办服务讲座；

（3）邀请外国服务商和国外信息联络员进行合作；

（4）出国进行民族艺术表演，宣传文化传统；

（5）派遣服务代表团出国作访问宣传；

（6）发行精美的服务宣传手册，并配备地图、文字、照片等，进行说明；用风光纪录片来宣传；

（7）加入国际服务组织并配合宣传。

以上介绍的虽然是日本的海外服务宣传的内容和方式，但对我国的服务宣传工作也有一定的借鉴意义。只要我们加大服务宣传的力度，我们的海外服务市场是大有潜力的。

2. 要有针对性地组织宣传的内容

对于某个具体的宣传材料来说，其内容的组织方式也是非常重要的。比如，对于一个服务项目，宣传者手中有正反两方面的材料。那么这正反两方面的材料如何向被宣传者提供呢？这就要视具体情况而定。首先是客观情况。如果顾客不知道反面材料，那么最好只提供正面材料，这有利于形成并加强肯定的态度。如果顾客本来就知道反面材料，就应该主动提供正反两方面的材料，并同时强调正面材料，削弱或否定反面材料的真实性与可行性。这有利于增加正面材料的可信度，改变模糊的态度并形成肯定态度，这时最好根据顾客的态度和受教育程度作分析。如果顾客一开始就对正面材料持肯定态度，这时最好只提供正面材料，这有助于加深和巩固肯定的态度。如果顾客对正面材料持怀疑或反对的态度，则应该同时向其提供正反两方面的材料，这有助于削弱他的防卫心理，消除怀疑，改变否定态度。受教育程度高的人分析、判断问题的能力较强，应该向他们提供正反两方面的材料，而对受教育程度较低的人则最好只提供正面材料。

3. 要逐步提出要求，引导人们参与消费活动

通过说服宣传来改变顾客的态度时，如果要求其改变的态度与原来的态度差别过大，则应逐步提出要求，不断缩小差距，最后达到完全改变。否则，一下提出过高要求，不但难以

改变顾客原来的态度,反而会使其产生逆反心理而更加坚持原来的态度。因此,宣传者想要改变顾客的态度,应该从不断缩小态度差距着手,才能使顾客接受宣传者的态度,而改变原来的态度,逐步引导人们积极参与服务活动。

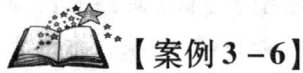【案例3-6】

盒马品牌的新零售策略

实践新零售,领跑新零售,相信新零售会是未来商业竞争的制高点。当马云在做盒马品牌布局时,基于大数据,整合资源打破原来传统零售模式,寻找新零售发展策略值得探讨!

近年来,从盒马品牌运营效益的成绩单可以看出,新零售策略已贯彻到执行当中。盒马品牌运营1.5年以上的7家成熟门店,单店日均销售额超过80万元;以平均营业面积4 000平方米计算,单店坪效超过5万元,相当于同类大卖场3倍以上。盒马品牌所走的新零售的路,并不同于传统超市、餐厅、商场,而是基于现代互联网思维,利用数据化来建立新商业模型。

1. 大数据重构新零售模式变革

传统超市、菜市场,大部分模式是建立在"自我"身上的。比如一家超市,提供什么,并不是顾客说了算,而是顾客被动接受。盒马品牌新零售利用大数据,反其道而行之。从超市有什么,过渡到顾客需要什么,超市就提供什么,甚至超越顾客预期,那就会大大让顾客感觉到"爽",这个超值体验必须带来新零售的新价值。特别是蔬菜、水果、生鲜之类,不仅有时令时节,而且不易保鲜,损耗率极高,一旦滞销,就会大大影响到运营效率。而利用大数据,可以大大降低供应链成本、降低损耗率、提高性价比,竞争力就会自然而然体现出来。

原来,很多数据是碎片的,彼此之间是隔断的,而通过大数据,基于人的行为、特点等建立起的大数据,可能勾勒出一个个不同人的生活场景,从而建立满足用户需求的"场",打破了原来的传统模式:场(场景)—货(产品服务)—人(顾客),重构起以人为中心的新模式:人—货—场。我们探索新零售无非是这三个要素,那么基于人建立起的新模式,最终解决了传统零售无法解决的问题,就赢得未来竞争的胜利。

2. 重新定位跟随市场发展

经过市场检验,包括数据分析反馈,盒马品牌做出新的定位。这是基于不断试错、打磨产品的过程(打磨产品后面分析)。盒马品牌重新定位,从改名开始。"盒马鲜生",是非常聚焦的,而在试错过程中发现大数据中的市场机会,其品牌名从"盒马鲜生"改为"盒马",定位语从"有盒马够新鲜"变成"鲜美生活",品牌名称聚焦不变,但定位内涵丰富了,不仅仅是提供生鲜那么简单了,而是基于大数据,在不断试错过程中,将品牌内涵丰富了。

当然,品牌进行重新定位,必然要有支撑点,否则,就与空喊口号无区别。盒马品牌喊出:3公里内,30分钟送达。另外,当所有的超市夜间没有提供鲜活水产等品类时,盒马还有营业,并且也是30分钟配送。从速度上保证"鲜"的品质,从而带来"美好"的体验,如此鲜美,生活怎能不鲜美呢!不仅包含了生鲜的含义,更是将盒马品牌价值提升到品质生活的高度。

我们经常讲产品重购率、用户黏性、转化率，其实就是市场变化需求的问题，满足不了用户需求的变化发展，纯粹空喊是不行的。另外，盒马品牌提供的一系列产品，不存在流量问题，高频、量大，足以维持重新定位发展。很多时候，很多企业并不能根据市场环境变化，对产品进行重新定位，从而错失市场发展机会。

3. 建立"大场"的护城河

防止竞争和模仿最佳的法宝，就是建立起护城河。盒马品牌的做法不同于价格战，而是提供性价比高的产品，同时，通过不断试错促进创新，进而加固"护城河"的厚度与深度。在发展阶段性策略上，盒马品牌是在一二级城市，如北京、上海、广州、深圳、成都、武汉等城市建立"场"。这些"场"是基于数据化出来的。目前，已经有140多家，这些是盒马"大场"的护城河。前面提到基于大数据建立以用户为中心的运营模式，这个"大场"里必然装着用户需求的产品，所以，在产品的打磨上，相信盒马经过这几年，已经有一个爆品了，那就是建立在这些一二级城市的店，此店与其他店不同，已经插上了大数据基于用户为中心的产品和服务，就形成了盒马"大场"的护城河。

然而，盒马品牌的"大场"，不会到此为止，而是不断加大试错，目的只有一个，不断叠加"大场"护城河的壁垒。只有不断增加店的数量，而且要不断试错更多迎合用户需求的产品和服务，并且采用联合大超市，以及自己开发的盒马 App，后续估计还有更多发展业态，如采用机器人的餐厅、机器人导购、社区小店业态、建立前置仓，等等，包括积累一定数据后，会做的产品迭代。相信在大数据指引下，盒马做的产品（并不仅仅包括有形产品，也包括基于数据的服务）试错还是会持续不断进行打磨。

我们经常喊新零售打通线上线下、O2O 等，在轰轰烈烈地烧钱时，也悄悄变成了昙花一现。就是由于我们建立品牌新零售策略未能形成一套组合拳，只是撕开了传统零售的一道口，未能形成真正的新零售核心竞争力和系统。当然，盒马品牌一系列的新零售策略，也在试错过程当中寻找着答案。在新零售还没有固定范式时，或许大家都是摸着石头过河，这是值得我们称赞与行动的。

（资料来源：梁小平. 阿里巴巴新零售盒马 [EB/OL]. http://m.sohu.com/a/304609924_120124167. 2019 - 3 - 29.）

二、顾客消费决策的形成

（一）顾客消费决策的特点

（1）目的性。消费者进行决策，就是要促进一个或若干消费目标的实现，这本身就带有目的性。在决策过程中，要围绕目标进行筹划、选择、安排，就是实现活动的目的性。

（2）过程性。消费者购买决策是指消费者在受到内、外部因素刺激，产生需求，形成购买动机，抉择和实施购买方案，购买后又会反馈回去影响下一次的消费者购买决策，从而形成一个完整的循环过程。

（3）主体的需求个性。由于购买商品行为是消费者主观需求、意愿的外在体现，受许多客观因素的影响。除集体消费之外，个体消费者的购买决策一般都是由消费者个人单独进行的。随着消费者支付水平的提高,购买行为中独立决策的特点将越来越明显。

(4) 复杂性。心理活动和购买决策过程的复杂性。决策是人大脑复杂思维活动的产物。消费者在做决策时不仅要开展感觉、知觉、注意、记忆等一系列心理活动,还必须进行分析、推理、判断等一系列思维活动,并且要计算费用支出与可能带来的各种利益。因此,消费者的购买决策过程一般是比较复杂的。

决策内容的复杂性。消费者通过分析,确定在何时、何地、以何种方式、何种价格购买何种品牌商品等一系列复杂的购买决策内容。

购买决策影响因素的复杂性。消费者的购买决策受到多方面因素的影响和制约,具体包括消费者个人的性格、气质、兴趣、生活习惯与收入水平等主体相关因素;消费者所处的空间环境、社会文化环境和经济环境等各种刺激因素,如产品本身的属性、价格、企业的信誉和服务水平,以及各种促销形式等。这些因素之间存在着复杂的交互作用,它们会对消费者的决策内容、方式及结果产生不确定的影响。

(5) 情景性。由于影响决策的各种因素不是一成不变的,而是随着时间、地点、环境的变化不断发生变化。因此,对于同一个消费者的消费决策具有明显的情景性,其具体决策方式因所处情景不同而不同。由于不同消费者的收入水平、购买传统、消费心理、家庭环境等影响因素存在着差异性,因此,不同的消费者对于同一种商品的购买决策也可能存在着差异。

(二) 消费者购买决策的模式

人类行为的一般模式是 S—O—R 模式,即"刺激—个体生理、心理—反应"(S—stimulus 刺激,O—organism 有机体,R—response 反应)。该模式表明消费者的购买行为是由刺激所引起的,这种刺激即来自消费者身体内部的生理、心理因素和外部的环境。消费者在各种因素的刺激下,产生动机,在动机的驱使下,做出购买商品或接受的决策,实施消费行为,最后还会对购买的商品及服务做出评价,这样就完成了一次完整的消费决策过程。

1. 科特勒行为选择模型

菲利普·科特勒提出一个强调社会两方面的消费行为的简单模式。该模式说明消费者购买行为不仅受到营销的影响,还受到外部因素的影响。而不同特征的消费者会产生不同的心理活动,通过消费者的决策过程,产生了一定的购买决定,最终形成了消费者对产品、品牌、经销商、购买时机、购买数量的选择。

2. 尼科西亚模式

尼科西亚1966年在《消费者决策程序》一书中提出这一决策模式。该模式由四大部分组成:第一部分,从信息源到消费者态度,包括企业和消费者两个方面的态度;第二部分,消费者对商品进行调查和评价,并且形成购买动机的输出;第三部分,消费者采取有效的决策行为;第四部分,消费者购买行动的结果被大脑记忆、储存起来,供消费者以后作购买参考或反馈给企业。

3. 恩格尔模式

该模式又称 EBK 模式,是由恩格尔、科特拉和克莱布威尔在1968年提出的。其重点是从购买决策过程去分析。整个模式分为四个部分:(1) 中枢控制系统,即消费者的心理活动过程；（2）信息加工；（3）决策过程；（4）环境。

恩格尔模式认为，外界信息在有形因素和无形因素的作用下，输入中枢控制系统，并对大脑的"引起、发现、注意、理解、记忆"之思维过程与大脑存储的个人经验、评价标准、态度、个性等进行过滤加工，构成了信息处理程序，并在内心研究评估的基础上，对外部进行探索与选择，进而产生了决策方案。在整个决策研究评估选择过程，同样要受到环境因素，如收入、文化、家庭、社会阶层等影响。最后产生购买过程，并对购买的商品进行消费体验，得出满意与否的结论。此结论通过反馈又进入了中枢控制系统，形成信息与经验，影响未来的购买行为。

4. 霍华德—谢思模式

该模式是20世纪60年代末霍华德与谢思在他们合作出版的《购买行为理论》一书中提出的。其重点是把消费者购买行为通过四大因素来反映：（1）刺激或投入因素（输入变量）；（2）外在因素；（3）内在因素（内在过程）；（4）反映或者产出因素。

霍华德—谢思模式认为投入因素和外界因素是购买的刺激物，它通过唤起和形成动机，提供各种选择方案信息，影响购买者的心理活动（内在因素）。消费者受刺激物和以往购买经验的影响，开始接收信息并产生各种动机，对可选择产品产生一系列反应，形成一系列购买决策的中介因素，如选择评价标准、意向等，在动机、购买方案和中介因素的相互作用下，产生某种倾向和态度。这种倾向或者态度又与其他因素，如购买行为的限制因素结合后，产生购买结果。购买结果形成的感受信息也会反馈给消费者，影响消费者的心理和下一次的购买行为。

总结多种消费决策模式可以看出，顾客是决策者，其消费决策形成的心理步骤如下：人们的某些内在需要在一定的外部条件的作用下产生消费动机；在具备消费动机的前提下，人们面对某些具体的服务产品会产生消费兴趣（即认识倾向）；在消费兴趣的作用下，通过对消费产品的认识、评价构成服务态度；消费态度在一定外界信息的作用下，得到强化或消退，积极、肯定的消费态度会产生消费偏好（即行为倾向）；有了消费偏好，只要时机恰当就会形成消费决策。其过程如下：

（1）内在需要 +（外部条件）—（2）消费动机 +（消费产品）—（3）消费兴趣 +（消费目标）—（4）消费态度 +［信息］—（5）消费偏好 +［时机］—（6）消费决策。

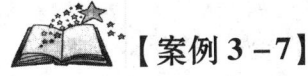

【案例3-7】

推销员的十项行为要求

1936年，美国心理学家克伦，从心理学的角度提供了推销员的十项行为要求，内容是：
（1）记住宣讲的开场和终结的重要性，要善于揣度和捕捉顾客购买的"心理时刻"；
（2）善于控制面洽的局势，防止使自己陷入辩论的地位，学会以反问代替迎击的艺术；
（3）情绪的激动要有利于引起顾客的购买欲望；
（4）展示样品以增加顾客的兴趣，并保持他的注意力的集中；
（5）谈话时用字要清晰易懂，避免使用含糊的字句，以使听者产生真实感；
（6）使顾客处于合作的心境之中；

（7）使顾客处在表示同意而不便说出"不"字的状态；

（8）通过引导，暗示顾客做出正面的答复，使洽谈得以继续而不至于中断；

（9）适时地结束售卖讲解，在顾客表现出购买欲望时及时成交；

（10）要保留再访问再议的余地，以便争取顾客日后连续购买。

分析题：

1. 你同意克伦所提出的推销员十项行为要求吗？
2. 克伦的十项要求依据哪些心理学原理？
3. 根据推销工作实际体会找出三款你认为最重要的行为要求。

【课后小知识】

谈错觉的巧妙运用

据《三国演义》上记述：为了抵抗曹操，蜀、吴建立了联盟。但周瑜非常嫉妒诸葛亮的才能，便想方设法要除掉他。在一次军事会议上，周瑜提出要诸葛亮三天之内造出十万支狼牙箭。诸葛亮胸有成竹，当即与周瑜立了军令状。

事后两天，诸葛亮像没事一样毫无行动。到了第三天夜晚，大雾弥天，江面上雾气更浓，以致对面都很难辨别眉目。四更时分，诸葛亮命令将二十多只船装满稻草，并裹以布幔，用绳索把船连接起来，向江北进发。待船接近曹营水寨，诸葛亮下令将船东西摆开，让士兵擂鼓呐喊。

曹营水兵听到呐喊声，以为敌军来袭，慌忙飞报曹操。曹操望着浓雾弥漫的江面喊道："重雾弥江，敌军忽来，必有埋伏，切不可轻举妄动，给我用箭射。"随即一万名弓弩手向江中射箭。诸葛亮一面命令船只逼近水寨受箭，另一面要兵士起劲擂鼓喊叫。曹军只听到杀声震天，以为大军袭来，便拼命地放箭，箭飞如蝗，不一会儿，二十多只船上收满了密密麻麻的狼牙箭。诸葛亮见时机已到，急令收兵。临走，兵士齐喊："谢丞相箭。"曹操大叫中计，想追已经晚了。诸葛亮仅凭二十多只草船，不失一兵一卒，轻而易举地拿到十万支狼牙箭，小周郎也不得不从内心佩服诸葛亮的"神"才。

那么人们不禁要问，诸葛亮面对老谋深算的曹操和曹营强大的兵力，凭什么"借箭"成功的呢？其实很简单，他的根据是人们普遍存在的错觉心理。"草船借箭"可谓是巧妙运用错觉的范例。

错觉会扰乱人类正常的生活秩序，给人们带来危害，但是如果能恰当而正确地利用错觉，它也能够为人们的实践服务。像舞台美术、商品装潢、服装打扮、环境布置、建筑设计、课堂教学等方面，利用人们的错觉现象，往往会收到意想不到的效果。例如，在花布设计中，即便是一些相当简单的图案，像方块、三角形等，只要相邻两个面积相等的图形采用强烈对比的色调，在对比错觉作用下，也会产生面积不同的错觉，从而避免了图案的单调感。鲁迅对此有过一番研究，他说，人瘦不要穿黑衣裳，人胖不要穿白衣裳；脚长的女人一定要穿黑鞋子，短脚就一定要穿白鞋子；方格子衣裳胖人不能穿，但比横格子的还稍好，横格子的胖子穿上就把胖子更往两边拉宽，显得更胖了，胖子要穿竖条子的，使人显得长了，瘦子要穿横格子的，使人显得宽了。在建筑设计中，考虑人们看垂直线总要比水平线高的错觉，可以使建筑物设计高宽匀称。特别是在军事方面，可以创造条件，故意给敌方造成错误的知觉，补救自己的劣势，增强自己的优势，从而达到伪装、隐蔽或欺诈的目的，最终给敌人以应有的打击。"草船借箭"就是诸葛亮巧妙地利用大雾做掩护，用擂鼓呐喊造成了曹军的错觉。

诸葛亮具有丰富的实践经验，又掌握了天时地势。经过精心准备，达到了自己的目的，可谓知己知彼。浓雾弥江和虚张声势，使曹军误以为大军来袭，于是做出不轻举妄动，只用箭射的错误结论，上当受骗。又如，在战术上常用的声东击西也是错觉现象的运用。历史上有名的官渡之战，曹操就是利用这种战术来迷惑袁绍，结果以少胜多。再如在白马一战中，曹操为了夺取白马，就佯装抄袭其后营重地延津。曹操率主力直接向延津进发，袁绍果然以为曹军欲袭后营，急分兵增援延津。见袁已中计，曹操立即调头回师，率劲旅直逼白马。待对方清醒过来，白马已下，曹操从而取得了官渡战役前哨战的胜利。这种"声言击东，其实击西"的战术，就是运用对方的错觉，扰乱对方的耳目，从而克敌制胜。

可见，研究错觉现象及其产生的原因，正确地识别错觉和运用错觉，在实践方面具有非常重要的意义。[①]

[①] 张锦萌. 成语典故中的心理学 [M]. 郑州：河南教育出版社，1989.

第四章

消费习俗与服务心理

【学习目标】

消费中的语言习俗与服务
文化习俗与服务
消费习俗与产品服务

第一节 消费习俗的特点与分类

消费习俗是指顾客受共同的审美心理支配，一个地区或一个民族的顾客共同参加的人类群体消费行为。它是人们在长期的消费活动中相沿而成的一种消费风俗习惯。在习俗消费活动中，人们具有特殊的消费模式。它主要包括人们的饮食、婚丧、节日、服饰、娱乐消遣等物质与精神产品的消费。

消费习俗具有群众性。一种消费习惯如果适合大多数人的心理和条件，那就会迅速在广大的范围里普及，成为大多数人的消费习惯。消费习俗一经形成便具有历史继承性及相对稳定性，就不易消失。消费习惯所引起的消费需求具有一定的周期性。这里所指的是消费心理和消费行为的统一，如人们对某一消费品引起注意，产生兴趣，于是购买，通过消费，感到满意，逐步形成习惯性的兴趣、购买和消费。反复的消费行为加强了对某种消费品的好感，而经常的好感、购买，必然促使某种消费行为成为习俗。所以，消费习俗就是基于习惯心理的经常性消费行为。消费风气不是消费习俗。消费风气是以商品为中心，该商品生命周期完结为结束。而消费习俗是以社会活动为中心，习俗一旦出现，就会在相当长的时期内不断重复出现。如"过年"是一个全民辞旧迎新的活动，端午节是一个全民性的祭奠屈原的活动。

消费习俗的这种特定内涵对于消费品市场有着重要影响，不同的消费习俗造就了不同的顾客需求市场。

一、消费习俗的特点

消费习俗是指一个地区或一个民族的约定俗成的消费习惯，它是社会风俗的重要组成部分。消费习俗具有某些共同特征。

（1）长期性。一种习俗的产生和形成，要经过若干年乃至更长时间，而形成了的消费习俗又将在长时期内对人们的消费行为产生潜移默化的影响。

（2）社会性。某种消费活动在社会成员的共同参与下，才能发展成为消费习俗。

（3）地域性。消费习俗通常带有浓厚的地域色彩，是特定地区的产物。

（4）非强制性。消费习俗的形成和流行，不是强制发生的，而是通过无形的社会约束力量发生作用。约定俗成的消费习俗以潜移默化的方式发生影响，使生活在其中的顾客自觉或不自觉地遵守这些习俗，并以此规范自己的消费行为。

二、消费习俗的分类

由于分类方法不同，亚文化多种多样，因此，亚文化中的消费习俗也是多种多样的：

（1）民族亚文化中的消费习俗。一个社会文化中，不同民族可分为若干文化群。如中国有汉族、回族、藏族、蒙古族等亚文化群；美国有爱尔兰人、波多黎各人、波兰人、华人等亚文化群。民族亚文化可以影响消费行为，如东、西方民族的生活习惯、价值观念等就大相径庭。如美国人的价值观是个人中心论，他们强调个人的价值、个人的需要、个人的权力，他们努力改变客体以满足主体的需要，因此，在消费行为上喜欢标新立异，不考虑别人的评价。而中国人不习惯于成为社会中独特的一员，而习惯于调节自身以适应社会，消费行为上常常考虑社会习惯标准以及别人怎么看自己、评价自己。我国拥有56个民族，各个民族都有自己的社会政治和经济发展历史，有自己的民俗民风和语言文字等，由此形成了各民族独具特色的消费行为。如维吾尔族的四楞小花帽、藏族的哈达、海南黎族姑娘的短裙、蒙古族人的长袍，无一不表现出独特的习俗。

（2）人种亚文化中的消费习俗。人种亚文化亦称种族亚文化。如白种人、黄种人、黑种人、红种人和棕种人。人种是同一起源并在体质形态上具有某些共同遗传特征的人群。由于各色人种有发色、肤色、眼色的不同，有体形、眼、鼻、唇的结构上的差异，这些都会对消费行为产生影响。如对某些商品颜色的选择就不同，一般黑种人爱穿浅颜色的衣服，白种人爱穿花衣服，黄种人爱穿深色的衣服。

（3）地理亚文化中的消费习俗。自然环境是人们物质文化生活的必要条件之一。地处山区与平原、沿海与内地、热带与寒带的民族在生活方式上存在的差异，是显而易见的。如有的以大米为主食，有的以面粉为主食，有的爱吃辣，有的爱吃甜，有的吃羊肉抓饭，有的喝酥油奶茶。在埃及东部撒哈拉地区的人，洗澡不用水而是用细沙，甚至牲畜的内脏也只用沙擦洗一下就食用。严重缺水的自然环境，造成了以沙代水的生活习俗。地理亚文化对人们的衣、食、住、行方面的习俗影响明显，使得生活在不同地理环境中的不同国家、地区和民族的消费习俗具有约束和决定作用。

（4）宗教亚文化中的消费习俗。宗教是支配人们日常生活的外在力量在人们头脑中幻想的反映。随着人类历史的发展，宗教在不同民族里又经历了极为不同和极为复杂的人格化，它是一种有始有终的社会历史现象。有着不同的宗教信仰（佛教、天主教、伊斯兰教等）和宗教感情的人们，就有不同的文化倾向和戒律，存在着不同的信仰性消费习俗和禁忌性消费习俗。印度教中把牛看作是"圣牛"，老死不能宰杀；伊斯兰教国家禁酒，忌食猪肉，不用猪制品；佛教教义中严禁宰杀生灵，主张吃素，菩萨是佛教中供奉的偶像，佛教徒们对她上供、烧香；还有避讳"13"，忌讳"14"的禁数习俗；还有禁色、禁花的习俗。凡此种种形成的习俗，都与宗教的信仰与教规有关。

（5）职业亚文化中的消费习俗。由于人们在社会中所从事的作为主要生活来源的工作，其性质、劳动环境和要求的知识技能等不同，形成了消费行为的差异。如同是购买上班穿用的服装，演员选择的标准可能是新颖美观，突出个性；从事体力劳动的顾客，倾向选择结实耐穿、物美价廉；办公室工作人员则可能考虑大方庄重、舒适方便。

（6）节日亚文化中的消费习俗。不同民族，虽有自己不同的传统节日，但节日能给人们产生强烈的社会心理气氛，使人们产生欢乐感，从而吸引人们纷纷购买节日用品，以此来满足物质需要与精神需要。节日期间，人们的消费欲望强烈，本来平时不想买的商品也买了。节日激发人们的交往活动，为了表达友谊的感情，为了表达心意，人们探访时往往互赠礼物，互祝喜庆，各得吉祥之意。儿童在节日里是最欢快的、最幸福的，父母亲与亲朋好友为了使孩子高高兴兴地过节，就要买些孩子爱吃的食物，爱穿的衣物和喜爱的玩具。在欧美，节日多，最大的还是圣诞节。虽然法定在12月25～26日两日放假，实际上从12月中旬一直延续到翌年1月中旬。节日除购买食品以外，还要购买大量生活用品。这个时期总是销售的旺季。专为圣诞节的特殊消费食品有核桃、花生仁、各种干果、甜食、圣诞老人型糖果等。装饰品有彩蛋、木蛋、草制品、各种人物、花、鸟、兽等小工艺品，加上彩灯，圣诞蜡烛等。用于节日的各种商品必须赶在节前运到，一过了节，错过了销售时令，再好的东西也卖不出去了。针对不同民族的传统节日，工商企业应组织好节日商品供应，掌握商品主销地的地理环境、风俗习惯、生活方式、价值观念等主要因素，据此进行节日商品设计、生产和销售，更好地满足各民族多方面的节日习俗爱好。

（7）流行。流行只是一个有形象的比喻的动名词，它表现的是文化与习惯的传播。人类的文明与文化就是（出现——流行——发展——普及）的过程。

流行又称时尚，是对一种外表行为模式的崇尚方式。其特征是新奇性、相互追随仿效及流行的短暂性，如年年有其崇尚的流行色。

社会成员对所崇尚事物的追求，以获得一种心理上的满足。时髦是非理智的与过渡性的行为项目或行为模式的流传现象。这种行为模式具有以下特征：

一是无阶级性。在各种不同的阶层、阶级间流传。它的发起人通常是社会名流，一旦形成了风气就成为他们寻求地位或自我表现的手段。

二是文明开放的社会都有的现象。其产生、流行与社会文明成正比；其流传的范围，可以跨越国家，广为流行。

三是以持续时间讲，时髦现象处于风格与时尚之间。

四是自我宣扬的工具。借着时髦，标新立异、提高社会地位，但仍保留着原团体中一分子的地位，所以，它是自我个体化的手段。

五是模仿与暗示性强烈。如时装、化妆品等物质的流行，旅游、歌曲等行动的流行，消费观念、生活追求等社会风气的流行。

六是时髦行为具有抒情性，是一种发泄不满或压抑情绪的社会运动。

时髦与时尚最显著的差别是时尚所流行的项目对社会来讲，微不足道，影响很小，时尚仅仅流行于某一阶层、社区或某一同质群体；而时髦则流行于社会各阶层与异质群体之中，时髦的流传时间显示出有组织的特性。

流行具有以下几个特性：

新异性——流行的内容必须是新近发生的新颖样式；

一时性——流行的整个过程在社会生活中显得非常短暂；

现实性——流行突出反映了当时的社会和文化背景；

琐碎性——流行围绕生活中的"琐碎小事"兴起和消亡；

规模性——流行要有一定数量的社会成员参加。

三、消费习俗对顾客心理与行为的影响

多种不同的消费习俗对顾客的心理与行为有着极大的影响。

（1）消费习俗促成了顾客购买心理的稳定性和购买行为的习惯性。

（2）消费习俗强化了顾客的消费偏好。在特定地域消费习俗的长期影响下，顾客形成了对地方风俗的特殊偏好。这种偏好会直接影响顾客对商品的选择，并不断强化已有的消费习惯。

（3）消费习俗使顾客心理与行为的变化趋缓。由于遵从消费习俗而导致的消费活动的习惯性和稳定性，将大大延缓顾客心理及行为的变化速度，并使之难以改变。这对于顾客适应新的消费环境和消费方式会起到阻碍作用。

【小测验】 看看你能否在不同习俗或环境下生活

对差异的态度（自陈量表）

对下列的陈述句做出反应。5～1 的记分表明你对以下陈述的反应强度。

SA = 非常同意（5）　A = 同意（4）　N = 无所谓（3）　D = 不同意　SD = 非常不同意

（1）不带成见地思考问题对我来说很困难。　　　　　　　　　　　5 4 3 2 1

（2）我有兴趣倾听与我的思考方式不一样的人的观点。　　　　　　5 4 3 2 1

（3）尽管我不赞同，我也会尊重他人的观点。　　　　　　　　　　5 4 3 2 1

（4）在与我有不同的道德观的人在同一社交场合，我会尽力与他们交谈。

　　　　　　　　　　　　　　　　　　　　　　　　　　　　　　5 4 3 2 1

（5）我有不少朋友，他们与我年龄、种族或性别不同，或具有不同的经经济地位与教育背景。　　　　　　　　　　　　　　　　　　　　　　　　　5 4 3 2 1

（6）我知道教育不是影响我的价值观与信仰的唯一因素。　　　　　5 4 3 2 1

（7）在做出决策之前我喜欢听一听关于某一问题的正反两方面的意见。

　　　　　　　　　　　　　　　　　　　　　　　　　　　　　　5 4 3 2 1

> (8) 只要工作能完成，我不介意其完成的方式。　　　　　　　　5 4 3 2 1
> (9) 不了解周围事物的情况，我并不感到焦急。　　　　　　　　5 4 3 2 1
> (10) 我在变化的与新环境中适应良好。　　　　　　　　　　　　5 4 3 2 1
> (11) 我喜欢旅游，参观新地方，吃不同的食物，感受不同的文化氛围。
> 　　　　　　　　　　　　　　　　　　　　　　　　　　　　5 4 3 2 1
> (12) 我喜欢关注他人并试图理解影响人们相互之间关系发展的动力。5 4 3 2 1
> (13) 从错误中我受益匪浅。　　　　　　　　　　　　　　　　　5 4 3 2 1
> (14) 在不熟悉的环境中，在采取行动之前我要先看一看，听一听别人怎么做。
> 　　　　　　　　　　　　　　　　　　　　　　　　　　　　5 4 3 2 1
> (15) 当我迷了路，除了向别人问路，我别无他法。　　　　　　　5 4 3 2 1
> (16) 听不懂别人的话，我会提问。　　　　　　　　　　　　　　5 4 3 2 1
> (17) 我实在不想冒犯或伤害他人。　　　　　　　　　　　　　　5 4 3 2 1
> (18) 人一般都是好心的，我常以平常心接受他们。　　　　　　　5 4 3 2 1
> (19) 与人们谈话的时候我总会观察他们的反应。　　　　　　　　5 4 3 2 1
> (20) 对任何事情，我从来都不想当然。　　　　　　　　　　　　5 4 3 2 1
>
> **计分**
> 　　汇总你的答案。如果你的总分在 80 分或以上，说明你重视差异的价值，并能容易地适应具有多元化的工作环境。如果你的得分在 50 分以下，你可能需要下功夫去理解重视差异的价值的必要性。

第二节　消费中的语言习俗与服务

一、方言习俗与常见服务障碍

　　中国有八大方言（新近又发现一种叫"平语"的语言，主要分布在广西一带）。也有人把中国方言划为九大方言、十大方言。其实，我们所说的"八大方言""九大方言"，甚至"十大方言"，都还只是国内的汉族方言，如果加上少数民族的语言，中国的方言还可以划得更多、更细。

　　（1）北方方言。习惯上称为"官话"。有东北官话、西北官话、晋话、西南官话等。以北京话为代表，包括长江以北，镇江以上九江以下的沿江地带，四川、云南、贵州和湖北、湖南两省的西北部，广西北部一带，使用人口占汉族总人数的 70% 以上。

　　（2）吴方言。吴方言被誉为"吴侬细语"，以上海话为代表（一说以苏州话为代表）。包括江苏省长江以南、镇江以东部分（镇江不在内）浙江省的大部分。使用人口占汉族总人数的 8.4%。

　　（3）湘方言。以长沙话为代表，分布在湖南省大部分地区，使用人口占汉族总人数的

5%左右。在这个方言区内居住的何氏人,他们的语言属于湘方言。而从这个方言区移居港澳台的何氏族人和旅居海外的何氏华侨、华人,其"母语"当为湘方言。

(4)赣方言。以南昌话为代表,主要分布在江西省(东部沿江地带和南部除外)和湖北省东南一带,使用人口占汉族总人数的2.4%。此方言区内何氏人的语言属于赣方言。从这个方言区移居港澳台的何氏族人和旅居海外的何氏华侨、华人,其"母语"当归类为赣方言。

(5)客家方言。以广东梅县话为代表,主要分布在广东省东部、南部和北部,广西东南部,福建省西部,江西省南部,及湖南、四川的少数地区,使用人口占汉族总人数的4%左右。此方言区内何氏人的语言属于客家方言。从这个方言区移居港澳台的何氏族人和旅居海外的何氏华侨、华人,其"母语"当为客家方言。

(6)闽北方言。以福州话为代表,分布在福建省北部和台湾省的一部分,南洋华侨也有一部分人说闽北方言。使用人口占汉族总人数的1.2%左右。此方言区内何氏人的语言属于闽北方言。从这个方言区移居港澳台的何氏族人和旅居海外的何氏华侨、华人,其"母语"当为闽北方言。

(7)闽南方言。以厦门话为代表,分布在福建省南部,广东省东部和海南省的一部分,以及台湾省的大部分地区。南洋华侨也有不少人说闽南方言,使用人口占汉族总人数的3%左右。此方言区内何氏人的语言属于闽南方言。从这个方言区移居港澳台的何氏族人和旅居海外的何氏华侨、华人,其"母语"当为闽南方言。

(8)粤方言。以广州话为代表,分布在广东省大部分地区和广西东南部。港、澳同胞和南洋及其他一些国家的华侨,大多数都说粤方言,使用人口占汉族总人数的5%左右。

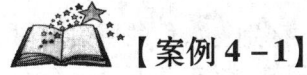

【案例4-1】

方言差异与服务笑话

有两个云南人到北京去玩,听说北京烤鸭很出名,就决定去吃。刚坐下其中一个就对服务员说:"去拿两只烤鸭来甩甩!"等了一会儿,他们见那个服务员提了一只烤鸭在他们面前晃了晃,就走了。有一个等不及了,就把服务员叫来问为什么不给他们上烤鸭,那个服务员说:"你不是叫我提一只烤鸭来甩甩的吗?"

注:"甩甩"在云南方言中指的是"吃"。

二、语义歧义与消费障碍

语义不明,就不能正确表达思想,不能成功地沟通。比如,有一个学生给校长写信说:"新学期以来,王老师对自己十分关心,一有进步就表扬自己。"校长看了这封信,非常纳闷:这究竟是一封表扬信还是批评信呢?这个"自己"是指"老师自己"还是"学生自己"?经过询问调查才弄清这是一封表扬信,其中的"自己"是指学生本人。

在生活中有不同的概念却用同一语词来表达的现象,这种现象不仅使沟通不良甚至引发纠纷。1983年，湖北省酒阳县某区苗种经营办公室，派了一名工作人员，到福建省某单位签订了3份价值27万元的订购"黄花苗"的合同。可是，由于这位工作人员不熟悉业务，黄花苗运回后，种了67公顷，但长出来的却是一种不能食用，开红花，与本地黄花苗截然不同的所谓"黄花菜"。当时，货款已付出24万元，还剩3万元只好拒付。对方提出申诉，工商部门处理这起纠纷，了解到这种开红花的植物，在当地叫"黄花"，是一种供观赏的花，福建等单位发来的货与合同标的物是一致的。在这里，主要是需方的工作人员没有准确地理解"黄花苗"这个概念的内涵与外延，误把"黄花"当作"黄花苗"。

要避免这类错误，就必须学好语言基本功，学会辨析词义。此外就是加强工作责任感，做事耐心细致，特别是重要的文件必须多看几遍，甚至到了字斟句酌的地步，然后再签字。

三、语构误解与消费障碍

语构即语言结构，括语句、语段的结构等。当这些结构不符合语言规律时，会给沟通带来困难。例如，常有人说："你的意见我基本上完全同意，就是有一点值得商榷。"在这里，"基本上"和"完全"、"完全同意"和"值得商榷"都是不相容的思想，把它们掺和在一起，令人摸不着头脑：到底是不完全还是完全？是完全同意还是不完全同意？

研究语言结构的学问即语法学。要克服语构方面的沟通障碍，不掌握语法学知识是不行的。

四、用语习惯与消费障碍

我国虽然有大一统的文化背景，但各地区的亚文化还是有很大的区别，人们的用语习惯也会给沟通带来障碍。比如，上海人称呼女性不管大小，一律称"阿姨"。有一天，一个女青年到一所大学的女生宿舍去推销小饰品，一开口就称呼女大学生们"阿姨"。本来兴高采烈的女大学生们，被她一喊都蔫了，没有一个人买她的小饰品。她走后，女同学炸开了锅："喊我们阿姨？我们又没有老！"同一语言中的词语含义不同，在山东，"老爷们"如果称少女为"姑娘"会挨耳光，因为那里的"姑娘"是妻子的谦称。

我们在与人交际和沟通时应当按礼仪规范去称呼和交谈，一般不用文言词和方言词，才会少一些误会。

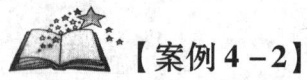

【案例4-2】

"靓仔"与"虎皮香蕉"

在北京开往广州的火车上（此车属广州客运公司的），火车经过二十几个小时的奔跑已到达了英德地界，此时列车水果服务员推着水果车大喊"虎皮香蕉，便宜卖了！"颇受顾客关注。

当他把水果车推到两个好奇的东北小伙子座位前，热情地问"靓仔，要不要虎皮香蕉？"一个小伙子不好意思地脸通红，另一个小伙子捅了捅同伴说："你听听，你多靓啊！

人家都叫你靓仔了。"于是他们为了这赞美的称呼买下了一盒已起斑点快要坏了的香蕉（所谓的虎皮香蕉），买卖双方心情愉快，香蕉甜到了心里。

而坐在两个小伙子对面的本书作者却乐了，因为在广州生活的人都知道，"靓仔、靓女"是广州人对年轻男女的日常称谓，跟人的长相毫无关系，也许这就是广州人能驰骋商界成功的语言因素吧。

思考题：
服务中语言传播中最关键的要素是什么？你将如何去把握它，举例说明？

第三节 文化习俗与服务

一、宗教文化差异与服务

宗教文化是传统文化的重要组成部分。宗教文化包括的哲学思想、伦理道德、生活习俗和文学艺术、建筑、雕塑、音乐、绘画等，几乎渗透到社会的各个领域和人们生活的各个方面，宗教文化与社会主义先进文化相互并存，相互促进，共同发展。

在服务活动中要尊重不同宗教的文化习俗、饮食习惯等。服务人员必须全面了解中国乃至世界各种宗教禁忌，针对服务对象开展专门的、定制化的服务。

二、跨文化差异与服务

三千年来世界上形成的希腊文化传统、中国文化传统、印度文化传统及阿拉伯伊斯兰文化传统和非洲文化传统等多种文化始终深深地影响着当今的人类社会，各个国家特定的文化传统以及各个企业不同的企业文化往往造就了特有的文化氛围、特定的语言习惯、特殊的商业氛围，因此，不同的文化差异在日常生活中处处可见。

（一）从广告传播看跨文化差异

中国的广告大多都强调整体，突出家庭和亲情。比如"孔府家酒"广告，"孔府家酒，让人想家"的诉求深深打动中国人传统的"思家和叶落归根"的乡愁情绪，从而大获成功。"一切皆有可能"这句口号，是李宁品牌在过去的十几年不断积累和完善的结晶。从最早的"中国新一代的希望"到"把精彩留给自己"到"我运动我存在""运动之美世界共享""出色，源自本色"到现在的"一切皆有可能"，李宁品牌逐步积淀出它品牌独有的内涵。另外，中国文化习惯于含蓄而委婉的表达方式，善于营造写意氛围。表现在广告中是先做好渲染铺垫，逐步引向主题，最后在高潮中含蓄地升华出中心。雕牌洗衣粉广告通过描绘母亲下岗后四处找工作渲染出一种生活艰辛的场景：母亲回家看到孩子的字条"妈妈，我能帮您干活，感动得流下了眼泪，直到此时才打出产品的名称雕牌洗衣粉"。广告中把感情因素注入产品中，让人们记住了充满人情味的"雕牌"。

跨国公司或国际性广告公司在进行跨文化广告传播活动中会采取"创意标准化，表现当地化"的做法。主要有以下几种：（1）翻译式广告；（2）模板式（样品式）广告；（3）指导式广告。不同的地区、国家、民族具有不同的文化背景和特征，其所体现的文化特征、风俗习惯、风土人情、价值观念会有差异。因此，跨国公司进行广告活动最重要的也是最根本的一点就是要尊重广告国人民感情和文化风俗，这是与当地顾客保持良好的沟通前提，意识不到或考虑不到文化差异将导致重大的问题。

一名篮球运动员进入一个五层高的建筑，逐层挑战中国对手，直到取得最后的胜利……这是在国内各电视台播放的名为《恐惧斗室》的最新耐克篮球鞋广告片。由于在这个广告片中，涉及身穿长袍的中国老者和飞天的妇女以及龙等众多中国文化元素被广告片男主角NBA球星勒布朗·詹姆斯打败的画面，2004年12月3日被国家广电总局叫停。在这份广电总局发出的《关于立即停止播放"恐惧斗室"广告片的通知》中指出：经审看，该广告违反了《广播电视广告播放管理暂行办法》第六条"广播电视广告应当维护国家尊严和利益，尊重祖国传统文化"和第七条"不得含有……亵渎民族风俗习惯的内容"的规定。因此责成各级播出机构立即停播此广告。

耐克《恐惧斗室》广告只是一系列"问题性洋广告"中的一个。此前，"丰田霸道"广告和立邦漆广告都因其带有"侮辱性"色彩而引起轩然大波。

2003年12月初，《汽车之友》杂志刊登一则日本丰田公司广告：一辆"霸道"汽车停在两只石狮之前，一只石狮抬起右爪做敬礼状，另一只石狮向下俯首，配图广告语为"霸道，你不得不尊敬"。广告背景看上去像是卢沟桥，石狮也疑似卢沟桥上的石狮。这则广告播出不久，观众声讨声四起。

无独有偶。2004年9月的《国际广告》杂志刊登了一则立邦漆广告，画面为中国古典式亭子，亭子的两根立柱上各盘绕一条龙，左立柱色彩黯淡，一条龙紧紧攀附在柱子上；右立柱色彩光鲜，但龙却蜷缩一团跌落到地上。其含义是：右立柱因为涂抹了立邦漆，连龙都滑落下来。

最终在舆论的强大压力下，耐克、丰田公司、盛世长城广告公司和《汽车之友》杂志先后向中国顾客道歉。

（二）跨文化背景下顾客对服务质量的感知差异

顾客满意度和服务质量是决定企业市场份额和利润的两个重要因素。根据帕什尔麦（Parasuraman）、泽斯曼尔（Zeithaml）和贝里（Berry）（以下简称"PZB"）的研究，顾客对服务质量的感知与期望的比较决定顾客是否满意。当顾客感知服务质量超出期望，顾客满意甚至惊喜；反之，当顾客感知服务质量低于期望，顾客则会不满意。顾客是感知服务质量的主体，最终判断服务质量是否优质。而顾客对感知服务质量的评估会受到由其文化背景所决定的价值观和思维方式的影响，文化是顾客评估感知服务质量的过滤镜，决定顾客评价感知服务质量的标准以及对不同标准所赋予的重要程度。因此，在全球化市场的背景下，掌握企业在全球市场中有效配置资源、提高顾客感知服务质量和满意度具有重要意义。

马蒂拉（Mattila）研究了西方和亚洲顾客对高档酒店服务质量评估过程的差异。结果表明，西方顾客更多地依靠有形的环境要素等来评估酒店的服务质量，而亚洲顾客则更多地依靠服务的个性化要素来评估服务质量；西方顾客由于其价值观中强调娱乐和享受，因此，在酒店服务体验中，他们比亚洲人更看重服务的享受维度。

中、美两国顾客评估服务质量过程也存在着差异。以个体主义为导向的美国顾客和以集体主义为导向的中国顾客对于服务质量的构成要素有不同的理解。例如，美国顾客认为零售商店多配备了解产品知识的员工是优质服务的体现，而中国顾客则认为不被服务人员"盯着"，自由地体验和选择产品是零售商店的吸引力所在，是他们所提供的"更好的服务"中国人重视人际关系的价值导向对于顾客评估感知服务质量将具有重要影响。

拉波特（Raajpoot）的研究发现，由于巴基斯坦是一个以集体主义为导向、高权力距离和高不确定性规避的社会，对于服务效率和绩效不太看重，但感知服务质量的构成要素中却包括真诚、个性化、正式性等。同时，与西方人不同，巴基斯坦顾客判断服务质量是否具有保证性的依据不是员工所具有的知识技能、礼貌礼节以及所表现出来的自信与可信的能力，而是来自其他顾客的口碑宣传，获得平等的待遇也被视为是服务质量是否具有保证性的体现。

（三）跨文化背景下服务接触原理

服务接触（service encounter）指的是"在服务体验过程中顾客与服务组织的服务提供者进行接触而发生的相互影响、相互作用"，也有人把它翻译为"服务即遇"。服务企业的特征之一是顾客参与服务过程，与服务人员之间产生交互作用。服务接触过程是顾客评价服务产品质量的关键所在，揭示了服务的真面目，所以在服务质量管理中又称为"关键时刻"（the moment of truth）。[①] 此时刻要把握的原理主要如下：

（1）企业需要注重服务的移情性，树立良好的服务口碑和声誉。伊姆里（Imrie）、拉波特（Raajpoot）等的研究表明，日本、巴基斯坦、中国台湾等以集体主义为导向的文化背景中，顾客非常看重服务是否真诚，以及企业是否真正关心自己，服务过程能否体现出亲情，他们讲求服务的移情性，渴望企业能积极主动地预测顾客需求并给予满足。此外，研究还表明，以集体主义为导向的文化背景中，服务可靠性建立在企业的传统声誉之上，来自其他顾客的口碑也是顾客判断服务质量是否具有保证性的重要依据。中国是一个以集体主义为导向的社会，凡事以关系为本位，顾客对于怎样接受服务比接受什么服务看得更为重要。因此，企业需要注重服务过程中的真诚和亲情，要真正地对顾客表示出关心，表现出移情性。企业不但要有好的服务设备、服务项目和服务环境，更需要有好的服务态度和服务礼仪礼貌。同时，中国顾客更多地依赖非正式沟通渠道，依赖口碑获得和传播信息，因此，企业要注重打造企业的良好声誉和口碑，这将会提高顾客的感知服务质量。

（2）重视服务的正式性，并要使其符合社会规范。Winsted等的研究表明，一个社会的权力距离越大，则在服务接触中，人们将会越强调服务的正式性、有形性和可靠性，看重服务过程中服务人员所表现的尊重和礼貌。中国是一个权力距离较大的社会，人们对于权力的不平等普遍接受，这使得人们在人际交往中，讲究礼仪礼节，遵守社会规范，顾客希望通过这些获得被尊重的感觉。因此，企业在打造优质服务的过程中，需要重视礼貌礼节，注重服

---

① 牛志强、袁立君. 跨文化导向的服务接触研究［J］. 国际商务——对外经济贸易大学学报，2008（1）.

务的正式性，并且要使得服务过程符合社会规范的期望。

（3）积极进行服务补救，与顾客建立长期关系。富勒（Furrer）等的研究表明，以长期为导向的顾客，期望与企业建立长远关系，重视服务的可靠性、移情性等，并且他们对服务质量的期望低于追求短期导向的顾客，能够容忍服务失败，并给予企业提高的机会。中国是一个以长期为导向的社会，因此，企业应该着重打造与顾客的长期关系，当发生服务失败时，要积极采取补救措施，这将会提高顾客感知服务质量和顾客满意度，从而有利于与顾客建立长期关系。

（4）注重语境对顾客感知服务质量的影响。赖辛格（Reisinger）等的研究表明，不同语境中的顾客，在服务接触中沟通的方式是不相同的。中国是一个高语境的国家，人们在服务接触过程中，不但注意言辞本身，同时对语气、表情、所处的物理环境等隐形的话语环境都会关注，有时，对语气、表情等的关注甚至会超过言辞本身。因此，企业在与顾客的接触过程中，需要通过服务人员的语音、语调、表情等向顾客传达出关心和尊重，这将会提高顾客感知到的服务质量。[1]

三、性别文化习惯与服务

"性别文化"是近年来才广泛采用的一个概念，1995年北京第四次世界妇女大会引入。性别文化是指作为文化形态存在着的男女两性生存方式及所创造的物质与精神财富，它包括迄今为止整个人类发展过程中的性别意识、道德观念、理想追求、价值标准、审美情趣（选美和"人造美女"）、行为方式、风俗习惯等。

目前整形热潮在学生族群中愈演愈烈，已成为一种不可忽视的社会现象。这股消费时尚其实质就是身体消费，它不仅仅是一种经济现象，更是一种性别文化现象，其内核就是性别本质主义。

性别本质主义就是性别问题上生物决定论，即认为两性及其特征是截然分开的，女性特征被绝对归纳为肉体的、非理性的、温柔的、母性的、依赖的、感情型的、主观的、缺乏抽象思维能力的；男性特征则被归纳为精神的、理性的、勇猛的、富于攻击性的、客观的、擅长抽象思维能力的。性别本质主义就是一种维护男性文化控制女性的基本手段，其中包括对女性身体的改造和消费。

对于在性别文化中长大的现代都市女青年来说，如何取悦异性，赢得高"回头率"不得不成为她们的一个生存技巧。在大学校园里，还广泛流行这样一句话："学得好不如长得好，长得好不如嫁得好"，把自己的前途和幸福寄托给自己的容貌和未来的"男人"。"女为悦己者容"依然没有过时，它甚至成为女性表露衷肠的委婉方式，而整容则是"女为悦己者容"在现时代的经典运作。

1. 现代女性消费心理

现代女性，尤其是青年女性，作为中国活跃的消费群体，始终走在消费市场的前沿，她们的消费行为将在一定程度上对流行趋势的走向产生重要的影响。女性更注重气氛的、心理的、情感的产品——情感型商品。情感型市场上的商品不在乎价格的高低，而在于是否得到

---

[1] 王书翠. 国外关于顾客感知服务质量的跨文化研究及启示[J]. 现代管理科学，2010（3）.

顾客情感上的满足和心理上的认同，其使用价值不是主要的。

女性消费欲望上多受直观感觉、消费环境气氛的影响，强调"美感"容易受感性作用而产生购买行为。例如，女性化妆品的使用价值是滋润和保护皮肤，从情感上说它满足了女性爱美、希望青春永驻的心理要求。

女性消费心理分析：

（1）爱美心理。女性对自身美的关注和追求度很高，尤其是容貌、体态、发型等形体方面。同时她们对消费场所的美化程度、商品包装美感等能够带来美的感受的事物都极有兴趣。

（2）虚荣心。莎士比亚曾说过："上帝创造女人一张脸，女人又给自己一张脸。"换句话说就是女人有两张脸，一张是天生的，另一张是想要的。有一些女性以消费名牌高档化妆品来显示自己的经济实力、消费层次和品位，向别人夸示自己，或满足一些好奇、模仿的需求，以获得某些心理的满足。

（3）实惠心理。希望"便宜且是好货"是大部分女性的持家心得。女性在价格上的斤斤计较体现了对实惠的追求。因此许多商家均打出了打折、大甩卖、"跳楼价"等策略来争取更多的女性顾客。

（4）恐惧心。女性恐惧青春流逝、容颜衰老的心理伴随着后半生，因此她们依赖于各种美容护理和化妆品的保养呵护来延缓衰老，也催生了许多相关服务业的发展。

（5）情感心理。女性情感细腻，注重友情、爱情、亲情，在自我消费满足的同时，往往会馈赠礼物给亲朋好友，以此方式来联络情感。

2. 男性消费心理与服务

男性购买商品比较多地强调产品的效用及其物理属性，而且购买的商品又多属于价格较高的"硬性商品"，如家具、家用电器等受理性的支配较大。

男性购买商品有果断性。男性顾客在购物上，独立性较强，对所购买的商品性能和知识了解得较多，一般不受外界购买行为的影响。在购买商品的范围上，多属于"硬性商品"，如家具、电视机、洗衣机、电脑等大宗商品，一般很少承担家庭生活中日用消费品的购买任务。在购买中，只要商品目标符合消费心理和购买心理要求，挑选商品迅速，购买决策快。另外，男性顾客在购买行为上自尊心比较强，特别是稍有社会地位的男性顾客自尊心就更强。当他发现了自己的购买目标时，就想迅速选购。如果售货员没有迅速接待，或表现出不理睬的态度，会使顾客放弃购买机会。如果售货员服务态度很好，顾客也会表现得大方、富有男性风度，而且购买后的遗憾很少。一般男性顾客都有一种怕麻烦的购买心理，力求方便。特别是在购买低档的生活消费品时怕麻烦的心理表现得更为突出。在购买商品时，一方面表现粗心大意，另一方面对售货员有信赖感，即使发生一点儿错误，也不想再找麻烦。

例如，一位顾客买了10个茶杯，只拿走了6个。后来售货员找到了这位顾客才知道：回家后这位顾客对妻子说买了10个茶杯，妻子打开盒子一看是6个，就问他为什么是6个，他忙解释说："我是想买10个，结果只给了6个杯子的钱，售货员当然就卖给我6个了"。售货员问他为什么要这样做，他说怕妻子回去查账。

单身男青年具有猎奇心理、时尚心理。个性化心理和冲动心理，因此应创造既强烈新奇又新鲜刺激的消费需求，同时满足他们追求美、高品位、高时尚的需要，创造个性化的购物方式。有些男青年为了追求以上目标，即使价格高也不在乎。

已婚男青年则具有实用性、超前性、艺术趣味性等消费心理，因此应满足其一要反映时代风格；二要货真价实；三要科学合理的消费心理，把握他们普遍追求新潮、配套和高层次的和谐，且购买量大、时间集中的购物特点，营造艺术性、趣味性和情爱色彩的购物氛围。

男性老年顾客则对传统商品、商标、厂牌记忆犹新，惯性强，对传统商业字号、商标忠实性强，因此应适应男性老顾客对老字号、老品牌、老商标的惯性心理。除此之外，男性老年顾客实用性、理智性强，购物以实用方便为主，厌弃华而不实，因此只有能促进老年生活快乐、身心健康的消费或消费方式才能引起老年男顾客的兴趣。同时，男性老年顾客对新产品的性能、特点及质量的稳定性又带有种种疑问，希望听到营销人员耐心的解释，并希望得到良好的服务和应有的尊重，绝不希望被人训斥或抢白。购物时观察时间长，动作迟缓，经常提出带有试探性问题，因此，营销人员应对这类顾客提供更多的服务。

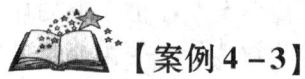【案例4-3】

欧莱雅网络男士护肤品营销成功案例

随着中国男士使用护肤品习惯的转变，男士美容市场的需求逐渐上升，整个中国男士护肤品市场也逐渐走向成熟，近两年的发展速度更是迅速，越来越多的中国年轻男士护肤已从基本清洁开始发展为护理，美容的成熟消费意识也逐渐开始形成。

2012年欧莱雅中国市场分析显示，男性消费者初次使用护肤品和个人护理品的年龄已经降到22岁，男士护肤品消费群区间已经获得较大扩张。虽然消费年龄层正在扩大，即使是在经济最发达的北京、上海、杭州、深圳等一线城市，男士护理用品销售额也只占整个化妆品市场的10%左右，全国的平均占比则远远低于这一水平。作为中国男士护肤品牌，欧莱雅男士对该市场的上升空间充满信心，期望进一步扩大在中国年轻男士群体的市场份额，巩固在中国男妆市场的地位。

服务营销目标：

（1）推出新品巴黎欧莱雅男士激活型肤露，即欧莱雅男士BB霜，品牌主希望迅速占领中国男士BB霜市场，树立该领域的品牌地位，并希望打造成为中国年轻男性心目中的人气最高的BB霜产品。

（2）欧莱雅男士BB霜目标客户定位于18~25岁的人群，他们是一群热爱分享，热衷于社交媒体，并已有一定护肤习惯的男士群体。

执行方式：

面对其他男妆品牌主要针对"功能性"诉求的网络传播，麦肯旗下的数字营销公司MRM携手欧莱雅男士将关注点放在中国年轻男性的情感需求上，了解到年轻男士的心态在于一个"先"字，他们想要领先一步，先同龄人一步。因此，设立了"我是先型者"的创意理念。

为了打造该产品的网络知名度，欧莱雅男士针对目标人群，同时开设了名为"@型男成长营"的微博和微信账号，开展一轮单纯依靠社交网络和在线电子零售平台的网络营销活动。

（1）在新浪微博上引发了针对男生使用BB霜的接受度的讨论，发现男生以及女生对于男生使用BB霜的接受度都大大高于人们的想象，为传播活动率先奠定了舆论基础。

（2）有了代言人"阮经天"的加入，发表属于他的先型者宣言："我负责有型俊朗，黑管BB霜负责击退油光、毛孔、痘印，我是先型者阮经天"，号召广大网民，通过微博申请试用活动，发表属于自己的先型者宣言。微博营销产生了巨大的参与效应，更将微博参与者转化为品牌的主动传播者。

（3）在京东商城建立了欧莱雅男士BB霜首发专页，开展"尽占先机，万人先型"的首发抢购活动，设立了欧莱雅男士微博部长，为关于BB霜使用者提供的一对一的专属定制服务。另外，特别开通的微信专属平台，每天即时将从新品上市到使用教程、前后对比等信息均通过微信推送给关注巴黎欧莱雅男士公众微信的每一位用户。

服务营销效果：

该活动通过网络营销引发了在线购买热潮，两个月内，在没有任何传统电视广告投放的情况下，该活动覆盖人群达到3 500万用户，共307 107位用户参与互动，仅来自新浪微博的统计，微博阅读量即达到560万人，在整个微博试用活动中，一周内即有超过69 136位男性用户申请了试用，在线的预估销售库存在一周内即被销售一空。

第四节 消费习俗与产品服务

一、产品命名的心理效应

一个好的产品品牌名称既能反映出行业特性，又能够带出产品的卖点，而且顺口，容易记忆。如果能为产品起一个好名字，会为产品今后的传播节省大量的宣传费用。产品名称的好坏能直接影响顾客的记忆程度，并会使顾客做出不同的购买决定。名称的动听，第一步就能让顾客感到好奇或新奇，这样就会促进顾客进一步的了解商品的名称。

（一）产品命名心理分析

（1）易读易记，便于理解（五字为宜）。尤其是农药等面对农民顾客的产品。例如，麦草灵、扑虱灵等。

心理学依据：联想学习、短时记忆模块（一般为7＋2个符号）有限。

（2）刺激七情六欲，快感享受。

① "可口可乐"让人们联想到这种饮料的美妙滋味，"欢乐、尽情"的心理享受。

② "娃哈哈"可以使人产生一种哈哈笑的视觉形象，形成一种愉悦的情绪。

心理学依据：行为主义心理学的S-R理论。核心功效：刺激顾客购买欲望。

（3）缓解恐惧心理、促进保健。例如，小护士、李医生、白大夫、少女情怀服饰、景田——百岁山纯净水等。

心理学依据：女性恐惧衰老、变丑以及人们恐惧死亡的社会心理。

（4）逆向刺激——禁止意味着诱惑。例如，狗不理包子、猫不闻饺子、"非正宗川菜"等。通过逆向刺激人的记忆，猎取人们的好奇心。

（5）符合民族文化心理。例如索尼，1958年，盛田昭夫与出井伸之经过仔细研究，为自己的公司起了一个很阳光的名字——Sony。Sony来自拉丁文Sonny（去掉一个"n"是因为Sonny读起来与日语"输钱"谐音），Sonny与英语的sunny一样都有着乐观、光明和积极的含义。

（6）情感感染命名。例如，老干妈辣椒酱、老干爹辣椒酱、老嫂子辣椒酱、贤哥剁辣椒、爱妻号家电、太太乐鸡精、老婆饼、老公饼等。

心理依据：人具有爱与归属的需要，每个人都有一种思念亲情、爱情的本能需求，以人称代词命名，不仅容易记忆，也能为人的生活增添情感美。

（7）名人命名。如李宁，新加坡的兰花名有："黛安娜王妃""安南""伊丽莎白""劳安"等。

心理依据：类似性联想，通过伟大或知名人物来呼唤顾客对产品的记忆。

（二）产品命名应忌讳的问题

（1）忌用偏字。大豆蛋白粉命名为"罡"粉，人们都不敢去买，因为大部分人不能准确的认识和读出此字，在商品繁多的今天，他们可以以逃避心理（爱面子）来绕开此产品寻找其他同类产品或替代产品。

（2）忌用意不良。例如，杀螨剂被命名为螨门抄斩、螨门死光；香水被命名为"鸦片""毒药"等。这种命名往往违反了人们善良习俗等社会心理。

（3）忌雷同近似。例如，长城电扇、长城电脑、长城风雨衣、长城葡萄、熊猫电视等，"红棉遍地开，珠江到处流，五羊满街跑，熊猫遍地走。"讽刺了国内企业命名品牌中的一窝蜂现象。容易让顾客产生记忆混淆、审美疲劳。

（4）忌讳同姓同名。例如，林依莲内衣、成龙通讯、胡戈馒头，也有谐音的商品名称，如蟑爱呷、泻停封等，没有创意，也可能导致法律侵权。

二、服务场所与心理

商场的选址历来为人们所重视，从南到北，从东到西，各城市的闹市区高楼林立，商业网点密布，且商场数量仍在不断增加，北京的王府井、西单，上海的南京路、淮海路，广州的北京路、上下九，就有几十家、几百家大小商场。商场的选址，既应考虑到需求量、购买力，也应考虑到供应量、竞争程度。长期以来，商场的选址闹市为优，使得城市中心各商场竞争激烈，而工厂、居民集中地段，购物却十分不便。由于生活节奏的加快，人们购物行为的变化，选择一个合适的地址是非常之重要的。

（一）地域选择与消费习俗

服务场所选址要注意不同地区的消费文化和习俗。比如，在我国的几大城市中，北京人偏爱国产，上海人喜欢进口，广州人信任港台。据调查，北京人中称自己"喜欢国产的东西"的比例为57.7%，而上海和广州分别为46.3%、51.5%，相对而言，上海人更"偏爱进口的东西"，广州人则比较信任港台的东西。北京人到中餐馆庆祝生日的比例高；上海人相信西药的比例则明显高于北京和广州。

北京和上海追求名牌，广州人注重实用。北京人和上海人的优越感决定了两地居民对高档和品位的追求，广州人则要实际得多，商业文化灌输给人们更多"实用就好"的观念，因此广州人对品牌不像北京和上海那么热衷，有很大一部分对品牌持"无所谓"的态度，也有人认为这与广州外资品牌加工厂密集有关。北京人喜欢有规律的大宗购物，广州人娱乐型购物。

(二) 商场选址方法与心理

(1) 交通便利。车站附近，是过往乘客的集中地段，人群流动性强，流动量大。如果是几个车站交会点，则该地段的商业价值更高。商场开业之地如选择在这类地区就能给顾客提供便利购物的条件。

(2) 靠近人群聚集的场所，可方便顾客随机购物，如影剧院、商业街、公园名胜、娱乐、旅游地区等，这些地方可以使顾客享受到购物、休闲、娱乐、旅游等多种服务的便利，是商场开业的最佳地点选择。但此种地段属经商的黄金之地，寸土寸金，地价高费用大，竞争性也强。

(3) 人口居住稠密区或机关单位集中的地区。由于这类地段人口密度大，且距离较近，顾客购物省时省力比较方便。商店地址如选在这类地段，会对顾客有较大吸引力，很容易培养忠实顾客群。将店铺选择在繁华的地段开业，就可以将自己的商品主动迎向顾客，商品能招徕顾客，就能起到促销的作用，将生意做红火。

(4) 有利于形成综合服务功能，发挥特色。不同行业的商业网点设置，对地域的要求也有所不同。商场在选址时，必须综合考虑行业特点，消费心理及顾客行为等因素，谨慎地确定网点所在地点，尤其是大型百货类综合商场更应综合地全面地考虑该区域和各种商业服务的功能。

(5) 商场选址与路面、地势的关系。商场选址都要考虑所选位置的道路及路面地势情况，因为这直接影响着商店的建筑结构和客流量。通常，商店地面应与道路处在一个水平面上，这样有利于顾客出入店堂，是比较理想的选择。

(6) 商场在选址时既需要科学的考察分析，同时又需要空间环境策划师在空间环境上的布置，同时还要有经营者敏锐的洞察力，善于捕捉市场缝隙，用出奇制胜的策略，与众不同的眼光来选择商场位置，常常会得到别人意想不到的收获。

(7) 商场的对面不能有烟囱、厕所、牛栏、马厩、殡仪馆、医院、寺院等单位，这些单位容易使人感到心理上感到不适。而且，对于经营者来说，常常处在这样的环境之中，也会造成精神不振，心气不畅，甚至重者，还会染病成疾，商败人亡。

(8) 商店在选择地址时，讲求屋前开阔，接纳八方生气，这与经商讲究广纳四方来客契合。按照这一原则，选择店铺的地址时，也应该考虑店铺正前方的开阔，要求不能有任何遮挡物，比如，围墙、电线杆、广告牌和过大遮掩的树木等。

（9）商场内人员流量大并不意味着商场的销售很好，商场的选址、统一的形象设计及装修，物品的摆放，营业员的岗位培训，流行的促销宣传等等都是非常之重要的，还有商场的名字，带有吉祥意义的商场名，或者是一个能给商场带来好运的门牌号码，这些都能给经商者和顾客在心理上以某种安慰。

（10）有些商店为了促销商品，往往在扶梯的出口处摆设柜台，目的当然是要使顾客一踏上楼面就能看见所推销的商品，以增加出售商品的可能性，但这种做法往往使得一些顾客会故意绕开这个柜台，而走向旁边的柜台。

（11）音乐可以营造一种气氛，但要看是营造了怎么样的气氛，轻柔雅致的乐声，可以使顾客流连忘返，增加顾客在商场里的逗留时间，从而增加顾客消费的可能性；而震耳的音乐则成了一种噪声，属于凶煞的一种，对商场的促销只能起到负面的影响。

（12）商场的门是商场的咽喉，是顾客与商品出入与流通的通道。商场的门，每日迎送顾客的多少，决定着商场的兴衰。因而，为了使商场提高对顾客的接待量，门不宜做得太小。

（13）在我国的大多数城镇，繁华的地段往往都是集中在"丁"字形和"丫"字形的路口处，如果选择在此开店，就会有同住宅一样，受到来自大道的煞气冲击；在这样的情况下，可在店铺前，加建一个围屏，或者围障，或者将店铺门的入口改由侧进，以挡住和避开迎大路而来的煞气。

（14）有些商场店面狭窄，或者受遮挡，不利于商店发展经营，一是努力去拆除店前的遮挡物，使店面显露出来；二是如店面狭窄而无法改变，就把店牌加大高悬，使较远地方的人放眼就能看到。

（15）商场的周围栽种树木和花草，以增加商场内的生气和消除尘埃。还要勤于商场的卫生的清扫和店面门窗的擦洗，以清除沉积的尘土。还可建些花坛、花池、假山、水池喷泉的景观物品，用以增加商场的美感。

（16）竞争式选址。例如，百佳、万家；国美、苏宁等相似商家选址。在广州市，百佳与万家两家连锁大型购物场所选址一般都只差几百米；国美与苏宁一般都处于同一条街的侧对面或同侧的几百米距离，顾客往往会来回走动对比商品价格，双方形成了极大的竞争。

（17）互补性选址。根据消费场所的性质，通过附加或互补他类消费品使其在服务中更加完善。比如，凉茶与火锅店同在，大型购物场与饮食连锁店的配套建设等。

（18）聚集心理选址（马太效应）。马太效应（Matthew effect），是指好的越好，坏的越坏，多的越多，少的越少的一种现象。来自《圣经·马太福音》中的一则寓言。是指任何个体、群体或地区，一旦在某一个方面（如金钱、名誉、地位等）获得成功和进步，就会产生一种积累优势，就会有更多的机会取得更大的成功和进步。例如，广州的北京路，上海的南京路，北京的王府井、大前门等商业聚集地方，经济效益很好。

（三）服务场所的命名心理

（1）竞争性命名，如：百佳、万佳、胜佳、超佳、正佳，从名称上相互竞争，互相帮扶，从而达到知名度的提升。

（2）地域性命名，如：湘约人家、同湘会、老湘楼、蜀风流、东北饺子馆、金钻潮等，表明了其地域特色与产品（服务）倾向性。

（3）其他与商品命名相似。

三、CIS 与服务

CIS 是英文 corporate identity system 的缩写，中文翻译为企业形象识别系统，包括企业理念识别、行为识别、视觉识别三个部分。是指运用视觉设计手段，通过标志的造型和特定的色彩等表现手法，使企业的经营理念、行为观念、管理特色、产品包装风格、营销准则与策略形成一种整体形象。同时将企业名称、企业标志经过准字体、标准色等统一规范化之后，由内至外进行企业与社会之间的信息交流和传播，以最快的速度、最深的印象，让社会和公众注意自己、认识自己、了解自己，从而塑造出企业的最佳形象，获得社会的认同感，达到营销的目标。CIS 涵盖了标准性，差别性、传播性。世界十大名牌——可口可乐、索尼、奔驰、柯达、迪士尼、雀巢、丰田、麦当劳、IBM、百事可乐的公司都十分注重企业形象，都有其个性化的视觉识别特征。

（一）CIS 企业形象设计的组成

（1）MIS（mind identity system）理念识别系统：企业的经营理念即企业精神文化是有最高决策层次决定的，同时他也导入企业识别系统的原动力。

（2）BIS（behaviour identity system）行为识别系统：动态的识别形式对内组织、管理和教育，对外回馈、参与和活动，能反映出企业的基本行为活动。例如，美国 NBA 球队中热火、篮网集团的 CIS，直接反映了企业的行为模式。

（3）VIS（visual identity system）视觉识别系统：使静态的识别符号具体化，通过视觉化的传达形式反映企业的视觉形貌，层面最广，效果直接。比如产品包装的外观、员工群体形象等。

（4）AIS（audio identity system）听觉识别系统：通过听觉刺激传达企业理念、品牌形象的识别系统。主要包括企业歌曲、广告音乐、企业注册的特殊声音、企业特别发言人的声音等内容。

（5）EIS（environment identity system）环境识别系统：以现代生态文明、绿色消费为主，低碳环保。

（二）CIS 企业形象设计的基本原则

（1）企业形象同一性。对企业识别的各种要素，在对外传播时均采用同一的模式，并且坚持长期一贯的运用，不轻易进行变动，从企业理念到视觉要素予以标准化，采用同一的规范设计。要做到同一性，达到 CIS 设计的标准化，在手法上对企业形象进行综合的整形，就要采用简化、统一、系列、组合、通用等手法进行体现。

（2）企业形象差异性。企业形象的差异性十分重要，所以在设计上就必须个性化、与众不同，这样才能更好地获得大众的认同。差异性在不同的行业里的体现也不同，因为，在现在的社会里，普遍大众认为不同行业的企业机构都有自己行业的形象特征，如：工业的形象特征和女性产品的形象特征就是截然不同的。所以在设计时，不仅要凸显出行业特点，还要在同行业中，突出自己，使自己独具风采，脱颖而出。

（3）企业形象民族性。不同的民族文化在塑造和传播中要有不同的企业形象，美、日的许多成功企业，就成功地利用了这个性质，民族文化是最根本的原动力。美国企业文化研究专家秋尔和肯尼迪指出："一个强大的文化几乎是美国企业持续成功的驱动力。"驰名于世的"麦当劳"和"肯德基"独具特色的企业形象，就展现了美国生活方式的快餐文化。对于我们，中国企业形象，中华民族文化是我们取之不尽，用之不竭的力量，在这里有着我们所需要的精华，有助于我们创造自己的企业形象。

（4）企业形象有效性。企业CIS的有效性，能够有效地树立良好的企业形象，策划设计发展规划要依据企业自身的情况，企业的市场营销的地位，在推行企业形象战略时确立准确的形象定位。

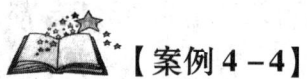【案例4-4】

女性消费心理

"做生意要瞄准女人"这一犹太人经商的座右铭，赚钱的绝招，已被许许多多经商者所注意、所认识、所接受和所运用。某市最大的百货商店就是在研究和掌握女性消费要求和消费心理的基础上，瞄准女人，做活妇女生意的。他们在经营方面主要采用了以下措施：

第一，为满足妇女挑选购买各种时装、内衣和其他女性用品的要求，在商店大厦专门开设"女士服装屋"和"女士专柜"。在服装屋，出售女性需要的各种时装、文胸、内衣裤等。供应的服装大部分是沿海和开放地区及外国最新潮的货物。因此，颇受女顾客欢迎，购买者十分踊跃。

第二，妇女用品和儿童用品相结合。一对夫妇只生一个孩，孩子是家庭的"小皇帝""小公主"，更是女人的心肝宝贝。有的做母亲的宁可自己省吃俭用，也要满足子女的消费需求。所以这家商店抓住这一特点，把儿童用品柜台设在"女士服装屋"和"女士专柜"附近。当妈妈买自己的用品时也看到孩子的用品，于是随手购买、十分方便。此外，商店内部装饰美观，环境舒适，设有电梯，方便母子购买，且经营的妇女儿童用品有几千种，吸引了众多妇女和儿童顾客光顾。

第三，为女性购物提供方便条件。他们提倡"女士优先"的风气，为方便女士购物，在"女士服装屋"的门上写着六个引人注目的大字："男士不得入内"，在"女士服装屋"不接待男顾客，把拥有消费一半的男人拒之门外，是为了给女顾客创造一个满意的购物环境。他们还在时装屋内铺着地毯、设装饰柔和的灯，并放出和谐、动听的轻音乐，创造出一种安谧、幽雅的气氛。女顾客在别的商店买女性用品，只凭尺寸、胸围、衣长，没法试，而在这里买睡裙和T恤衫，能很自如地试穿，非常方便不受干扰。由于向妇女提供购物的方便条件，加之进货讲究，经常推出一批新款式商品、价格合理，吸引了大批女顾客，商店营业额大大高于当地同类商店的销售水平。

第四，利用女性做女性用品广告。《诗经》云："指如削葱根，口如含朱丹，纤纤作细步，精妙世无双"，这是形容女性美。人们往往把女性比喻为美的象征。高雅、大方、漂亮、健美的女性往往可以吸引众多人的注意力。女性的美同样在女性心中引起共鸣，女性天生细、天生巧、天生的美不会改变，女性的这些特点是男子无法相比的。所以，这家商店在推销商品，特别是女性用品，如化妆品、首饰、服装等，都是请女性到电视或报刊上做商品推销广告。商店认为，用女性做女性用品的广告，其中还有个诀窍，就是大多数女性相信她们口中传递的信息。中外有些化妆品之所以容易轻松地占领国内市场，是因为除质量上乘外，与其利用女性做广告是分不开的。因而，他们肯花大钱，与生产厂家联合请影视女明星到电视屏幕上做女性用品商业广告，取得了非常好的经济效益。

第五，在商品的包装装潢、商品陈列以及销售服务方面充分考虑女性的心理特点，迎合女顾客的心理需求。这家公司为了吸引女顾客，在商品摆布和陈列方面十分注重主题鲜明，构思巧妙和富有艺术感染力；在橱窗设计上，为了吸引女顾客的好奇心，模特所穿的服装天天换，使许多女顾客被花样翻新的时装迷住，争先恐后地抢购自己喜爱的时装；在包装装潢方面，他们与厂家联系，凡是女性用品和女性常购的日用品，都要针对女性心理，尽可能做到美观、富有艺术性、情感性和流行性；在服务方面，他们对营业员进行了专门培训，特别要求"女士服装屋"和"女士专柜"的营业员了解女性心理，尊重她们的自尊心，并做到语言规范，讲究艺术性，以博得女顾客的好感。

分析题：
(1) 为什么女性是经商者赚钱的主要对象？你对此有何理解？
(2) 上述案例中的百货商店采取以上五项措施的心理依据是什么？请进行详细分析。

第五章 服务过程心理

【学习目标】

服务礼仪
服务中的人际关系与服务心理要诀
顾客投诉心理及管理

服务过程是指一个产品或服务交付给顾客的程序、任务、日程、结构、活动和日常工作。服务产生和交付给顾客的过程是服务营销组合中一个主要因素，因为，顾客通常把服务交付系统感知成服务本身的一个部分。服务业公司的顾客所获得的利益或满足，不仅来自服务本身，同时也来自服务的递送过程。因此，服务过程管理对整个服务活动的成功十分重要。

而服务过程就是服务工作人员与顾客的人际交往过程、心理沟通过程，以及了解对方、相互感知、共同完成服务活动的过程。因此，服务人员的礼仪礼节、人际交往技巧、规避人际冲突及处理投诉等能力及心理素质尤为重要。

第一节 服务中的礼仪

一、礼仪的含义

礼仪就是人们在社会的各种具体交往中，为了互相尊重，在仪表、仪态、仪容、仪式、言谈举止等方面约定俗成的、共同认可的规范和程序。

在中国，礼仪可概括为：礼者，敬人也；仪者，形式也。孔子提出"不学礼，无以立。"

在西方，礼仪为 etiquette，是人际关系的通行证。亚里士多德提出"一个人不和他人打交道，不是一个神，就是一个兽。"

因此，礼仪具有以下作用：（1）是打开交际之门的钥匙；（2）是促进事业成功的手段；（3）是形成完美人格的途径。

二、礼仪的基本要求

（一）以尊重为本

尊重自己，尊重他人。尊重上级是一种天职，尊重同事是一种本分，尊重下级是一种美德，尊重教师是一种常识，尊重所有人是一种教养。

（二）善于表达

来有迎声，问有答声，去有送声。

三、服务中的具体礼仪

（一）迎客礼仪

（1）接站。对远道而来的顾客，要做好接站工作。要掌握顾客到达的时间，保证提前等候在迎接地点，迟到是不礼貌的，顾客也会因此感到不愉快。接站时还要准备一块迎客牌，上书"欢迎（恭迎）×××代表团"或"欢迎×××先生（女士）"或"×××接待处"等，同时，要高举迎客牌，以便顾客辨认。做好这些工作，可以给顾客以热情、周到的感觉，使双方在感情上更加接近。

（2）会面。"出迎三步，身送七步"，这是我国迎送顾客的传统礼仪，顾客在约定时间按时到达，主人应主动迎接，不应在会谈地点静候，见到顾客应热情打招呼，先伸手相握，以示欢迎，同时应说一些寒暄辞令。如果顾客是长者或身体不太好的应上前搀扶，如果顾客手中提有重物应主动接过来。

（3）乘车。如果迎接地点不是会客地点，还要注意乘车礼仪。接到顾客后，应为顾客打开车门请顾客先上车，坐在顾客旁边或司机旁。在车上接待者要主动与顾客交谈，告知顾客访问的安排，争取顾客的意见。向顾客介绍当地的风土人情，沿途景观。到达地点后，接待者应先下车为顾客打开车门，然后请顾客下车。

（4）入室。下车后，陪客者应走在顾客的左边，或走在主陪人员和顾客的身后，到达会客室门口时应打开门，让顾客先进，在会客室内把最佳位置让给顾客，同时，还要按照介绍的礼仪把顾客介绍给在场的有关人员。

（二）握手礼仪

见面时的握手礼仪是日常社交礼仪中最常用与最基础的礼仪，人与人之间的交往都要用到握手礼仪,特别是从事服务行业的人,掌握一些握手礼仪,能给客户留下良好的第一印象,为以后顺利开展工作打下基础。

(1)握手礼仪的要求。最普通的握手方式是会面双方各自伸出右手,手掌均呈垂直状态,然后五指并用,稍许一握,时间以3秒左右为宜。握手时,上身要略向前倾,头要微低一些,通常距离受礼者约一步,两足立正,上身稍向前倾,伸出右手,四指并齐,拇指张开与对方相握,微微抖动3~4次,然后与对方的手松开。

握手要讲究次序。一般来说,男女之间,男方需待女方伸出手后才可握手,如女方不伸手,没有握手的意愿,男方可点头致意或鞠躬致意。

① 宾主之间,主人应先向顾客伸手,以表示热情、亲切,如接待来宾,不论男女,女主人都要主动伸手表示欢迎,男主人也可以先伸手向女宾表示欢迎。

② 当年龄与性别冲突时,一般仍以女性先伸手为主,同性老年的先伸手,年轻的应立即回握。

③ 有职位差别时,职位高的先伸手,职位低的应立即回握。

(2)不礼貌的握手:

① 男士戴着帽子和手套。

② 长久的握着异性的手不放。男士与女士握手时间要短一些,用力更轻一些。

③ 用左手同他人握手。

④ 交叉握手,不要越过其他人正在相握的手同另外一个人相握。

⑤ 握手时目光左顾右盼。

(3)握手需要掌握以下方法:

① 一定要用右手握手。

② 要紧握对方的手,时间一般以1~3秒为宜。当然,过紧地握手,或是只用手指部门漫不经心地接触对方的手都是不礼貌的。

③ 被介绍之后,最好不要立即主动伸手。年轻者、职务低者被介绍给年长者、职务高者时,应根据年长者、职务高者的反应行事,即当年长者、职务高者用点头致意代替握手时,年轻者、职务低者也应随之点头致意。和女性握手,一般男士不要先伸手。

④ 握手时,年轻者对年长者、职务低者对职务高者都应稍稍欠身相握。有时为表示特别尊敬,可用双手迎握。男士与女士握手时,一般只宜轻轻握女士手指部位。男士握手时应脱帽,切忌戴手套握手。

⑤ 握手时双目应注视对方,微笑致意或问好,多人同时握手时应顺序进行,切忌交叉握手。

⑥ 在任何情况下拒绝对方主动要求握手的举动都是无礼的,但手上有水或不干净时,应谢绝握手,同时必须解释并致歉。

(三)鞠躬礼仪

鞠躬主要适应于向他人表示感谢、致歉、忏悔、领奖或演讲之后、演员谢幕、举行婚礼或参加追悼活动等。服务场合也经常用到。鞠躬时,应脱帽立正,双方距离约2米。在行鞠躬礼时,下弯的幅度越大表示尊敬的程度就越大,一般在与别人打招呼时鞠躬角度约15度，正式场合下角度约30度，在感谢、致歉、忏悔等充分表达自己的心情的场合，角度60~90度。鞠躬的次数，可视具体情况而定，追悼活动用三鞠躬，喜庆场合鞠躬次数不宜为三次。

(1) 挺胸、站直、保持姿态端正。保持姿态端正，会给人以精神饱满的感觉。

(2) 膝盖、脚跟并拢。女士在鞠躬时，以左脚在前的丁字步站立为宜。男士在鞠躬时，两腿并拢夹紧，两脚尖开合约一拳距离。

(3) 头、颈、脊背成一条直线。鞠躬时，整个上半身应呈直线，以腰为轴向前倾，后背要挺直，不要驼背，注意千万不要仅把头低下去。

(4) 手指并拢。鞠躬时，不宜将双手背于体后。女士应并拢手指，右手交叠搭在左手上置于腹前，鞠躬时，双手沿鞠躬幅度向下滑动。男士也可采取这种方式，也可以五指并拢置于体侧。

(5) 要注视对方眼睛后鞠躬，站直后再次注视对方眼睛并问候。鞠躬时，视线应落在对方脚下，表示对对方有诚意。

(四) 赠礼礼仪

(1) 注意礼品的包装。精美的包装不仅使礼品的外观更具艺术性和高雅的情调，并显现出赠礼人的文化和艺术品位，既有利于交往，又能引起受礼人的兴趣、探究心理及好奇心理，从而令双方愉快。

(2) 注意赠礼的具体时间。一般来说，应在相见或道别时赠礼。

(3) 注意赠礼时的细节。只有那种平和友善的态度和落落大方的动作并伴有礼节性的语言表达，才能让赠、受礼双方共同接受。

(4) 注意赠礼的场合。赠礼场合的选择，是十分重要的。尤其那些出于酬谢、应酬或有特殊目的的馈赠，更应注意赠礼场合的选择。通常情况下，当众只给一群人中的某一个人赠礼是不合适的。因为那会使受礼人有受贿和受愚弄之感，而且会使没有受礼的人有受冷落和受轻视之感。给关系密切的人送礼也不宜在公开场合进行，只有礼轻情重的特殊礼物才适宜在大庭广众面前赠送。既然关系密切，送礼的场合就应避开公众而在私下进行，以免给公众留下你们关系密切完全是靠物质的东西支撑的感觉。只有那些能表达特殊情感的特殊礼品，方能在公众面前赠予。因为这时公众已变成你们真挚友情的见证人。

(5) 赠礼禁忌。对中国人送礼时尽量避免奇数、钟、伞等；日本人忌讳4和9；欧美人忌讳13。

(五) 服饰礼仪

服饰礼仪是人们在交往过程中为了相互表示尊重与友好，达到交往的和谐而体现在服饰上的一种行为规范。服饰是一种文化，它反映着一个民族的文化水平和物质文明发展的程度。服饰具有极强的表现功能，在社交活动中，人们可以通过服饰来判断一个人的身份地位、涵养；通过服饰可展示个体内心对美的追求、体现自我的审美感受；通过服饰可以增进一个人的仪表、气质，所以，服饰是人类的一种内在美和外在美的统一。要想塑造一个真正美的自我，首先就要掌握服饰打扮的礼仪规范，让和谐、得体的穿着来展示自己的才华和美学修养，以获得更高的社交地位。

1. 服饰打扮的原则

服饰打扮虽然说由于每人的喜好不同，打扮方式不同，产生的效果也不同，因此也成就了五彩斑斓的服饰世界，但我们根据人们的审美观及审美心理还是有一些基本的原则可循。

（1）整洁原则。整洁原则是指整齐干净的原则，这是服饰打扮的一个最基本的原则。一个穿着整洁的服务者总能给人以积极向上的感觉，并且也表示出对交往对方的尊重和对社交活动的重视。整洁原则并不意味着时髦和高档，只要保持服饰的干净合体、全身整齐有致即可。

（2）个性原则。个性原则是指社交场合树立个人形象的要求。不同的人由于年龄、性格、职业、文化素养等各方面的不同，自然就会形成各自不同的气质，我们在选择服装进行服饰打扮时，不仅要符合个人的气质，还要凸显出自己美好气质的一面，为此，必须深入了解自我，正确认识自我，选择自己合适的服饰，这样，可以让服饰尽显自己的风采。要使打扮富有个性，还要注意：首先不要盲目追赶时髦，因为最时髦的东西往往是最没有生命力的。其次要穿出自己的个性，不要盲目模仿别人。如看人家穿水桶裤好看，就马上跟风，而不考虑自己的综合因素。

（3）和谐原则。所谓和谐原则是指协调得体原则。即选择服装时不仅要与自身体型相协调，还要与着装者的年龄、肤色相配。服饰本是一种艺术，能掩盖体形的某些不足。我们要借助于服饰，能创造出一种美妙身材的错觉。不论是高矮胖瘦，年轻的还是年长的，只要根据自己的特点，用心地去选择适合自己的服饰，总能创造出服饰的神韵。

（4）着装的T.P.O原则。T.P.O分别是英语Time、Place、Occasion三个词的缩写字头，即着装的时间、地点、场合的原则。一件被认为美的漂亮的服饰不一定适合所有的场合、时间、地点。因此，我们在着装时应该要考虑到这三方面的因素。

着装的时间原则，包含每天的早、中、晚时间的变化；春、夏、秋、冬四季的不同和时代的变化。

着装的地点原则是指环境原则。即不同的环境需要与之相适应的服饰打扮。

着装的场合原则是指场合气氛的原则。即着装应当与当时当地的气氛融洽协调。

2. 着装的配色原则

服饰的美是款式美、质料美和色彩美三者完美统一的体现，形、质、色三者相互衬托、相互依存，构成了服饰美统一的整体。而在生活中，色彩美是最先引人注目的，因为色彩对人的视觉刺激最敏感、最快速，会给他人留下很深的印象。

服饰色彩的相配应遵循一般的美学常识。服装与服装、服装与饰物、饰物与饰物之间的色彩应色调和谐，层次分明。饰物只能起到"画龙点睛"的作用，而不应喧宾夺主。服饰色彩在统一的基础上应寻求变化，肤与服、服与饰、饰与饰之间在变化的基础上应寻求平衡。一般认为，衣服里料的颜色与表料的颜色，衣服中某一色与饰物的颜色均可进行呼应式搭配。

（1）同色搭配：即由色彩相近或相同，明度有层次变化的色彩相互搭配造成一种统一和谐的效果。如墨绿配浅绿、咖啡配米色等。在同色搭配时，宜掌握上淡下深、上明下暗，这样整体上就会有一种稳重踏实之感。

（2）相似色搭配：色彩学把色环上大约90度以内的邻近色称为相似色。如蓝与绿、红与橙。相似色搭配时，两个色的明度、纯度要错开，如深一点的蓝色和浅一点的绿色配在一起比较合适。

（3）主色搭配：指选一种起主导作用的基调和主色，相配于各种颜色，造成一种互相陪衬、相映成趣之效。采用这种配色方法，应首先确定整体服饰的基调，其次选择与基调一致的主色，最后再选出多种辅色。主色调搭配如选色不当，容易造成混乱不堪，有损整体形象，因此搭配的时候要慎重。

在正式的场合中，我们不仅要按规定着装，如在重大的宴会、庆典、会见，尤其是涉外性活动，组织者所发请柬上有时专门注有着装要求，服务人员应提醒和策划参加者按规定着装，而且还要符合正式场合的着衣配装的礼仪规范，以符合活动的性质。

（六）座次礼仪

1. 座次排序基本规则

以右为上（遵循国际惯例）；

居中为上（中央高于两侧）；

前排为上（适用所有场合）；

以远为上（远离房门为上）；

面门为上（良好视野为上）。

2. 宴会座次

排序原则：以远为上，面门为上，以右为上，以中为上；观景为上，靠墙为上。

座次分布：面门居中位置为主位；主左宾右分两侧而坐；或主宾双方交错而坐；越近首席，位次越高；同等距离，右高左低，见图5－1。

图5－1 宴会座次示意

3. 轿车座次礼仪

照国际惯例，乘坐轿车的座次安排的常规是：右高左低，后高前低。具体而言，轿车座次的尊卑自高而低是：后排右位—后排左位—前排右位——前排左位，见图5－2。

另外有几种特殊情况，一是主人或熟识的朋友亲自驾驶汽车时，你坐到后面位置等于向主人宣布你在打的，非常不礼貌。这种情况下，副驾位置为上座位。二是接送高级官员、将领、明星知名公众的人物时主要考虑乘坐者的安全性和隐私性，司机后方位置为汽车的上座位，通常也被称作 VIP 位置。

图 5-2　轿车座次示意

4. 会议座次

首先是前高后低，其次是中央高于两侧，最后是左高右低（中国政府惯例）和右高左低（国际惯例）。

（1）主席台座次说明：中国惯例，以左为尊，即左为上，右为下。

（2）当领导同志人数为奇数时，1 号领导居中，2 号领导排在 1 号领导左边，3 号领导排右边，其他依次排列。从台下的角度来看，是 9，7，5，3，1，2，4，6，8 的顺序；从主席台上的角度来看，是 8，6，4，2，1，3，5，7，9 的顺序。

（3）当领导同志人数为偶数时，具体应该是：1 号领导、2 号领导同时居中，2 号领导排在 1 号领导左边，3 号领导排右边，其他依次排列。从台下的角度来看，是 7，5，3，1，2，4，6，8 的顺序；从主席台上的角度来看，是 8，6，4，2，1，3，5，7 的顺序。

5. 行进位次

多人并排行进，中央高于两侧，对于纵向来讲，前方高于后；两人横向行进，内侧高于外侧。

实际上内侧就是指靠墙走，我国道路游戏规则行进规则是右行，所以在引领顾客时，顾客在右，陪同人员在左。换句话说，顾客在里面你在外面，为什么要把顾客让在靠墙的位置，受到骚扰和影响少。

与顾客的距离，别拉太远，也别离太近，标准化位置是：左前方 1～1.5 米处，换句话说，一步之遥。

与顾客同坐电梯，应该先进后出。

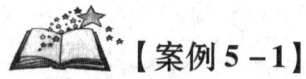

【案例 5-1】

餐饮服务中的礼节分类

服务餐饮中常见的礼节有：问候礼、称呼礼、应答礼、操作礼、迎送礼、宴会礼、握手礼、鞠躬礼、致意礼等。

（1）问候礼：问候礼是服务人员对顾客进店时的一种接待礼节，以问候、祝贺语言为主，问候礼在日常的使用中又分以下几种不同的问候。

① 初次见面的问候。顾客刚刚进入酒店时的问候，与顾客初次见面，服务员应说"先生（小姐），您好（或欢迎光临），我是××号服务员（我是小×），很高兴能为几位服务"。

② 时间性问候礼。与顾客见面时，要根据早、午、晚大概时间问候"早上好""您好"

"中午好""下午好"等。

③ 对不同类型顾客的问候。到酒店用餐的顾客类型很多，服务人员要根据不同类型的顾客进行问候，如：对生日的顾客说"祝您生日快乐"，对新婚的顾客说"祝您新婚愉快"，等等。

④ 节日性问候。节日性问候一般用在节日前或节日后的问候语言，如春节、元旦（新年）、国庆节等，可问候"节日快乐""新年好"等。

⑤ 其他问候。顾客身体欠安时、顾客醉酒、发怒都应对顾客表示关心。

（2）称呼礼：是指日常服务中和顾客打交道时所用的称谓。称呼要切合实际，如果称呼错了，职务不对、姓名不对，不但会使顾客不悦，引起反感，甚至还会产生笑话和引起误会。

① 一般习惯称呼：在称呼别人时，一般称男子为"先生"，未婚女子为"小姐"，已婚女子称"女士"，对不了解婚姻状况的女子称"小姐"，或戴结婚戒指和年龄稍大的可称"女士"。

② 按职位称呼，知道职位时要称呼其职位，如：王局长、李主任等。

（3）应答礼：是指同顾客交谈时的礼节。

① 解答顾客问题时，必须保持良好的站立姿势，背不靠他物，讲话语气温和耐心，双目注视对方，集中精神倾听，以示尊重。

② 对宾客的赞扬、批评、指教、抱怨，也都必须有恰当的语言回答，不能置之不理，否则就是一种不礼貌的行为。

③ 服务员在为顾客处理与服务有关的问题时，语气要婉转，如顾客提出的某些问题超越了自己的权限，应及时请示上级及有关部门，禁止说一些否定语，如"不行""不可以""不知道""没有办法"等，应回答："对不起，我没有权力做主，我去请示一下领导，您看行吗？"

（4）操作礼：指服务人员在日常工作中的礼节。服务员的操作，在很多情况下是与宾客在同一场合、同一时间进行的，服务员要想既做好服务工作、又不失礼，就必须注意：

① 服务员在日常工作中要着装整洁，注意仪表，举止大方，态度和蔼，工作时间不准大声喧哗，不准开玩笑，不准哼小曲，保持工作环境安静。进入房间时要敲门，敲门时，不能猛敲，应曲起手指，用指关节处有节奏地轻敲，然后再进去，开门关门时动作要轻，不要发出太大的响声。

② 操作时，如影响到顾客，应表示歉意，说："对不起，打扰一下"或"对不起，请让一下好吗"等。

（5）迎送礼：指服务员迎送顾客时的礼节。

① 宾客来店时，接待人员（服务员）要主动向顾客问好，笑脸相迎，在此过程中，要按先主宾后随员、先女宾后男宾的顺序进行，对老弱病残顾客，要主动搀扶。

② 顾客用餐完毕，离开酒店，服务员应向顾客逐一道别，使顾客带着温馨、满意而归，迎送礼要求不温不火，热情得体。

（资料来源：餐饮服务中的礼节分类［BE/OL］. http://news.manaren.com/zhichang/show-36227-1/.）

第二节 服务中的人际关系及服务要诀

一、人际关系的功能

人际关系是指人与人之间心理上的关系、心理上的距离。一般可分为积极的、消极的和中性的关系。人际关系是人类生存和发展所必需。其功能表现在以下几个方面：

（1）信息沟通功能。文字、大众传播媒介、通信技术的发展，使人际间的信息沟通功能有减弱趋势，但不会消失。

（2）心理保健功能。良好的人际交往是个人获得知识，保障自身完整人格构建的主要途径之一。

（3）相互作用功能。人际间的行为的相互影响，这种链式的关系是有序的，呈现出一定的规律性。即"种瓜得瓜，种豆得豆"。例如：一方的友好行为，会带来另一方同等的友好行为；一方的支配性行为，会导致另一方的顺从行为，但当一方的支配性行为表现出过分时，也会导致另一方的反抗性行为；一方的顺从性行为，常会导致另一方的友好行为，当一方表现出过分顺从性行为时，容易导致另一方的支配性行为；一方的攻击性行为，会导致另一方的反抗性行为或自卑反应。

二、人际风格的分类

（1）分析型。有的人在消费等决策的过程中果断性非常弱，感情流露也非常少，说话非常啰唆，问了许多细节仍然不做决定，这样的人属于分析型的人。

（2）和蔼型。这一类型的人，感情流露很多、喜怒哀乐容易流露出来，他总是微笑着去看着对方，用很慢的说话方式与他人沟通。

（3）表达型。这一类型的人感情外露，做事非常果断、直接，热情、有幽默感、活跃、动作非常多，而且非常夸张，他在说话过程中，往往会借助一些动作来表达他的意思。

（4）支配型。这一类型的人感情不外露，但是做事非常果断，总喜欢指挥人、命令人，常常被喻为支配型的人。

服务人员只有很好地了解了这四种类型的人的特征，并且采用与他相似的沟通方法和他们交流，就可以建立一种良好的客我人际关系。

作为服务人员，合适的类型应是：①包容：交往、沟通、参与、容纳；②感情：喜爱、亲密、同情、热情；③驯顺：努力讨别人喜欢。不合适的类型是：控制、进取、分离。

三、影响人际关系的因素

（1）社会知觉因素。社会知觉因素包括前面学习过的首因效应、晕轮效应、刻板印象等；也有职务、职称等因素。

（2）个人生理特质。仪表、漂亮、标致——在交往初期，尤其是异性间。

（3）情绪情感因素。大脑在接收信息后，首先通过认识过程，进行逻辑判断，分析其"含义""道理"。其次还要进行情感分析，判断是否需要接受、能否接受。最后作出生理反应。在这里，情感过程对信息起到了"筛选"的作用。在这"筛选"过程中，情绪有时会产生困惑。严重到相当程度时，人的自卫机制就会发生作用，从而影响到正常的人际交往。性格内向的人，总是习惯把失败的原因归结为"我怎么会这么没用"。而性格外向的人，即会认为自己的失败是由于别人造成的，归咎到某人身上。

（4）个性倾向性因素。态度是对一特定事物的一种特定倾向。态度对人们的沟通行为产生重要影响。喜欢时爱讲愿听（谈恋爱）；不喜欢时不讲不听。

（5）个性特征因素。要改变自己的人际关系，应先了解自己的气质类型，扬长避短。还应进一步了解他人的气质特征，以便更好地相互适应，避免冲突。

（6）类似性因素。包括：文化背景、民族、年龄、学历、修养、社会地位、职业、思想、成熟水平、兴趣、态度、理想、信念、观点、世界观、价值观等。还有性别，友谊关系通常建立在同性之间。

（7）互补因素。初交时，知觉、外在相似性很重要；深交后，个性心理特征因素，即内在相似性因素显得重要；但对长期友谊或爱情的维持，人格特质的互补性更为重要。

（8）互利因素。互相帮助，互利双赢。

（9）阻碍人际吸引的因素。据研究，阻碍人际吸引的多为不良性格特征，具体包括：

① 不尊重别人的完整人格，缺乏感情，甚至把别人当作工具或物体来使唤的人。

② 自我中心主义的人，当自我中心强烈时，个人就只关心自己的利益和兴趣，忽视别人的处境和利益。

③ 操纵别人的观念，对人不诚实，不择手段为自己谋利益。

④ 过分服从并取悦于人的人，过分畏惧权威而又不关心部下的人。

⑤ 过分依赖他人而又丧失自尊的人。

⑥ 嫉妒心强的人。

⑦ 怀疑乃至敌对性格的人，情绪偏激的人，人际关系容易陷入僵局。

⑧ 过分自卑，缺乏自信，丧失自尊的人，对人际关系过于敏感的人，对别人批评过分而又过分自夸的人。

⑨ 情绪孤立，独来独往的人。

⑩ 偏见过甚的人，心里防卫机制过分的人，报复心强的人。

⑪ 好高骛远，目标过高而又苛求别人的人。

四、服务工作中的人际交往

服务活动中的人际交往包括：企业内员工之间的交往、企业对外的客我交往和企业与公众的公关关系，以及顾客与顾客之间的交往。

（一）职工群体的心理关系

如图5-3所示，在群体人际中，组织的实质是一个利益共同体，损人必损己。

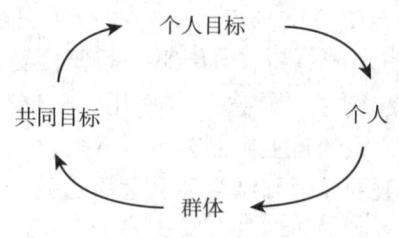

图 5-3 群体系统结构

组织的特征是由一群人组成,有一个特定目的,有一个系统化的结构;功能是克服个人力量的局限性,靠个人力量无法实现或难以完成有效的目标。手段是通过分工,充分发挥每一个人的特长;通过协作,形成集团力量。

(二) 客我交往

1. 客我交往的概念

所谓客我交往,是指服务人员与顾客之间为了沟通思想、交流感情、表达意愿、解决在服务活动中共同关心的某些问题,而相互施加影响的各种过程。

2. 客我交往的特殊性

(1) 短暂性:服务活动大多数情况下是一次性的,客我交流时间非常短暂。

(2) 不对等性:只有顾客对服务人员下指令提要求,不能反之。服务人员必须服从和满足顾客意愿(传统观念产生的自卑和逆反心理)。

(3) 个体与群体的兼顾性:一般以个体顾客特征为主提供服务,有时也会存在同质服务团,这时就要兼顾个体与群体。

3. 客我交往的类型和策略

(1) 顾客与服务人员之间情绪和积极性的四种组合,见图 5-4。

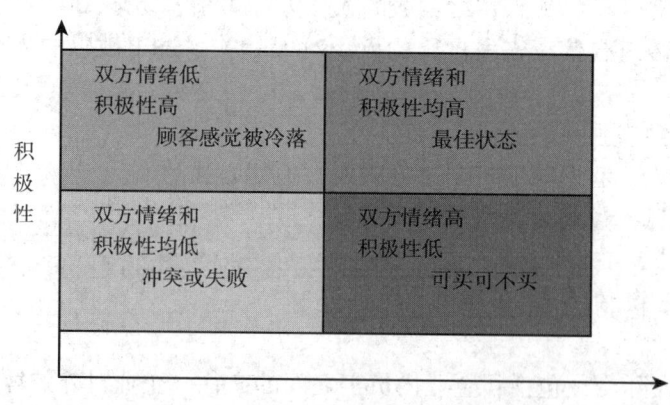

图 5-4 情绪与积极性组合状态

第一象限:情绪好、积极性高。客我交往处于最佳状态。

第二象限:情绪好、积极性低。顾客处于自得其乐、沉浸其中的感觉;服务人员的营销策略有很大用武之地。

第三象限：情绪坏、积极性低。顾客意志消沉、心灰意冷、一般是由于刚受挫折，还没缓和过来，此类服务难度最大。运用的策略是：先缓和对方的情绪，然后再商讨服务或消费活动事宜，以此来充分提高其积极性。

第四象限：情绪坏、积极性高。此类顾客常表现为气急败坏、寻衅滋事。运用策略：尽早发现，迅速谨慎地处理，不必过分殷勤，避免冲突。

（2）服务人员类型假设：

家长型：命令式和慈爱式。例：慈爱式（丢失钱包），"小姐，请不要着急，我们会想办法帮助你的"。

幼儿型：服从式和自然式。例："给我拿一瓶啤酒来！"——"好的"。

成人型：理智的行为，以"六个W"为前提。询问式——回答式；提议式——同式；反对式——道歉式；总结式。

4. 客我交往原则

保持交叉性交往，避免平衡性交往，注意引导对方向成人型转变。即一般情况下的交往方式为：成人型对成人型；家长型对幼儿型；幼儿型对家长型。

五、服务中的人际冲突

（一）冲突的概念

冲突，是人际关系矛盾和问题比较激化的形式。

当两个人或不同团队之间对某一问题认识不同、目标不同、利益矛盾时，冲突随之发生。因此，我们可以把冲突理解为两种目标的互不相容和互相排斥。

（二）服务组织内的冲突

一种是建设性冲突。指双方目标一致，但由于认识手段不同而产生的冲突，其特点有三：

（1）双方都关心实现共同目标。

（2）彼此愿意了解和听取对方的意见和观点。

（3）大家都以争论的问题为中心，互相交换情况、信息。

可见，建设性冲突的存在有利于促进组织健康发展，鼓舞人的进取心，成为积极作用的动力。

另外一种是破坏性冲突。指双方目标不一致而发生的冲突，其特点有四：

（1）双方对自己的观点都十分自信。

（2）不愿听取对方的意见和观点。

（3）由对问题的争论转为互相攻击和对立。

（4）互相交换意见减少乃至完全停止。

显然，破坏性冲突是消极的，将严重影响群体成员之间的感情，破坏良好的人际关系，影响组织目标的实现。

组织中出现冲突是正常的，且屡见不鲜，作为管理者，应维护组织目标，分析不同冲突形式，鼓励建设性冲突，防止破坏性冲突，当破坏性突发生时设法控制，避免事态扩大。

在组织内，服务人员之间产生的冲突，其原因有四：

一是信息因素的冲突。由于人们信息沟通的渠道不同或不畅，彼此之间互不通气或不能正常地沟通思想、交流感情、传递信息而造成冲突。

二是认识因素的冲突。由于人们的知识、经验、态度、理解各不相同，对于同一事物会有不同的认识，从而产生冲突。这种基于认识因素的冲突，在组织内相当普遍。

三是价值因素的冲突。价值观是一个人对客观事物的是非、善恶、好坏和重要性的评价，由于人们的价值观不同，产生分歧与冲突也就在所难免。

四是本位因素的冲突。群体成员工作于某一特定群体，在考虑和处理问题时，由于各人具体任务、职责、利益不同，往往首先考虑的是本群体的利益，冲突往往由之而生。

一般来说，因工作上的意见分歧造成的冲突，属于正常冲突，处理得当有助于群体目标的实现。因个人恩怨造成的冲突，属于不正常冲突，具有破坏性作用。

（三）客我冲突

客我冲突，是指服务人员与顾客之间在沟通思想、交流感情、表达意愿、解决服务活动中共同关心的某些问题，因相互不适应而造成的不快或矛盾。具体解决方法详见本章第三节顾客的投诉心理与管理。

六、服务中人际吸引要素

人际吸引是人际间彼此对对方行为倾向作出肯定评价以及感情上的喜欢。常见的吸引因素有以下几种。

（1）仪表吸引。身材、长相、神态、风度等综合为人仪表，仪表吸引主要在"第一印象""先入为主""一见钟情"等起很大作用。

（2）相似性吸引。因个人特征，如年龄、态度、信念、价值观、文化背景、兴趣、爱好、能力等因素的相似具有的吸引力。

（3）接近性吸引。由于时间与空间因素或情感因素，比较接近所引起的相互吸引。如同乡、同一组织内部的人员。

（4）需要互补吸引。人际双方要达到一定目的，满足一定的需要，满足就是一种奖励，满足需要会增强吸引力。

（5）敬仰性吸引。指个人能力，才华、特长、教养受人敬仰，而具有吸引力。其主要原因是，第一，人人都寻求补偿，追求自我完善，都愿与聪明能干的人交往，或许得到帮助；第二，聪明能干的人说话办事恰到好处，使人赏心悦目。

（6）异性吸引。性别上能相补相悦，也称互悦，是指男女双方在一起能自然产生轻松愉快互相接纳的感受；这种迷蒙的快感使异性间相互吸引，焕发人的精神，促使工作效率提高。

（7）熟悉性和邻近性吸引。熟悉能增加喜欢的程度。邻近性指的是，如果其他条件大体相当，个体喜欢邻近的人。过低与过高的交往频率条件使彼此喜欢的程度都不高，而在中等交往频率条件下，彼此喜欢程度较高。

七、服务交往心理要诀

(一) 引用恰当的人际沟通的方式

沟通的方式一般有正式沟通与非正式沟通（组织）；横向沟通与纵向沟通；书面沟通与口头沟通；单向沟通与双向沟通。常用的方法有：

(1) 言语沟通。言语沟通的原则是言不在于多，达意则灵（准确、恰当）；符合特定的交往环境，应因人、因地、因时、因事制宜。具体技巧有：一是服务用语（对不起、别客气、谢谢、您好、再见、欢迎再来）；二是声调的使用：来时的一种喜悦心情，别时的一种惜别之情（亲切、热情）。

(2) 非言语沟通。有人认为非言语沟通占整个沟通的65%，也有"55%表情+38%声音+7%言语"之说。身体语言：面部表情主要是眼睛和微笑。微笑助人以镇定、思考时间、信赖、美的象征。身姿动态：手势（情绪性、指示性、描述性）、坐姿、站相。服饰：统一的工作服。空间距离：

① 不与顾客说过失的话，开过头的玩笑。与人接触过频使人生厌，过疏即显得冷淡。尊重别人的隐私（把握好度）。

② 尊重顾客的习惯和性格。根据反馈信号及时调节（适应）。

③ 共享空间的默契：是一种领悟、沟通与理解（最佳境界）。

(二) 人际沟通的方法

1. 作为信息的发出方

(1) 要有勇气开口。成为信息的发送者，主动向对方提问或传达信息。

(2) 态度诚恳。使对方成为信息的接受者。

(3) 创造良好的气氛。一个良好的开头很重要。消除陌生感的方法（自我介绍，提供背景，赠送名片，握手等）；寻找共同语言（如烟、酒等）；形成良好的气氛。

(4) 提高自己的表达能力。提高自身逻辑思维能力、文学修养以及看人说话的能力（用对方听得懂的语言）。

(5) 注重双向沟通。注意沟通的效果。注重反馈，提倡双向沟通。善于体察别人，鼓励他人不清楚就问；注意倾听反馈意见。

(6) 积极地进行劝说。达到沟通的目的需要：晓之以理、动之以情、诱之以利（善于从对方的角度看问题）。

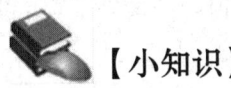【小知识】

提问技巧

(1) 封闭型问题——××事情是哪年发生的？

（2）开放型问题——对于此事，你有什么意见？
（3）引导型问题——我想，你是××的吧？
（4）探测型问题——当时有多少××？
（5）挖潜型问题——具体是哪一个？
（6）反馈型问题——你似乎对××感觉不好？
（7）假设型问题——如果××，你会？
（8）查问型问题——你认为××才是？
（9）沉默——将近5秒的沉默。
（10）见面三不问（年龄、工资、家庭住址）。

2. 作为信息的接收方则要注意仔细地聆听，要掌握好听的艺术

（1）听包括：听清内容——排除干扰；注意在点——集中精力；理解含义——开动脑筋；掌握精髓——学以致用。

（2）倾听的艺术：不要插嘴——如果你开口说话，你就不能倾听；创造真诚和信任的气氛，让对方觉得可自由发表意见；向对方表明你想听他发表意见；设身处地地对待对方，多站在对方的角度看问题；保持耐心，控制情绪，生气的人常误解对方的意思。

（3）你能听懂言外之意吗？

如果一个人三句离不开一个"我"字，开口"我如何如何"，闭口"我怎样怎样"，这种人大凡是自私自利者，甚至还可能是精神上有毛病。（大约12字当中就有一个"我"字，比正常人多3倍）。

用词的感情色彩，展示一个人的心理。如果一个人开口"当然""肯定"、闭口"绝对""一定"，除非他对事情了如指掌，十分有把握，否则就是一个武断的人。反之他用了一连串的"也许""可能""大概"则表明他是一个谨慎或圆滑的人。

（4）对着左耳说话最能打动人

最新的科学研究发现，对着左耳说话最容易令情人动心。美国萨姆·休斯敦州立大学的西姆教授说，他在研究中发现，对着人的左耳说充满激情的话语，效果会比较好。

西姆在英国心理学会的欧洲大会上发表声明说："这一发现与人类大脑的右半部负责处理刺激这一论点是一致的。"

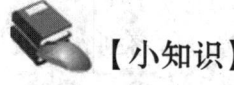【小知识】

常见的倾听障碍

（1）给人家打分；
（2）猜测人家的想法；
（3）斟酌下一个问题；
（4）只听重要的部分；
（5）白日梦；
（6）贴标签；

（7）总是建议；

（8）喜欢争辩；

（9）回避感情问题。

（三）让顾客觉得你和蔼可亲

服务人员在客我交往中，要为顾客提供心理服务，就必须用自己恭敬的态度，敏锐的观察力和有效地运用"有声语言"与"无声语言"，在顾客心目中树立一个富于人情味的、和蔼可亲的形象。远在异乡的顾客们，对导游的一句问候、一个简单的搀扶，都会心存无限的感激。

（1）谦恭的态度。要让顾客觉得你和蔼可亲，服务人员必须首先做到对顾客态度谦恭。

谦恭是一种良好的行为方式，是指对顾客的感受非常灵敏，避免言行上的任何不必要的冒犯。当服务人员没有听懂顾客的问话时，不要简单地问："什么？你说什么来着？"而应该这样问话："请原谅，您能重复一遍吗？"或者："请您再说一遍，行吗？"不要告诉顾客他们必须做什么，而应该采取建议的方式："我认为——更合适，您觉得怎么样？"

总之，要意识到能够使顾客感觉你和蔼可亲，这才符合谦恭的行为方式。

（2）讲究措辞。说话在塑造良好的客我关系中是极其重要的，服务人员可以通过训练改进说话的方式、速度、语调及词句的选择，使顾客觉得你和蔼可亲。

服务人员使用"文明礼貌语言"要形成习惯。要讲究"同样的话"有哪些"不同的说法"，一般情况下，用肯定的语气说话比用否定的语气说话会使人感到柔和一些。在客我交往中，特别是在表达否定性意见时，要尽可能采用那些"柔性"的，让顾客听起来觉得"顺耳"的，而不是"刚性"的，让顾客听起来觉得"逆耳"的表达方式。

当服务人员要对顾客提出某种要求时，最好用肯定的说法，比如可以说"请您如何如何"，而不要用否定的说法，比如别说"请不要如何如何"。

当服务人员不能马上满足顾客的要求时，最好是向顾客说明你过一会儿可能为他做什么，而不是仅仅说你现在不能为他做什么。

当服务人员不能接受顾客的某个意见或建议时，最好是先复述顾客陈述的内容，比如可以说"您的意见是＿＿＿＿""您的看法是＿＿＿＿"，这样可以表明服务人员耐心倾听并且明白了顾客的想法，表示出对顾客尊重的态度，然后再表明自己的想法："我认为＿＿＿＿也许更合适。"绝不要轻易地否定顾客的意见或建议。

在拒绝顾客的某些要求时，也可以先复述顾客的要求，然后再表明自己愿意为顾客效劳，并说明由于什么原因不能完全遵从顾客的要求，最后提出自己的建议，取得顾客的谅解。

（3）善于运用"无声语言"。服务人员在客我交往中不仅要善于运用"有声语言"，而且要善于运用"无声语言"，即体态语言，做到"有声语言"与"无声语言"并用，两种语言互相补充，配合得当。眼神、表情、体态、姿势等无声语言的表现，可以通过平时的努力和训练来提高。

眼神接触是一种有效的体态语言沟通方式，当服务人员与顾客交谈时，注视着对方的眼睛,就意味着是在集中精力倾听顾客说话,表示了对顾客的尊重。服务人员开始与顾客说话以后就应该面向顾客并且正视顾客,不可东张西望。如果顾客发现你在听他说话的时候,眼睛却盯着别处或看着地板,那么顾客会立即失去交谈的兴趣。眼神接触对沟通过程具有反馈作用和强化作用。当然并不是说要目不转睛地盯着对方,不能显得咄咄逼人,而应该通过目光让对方感觉到你在认真倾听,没有分散自己的注意力,否则会被认为心不在焉乃至没有礼貌。但是死盯着对方又会被误认为是一种威胁。有没有眼神的接触还意味着服务人员是否具有信心,一般来说,有信心的人往往正视对方。一个优秀的服务人员必须培养在与顾客说话时正视对方的习惯,这种习惯在客我交往中能够使交往更加顺利地进行。

  微笑作为服务程序的灵魂的十把金钥匙之一,是各国顾客都能够理解和欢迎的世界语言。微笑在客我交往中意义重大,微笑意味着友善,象征着诚意,减少了不安,化解了敌意。当服务人员和颜悦色、满面春风地对顾客笑脸相迎的时候,微笑就向顾客传递了"我们对您表示欢迎,我们愿意为您效劳"的信息。真诚的、热情的、发自内心的微笑最能够使顾客觉得你和蔼可亲,是赢得顾客满意的最有效的手段。

  我国古代就有"非笑莫开店"这样的俗语,微笑能使顾客产生好感,给企业带来财富。其貌不扬的日本推销员原一平就是以他最纯真、最甜美、最令人倾心的微笑征服了客户,被人们誉为"推销之神"。

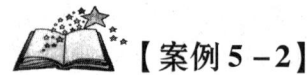【案例 5-2】

微笑的影响力

  希尔顿酒店集团是世界上规模最大的服务饭店集团之一,它的成功秘诀中最重要的一条就是其服务人员"微笑的影响力",希尔顿酒店的微笑服务享誉全球。已故的希尔顿集团公司董事长康纳·希尔顿年轻时接受其母亲的忠告,找到了一种简单易行、不花本钱、行之持久的"法宝"——微笑。在他从业的五十多年里,无论到分设在哪个国家的希尔顿饭店视察,他向上至总经理下至一线服务的各级员工问得最多的一句话就是:"今天你对顾客微笑了没有?"

  所以,作为服务人员,应该牢记康纳·希尔顿先生的一句比喻:"如果旅馆里只有第一流的设备而没有第一流服务员的美好微笑,正好比花园里失去了春天的阳光与和风。"姿势是指身体呈现的样子,动作是身体的活动。顾客往往也从服务人员的姿势和动作上判断他们是否友善、是否可信、是否细心、是否灵活。服务人员坐、立、行的姿态等都能够给顾客留下好的或是不好的印象。所以,服务人员要注意自己的各种姿态和动作。站要直立,坐要端正,走路要抬头挺胸,姿势和动作都要显得精神饱满。

  一个人的行为方式对他的心理有很大的暗示作用,信心也可以从站姿、坐姿、走姿中体现出来,行动有信心,就能够树立信心;动作无精打采,心理就容易消沉;行为友善,态度就会友善,也容易与顾客形成友善的关系;站得直并很稳的时候,大脑反应就会更快。所以,服务服务人员平时应注意纠正那些使自己和顾客感到不舒服的姿势。

  行为动作方式因文化的差异而有所不同。服务人员在与顾客打交道时,和顾客之间应该保持多大的距离也是因人而异的，而且与文化背景的差异有很大的关系。

（4）敏锐的洞察力。要让顾客觉得你和蔼可亲，服务人员必须善于洞察顾客的情绪变化，及时作出恰当的反应。服务人员可以通过训练来提高自己从顾客的面部表情来洞察其内心感情的能力。比如，在看电视时，把电视机的音量调到零，集中注意力仔细观察画面上的人物表情，体会他们的内心感情，然后再调出声音，加以对照。这样反复多次，学会准确地洞察人们的情绪变化，锻炼敏锐的观察力。

总之，只有充分地了解顾客的心理，才能做出适当的、能使顾客满意的反应。

（四）做顾客的一面"好镜子"

（1）人际交往中，人们相互之间起着"镜子"的作用。人的自我评价与别人对他的评价是紧密相关的，如果一个人经常从别人那里获得肯定性的评价，他就会感到自豪；相反，如果经常从别人那里获得否定性的评价，他就会感到自卑。总之，人们都重视自己在别人心目中的形象，而且是从别人对自己如何反映来判断自我形象的，也就是说，人们总是把别人当作自己的一面镜子来看待。所以，我们说在人际交往中，人们相互之间都起着"镜子"的作用。

服务人员在为顾客提供服务时，必须考虑到自己就是顾客的一面"镜子"，顾客要从我们这面"镜子"中看到他们的自我形象。为了增加顾客的自豪感，服务人员就应该做顾客的一面"好镜子"，这面"镜子"有一种特殊功能：就是能够以恰当的方式发扬顾客之长处，隐藏顾客之短处，让顾客在我们这面"镜子"中看到自己的美好形象。

（2）"扬顾客之长"和"隐顾客之短"。所谓长处和短处，包括相貌和衣着方面的，言谈话语和行为举止方面的，知识经验和身份地位方面的，等等。扬顾客之长包括赞扬顾客的长处和提供一个机会让顾客表现他的长处。但要注意绝不能为了扬某些人之长而使其他的顾客受到伤害。隐顾客之短，一方面是服务人员绝不能对顾客的短处感兴趣，绝不能嘲笑顾客的短处，绝不能在顾客面前显示自己的"优越"；另一方面是服务人员应该在众人面前保护顾客的"脸面"，在顾客可能陷入窘境时，帮助顾客"巧渡难关"。

一般来说，客我交往中最敏感的问题是与顾客的自尊心有关的问题。因此，服务人员应该牢记：绝不要去触犯顾客的自尊心。虚荣心是一种变态的自尊心，在"提供服务"和"接受顾客"这种特定的角色关系中，作为服务人员，还是不要去触犯某些顾客的虚荣心为好。如果服务人员能够恰当地为顾客"扬其长，隐其短"，做顾客的一面"好镜子"，就能够让顾客对他自己更加满意。

增加自豪感是顾客所得到的心理上的最大满足。因此，服务人员应该有这样一个信条：如果你能够让顾客对他自己更加满意，他就一定会对你更加满意。

第三节 顾客的投诉心理及管理

在服务过程中出现偏差是不可避免的，顾客的投诉是我们做好服务工作、弥补工作的漏洞，提高管理和服务水平的一个重要促进因素。同时，通过解决投诉，消除投诉者的不良情绪,达到为顾客构造美好经历的目的。

一、引起投诉的原因

顾客的投诉是指顾客主观上认为由于服务工作上的差错,损害了他们的利益,而向有关人员和部门进行反映或要求给予处理。投诉是不可避免的,尽管服务工作者不希望出现这种情况。顾客的投诉既可能是服务工作中确实出了问题,也可能是由于顾客的误解。服务投诉具有两重性,一方面会影响服务企业的声誉,另一方面,如果从积极方面考虑,投诉能使服务企业发现自身的问题。

（一）主观原因

（1）有关服务态度的投诉。服务人员不尊重顾客。顾客如果受到服务人员的轻慢就会反感、恼火,并可能直接导致投诉。如待客不主动、不热情,说话没有修养、粗俗、冲撞顾客,甚至羞辱顾客,不尊重顾客的风俗习惯。

（2）服务工作的投诉。服务人员工作不主动,对顾客的要求视而不见;没有完成顾客交代的事情;损坏或遗失顾客物品;清洁卫生工作马马虎虎;食品用具不干净;顾客买到伪劣的产品,合同未兑现等。

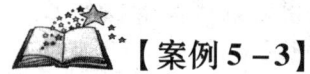
【案例5-3】

啤酒瓶盖引起的纠纷

在广州一湛江鸡饭店,一个单位集体前来就餐。点完菜后,进来一位年轻的啤酒小姐,笑容可掬地为大家推荐啤酒。本来是集体吃饭,单位买单,喝点啤酒不在话下,但一些人觉得没有上菜的空间有些无聊,就问小姐:"有什么优惠吗?"小姐回答道:"本公司最近搞抽奖活动,一等奖是价值两千多元的摄像机,末等奖为5角钱,中奖情况就在啤酒瓶盖里面写着,最差也可以中5角钱。"大家听完哈哈大笑,"好,就先拿10瓶啤酒吧!"

上菜了,大家觥筹交错,极其尽兴。用餐完毕,又到了消遣聊天时间,突然有人开玩笑提议看是否中奖,结果发现桌上的瓶盖一个也不见了。于是传来啤酒小姐,小姐说"我怕桌上放不下,帮你们收走了,现在拿过来。"拿来后大家一看,怎么全是中5角钱的啊?

遂有人问:"小姐,我中摄像机的瓶盖呢?"

小姐紧张地说:"就是这些,没有中头奖啊!"

又有人说:"本来我们可能中了头奖,你却在未经我们允许的情况下换走了!"

小姐委屈地说:"的确就这些啊!……"

有人传唤了经理,经理说"该小姐是啤酒公司的,并非自己公司员工。"

于是批评声一片,最后经理、啤酒小姐无奈逐一向大家道歉,但还有个别人不肯放过啤酒小姐。一些年轻同事实在看不下去就劝道:"她还年龄小,为了一个瓶盖,且是集体吃饭,没有必要再为难她了吧!"

但四五十岁的同事却说："这种年轻人，就必须学会尊重他人，多给她教训，让她以后学会该如何工作、如何待人……"

（二）客观原因

（1）有关设备的投诉。设施损坏后未能及时修理。比如针对房屋空调、照明、供水、供暖、供电、电梯等设备的运转和使用而提出的意见。

（2）有关异常事件的投诉。因无法买到车、船票，或因天气原因飞机不能起飞，或饭店客房已经订完，旅行社被迫降低住宿标准等引起的投诉，都属于异常事件的投诉。服务企业很难控制此类投诉，但顾客希望服务企业能够提供有效的帮助。服务人员应尽量在力所能及的范围内帮助解决。如实在无能为力，应尽早向顾客解释清楚。

二、投诉的心理分析

（一）求尊重的心理

顾客求尊重的心理每时每刻都是存在的。当顾客受到怠慢时就可能引起投诉，投诉的目的就是为了找回尊严。顾客在采取了投诉行动之后，都希望别人认为他的投诉是对的，是有道理的，他们希望得到同情、尊重，并希望有关人员、有关部门高度重视他们的意见，向他们表示歉意，并立即采取相应的处理措施。

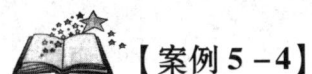
【案例5-4】

不愉快的"三八"旅游

某高校周末组织女教师"三八"节一日游。行车2个小时后，大家发现离目的地还远，遂问司机，司机说4个小时才能到，而旅游宣传上说的是2小时30分钟。于是领队老师问导游，导游是一名年轻男士，他很不耐烦地说："我怎么知道，你们问旅行社吧！"

大家火气猛地上来了，问："你是干什么的？你是正规的导游吗？怎么没有佩戴导游证？拿出来我们看看！"

无独有偶，该导游还真的没有带导游证，说自己忘在公司了。于是有人提议，"既然路这么远你就给我们唱几支歌吧！打发时间。"

结果导游出人意料地说："我不会唱，你们自己唱吧！"这次领队老师实在无法再原谅他了，于是立即打电话到旅行社投诉。旅行社道歉，并通过电话严肃地批评了这位不靠谱的导游。

终于到目的地了，大家饥肠辘辘，等待美好的午餐。饭菜刚上桌，导游就满脸悔意地过来向领队老师道歉："周老师，您气都气饱了，还能吃下饭吗？"

顿时，全桌肃然，满口美食难以下咽……

"三八"旅游大家只记得这个讨厌的导游,至于看到了什么景色全然不知。

旅游结束后,领队老师再次投诉该导游,旅行社为了不失去客户,补偿大家第二个周末免费去另外一个景点再旅游一次。

正因为导游的无礼和说话方式不妥,导致游客心情大打折扣,旅行社也损失不少。

(二) 求平衡的心理

顾客在碰到令他们感到烦恼的事之后,感到心理不平衡,觉得窝火,认为自己受到了不公正的待遇。因此,他们可能就会找到有关部门,利用投诉的方式把心里的怨气发泄出来,以求得心理上的平衡。俗话说:"水不平则流,人不平则语",这是正常人寻求心理平衡、保持心理健康的正常方式。而顾客之所以投诉,还源于顾客对人的主体性和社会角色的认知。顾客花钱是为了寻求愉快美好的享受,如果他得到的是不公平,是烦恼,这种强烈的反差会促使他选择投诉来找回他作为顾客的权利。

(三) 求补偿的心理

在服务过程中,如果由于服务工作者的职务性行为或服务企业未能履行合同,给顾客造成物质上的损失或精神上的伤害,他们就可能利用投诉的方式来要求有关部门给予物质上的补偿,这也是一种正常的、普遍的心理现象。由于职务性行为所带来的某些精神伤害,在法律上顾客也有权利要求物质赔偿。

三、预防投诉

服务部门对顾客投诉问题最明智的选择就是尽量避免投诉的发生。为顾客提供力争完美的服务,使游客高兴而来,满意而归,这是服务各部门追求的目标,这个目标的完全实现当然可以避免投诉的发生。然而,受各种条件制约及一些无法预测因素的影响,顾客对服务产生不满也是不可避免的。当服务工作已经出现了缺陷,已经使顾客产生了不满意时,服务工作者必须尽一切努力,及时从"功能"和"心理"两个方面去为顾客提供补救性服务,使顾客的不满意变为满意。使问题不出"三门"(车门、店门、房门)得到妥善解决,避免顾客带着遗憾和懊恼离去。

无论遇到什么困难,都要尽最大努力去消除顾客的不满意,并且变顾客的不满意为满意,而不应该有"无能为力"的想法。

心理学的研究认为:当一个人因为自己的需要未能得到满足或者遇到不顺心的事情而产生挫折感时,可以采用替代、补偿、合理化、宣泄等方式进行心理调节。所以,为顾客提供补救性服务可以以此为依据。

(一) 要让顾客得到代偿性满足

替代是指人们在不能以特定的对象或特定的方式来满足自己的欲望,在表达自己的感情时，改用其他的对象或方式来使自己得到一种"替代"的满足或表达，用来减轻以致消除自己的挫折感的心理调节方法。

补偿是指一个人在生活的某一方面的需要无法获得满足而产生挫折感时，到其他方面去寻求更多的满足，使自己得到补偿的心理调节方法。

当顾客由于服务的缺陷而感到不满意时，服务人员要让顾客得到某种"替代的满足"或者得到某种"应有的补偿"，以此来消除顾客的不满意。

（1）尽最大努力去满足顾客的需要，在不能完全按照顾客的心愿去满足顾客的要求时，要征求顾客的同意，用其他的方式去满足顾客的需要。如果遇到需要过一段时间才能让顾客得到满足的情况时，最好是马上给顾客一点及时的替代的满足。

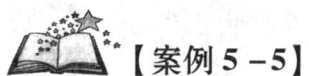

变通服务

在一家饭店的餐厅门前，一位身穿游泳裤的男士一定要进餐厅吃饭，被服务员阻拦，因为到餐厅用餐不能衣冠不整，所以，服务员请顾客换了服装再来餐厅，但顾客不同意，说过一会儿还要接着游泳的，换装太麻烦。这时，服务人员并没有完全拒绝顾客的要求，而是采用变通的方式满足了顾客的需要："先生，您能不能先点餐，我们过几分钟送到游泳池来。"这样，既没有破坏规则，又满足了顾客的需要。

（2）对那些觉得吃了亏的顾客，应该设法让他们得到补偿。

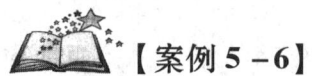

及时补偿服务（一）

有一次，一个日本旅行团，由于饭店预订记录出了差错，顾客到达时没有吃上晚餐。日方领队大发雷霆，怒气冲天。第二天，饭店经理亲自出面宴请顾客，表示了歉意，在经济上给予顾客适当的补偿，使顾客变不满意为满意。

及时补偿服务（二）

广州市海珠区某高校一个二级学院的毕业生在学校对面的一家餐厅举行毕业会餐，谁料会餐结束后，部分同学身体不适，更严重者入院治疗，餐厅管理人员接到通知后，立即进行了补偿决策：

①餐厅高层领导第一时间前往医院慰问学生，并交纳全部医疗费；②以书面形式向学院公开道歉；③按照学院本届毕业生的名单（本科、硕士及博士），每人赔偿200元，以示歉意。结果，部分没有出席毕业会餐的同学也拿到了补偿款，大家一致认为该餐厅大气、够意思，以后还会光顾。因此，该餐厅长年以来生意兴旺，经久不衰。

(3) 在功能服务有缺陷时，常常可以通过心理服务来使顾客得到补偿。

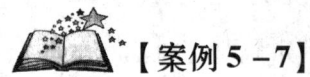【案例5-7】

心理疏通服务

位于某市的一个美丽的住宅小区里，张阿姨住在四单元二楼，本来以为房间的一个窗户邻街，可以观赏风景。谁知一楼作为邻街的商铺居然成为一家四川火锅店，每天刺鼻的辣椒味儿和油烟直冲上二楼，家里所有人都无法正常生活。

于是，张阿姨向小区物业管理部门进行了投诉。物业管理人员说"由于我们工作上的疏忽，使您无法正常生活，我代表总经理向您致以深切的歉意。"他诚恳地说道，"您有什么要求尽可以告诉我，我一定尽力而为。"

张阿姨目睹物业如此诚意，当即表示充分理解，并说，能够尽快处理就可以了。在物业管理部门的努力下，没几天，四川火锅店便搬走了。

本案例告诉我们，万一发生功能服务的事故，服务部门必须不遗余力地妥善解决。使顾客在心理上感到服务部门对她充分的关心与尊重，这样便从根本上消除了投诉的念头。

（二）引导顾客往好处想

当人们遇到自己不愿意接受而又不得不接受的事情时，用一种解释使这种无法接受的事情"合理化"，为自己找到一个借口来进行辩解，以达到心理平衡。

当顾客遇到不顺心的事情时，服务人员也应该引导顾客往好处想。在服务有缺陷而使得顾客感到不满意时，也要让顾客知道这并不是服务人员不愿意为他们提供更好的服务，事实上服务人员已经尽心尽力了。能够让顾客觉得服务工作的缺陷是"可以谅解"的，就能够减轻以致消除他们的不满情绪，使他们对服务人员表现出合作的而不是对立的态度。

(1) 当顾客遇到不顺心的事情时，要尽可能引导顾客看到事情好的一面，最好是能够经过努力把坏事变为好事。

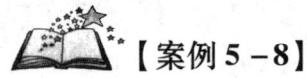【案例5-8】

心理转换服务

在一次旅行中，游客要去尼泊尔，由于客观原因，不能按照原来的计划从曼谷直接飞往加尔各答，而必须改飞达卡再转机。导游要尽可能调动起顾客的情绪："这就意味着能够多游一个国家，在各位的日记本上和相册上，除了印度外，还可以加上在孟加拉国的见闻。"

对同一件事也可以有不同的解释。有的导游就很会把事情往好处说，比如游西湖，他带的旅游团遇上晴天，就说："今天风和日丽，正是出游的好天气。"如果遇到下雨，就会用苏轼的诗句"水光潋滟晴方好，山色空蒙雨亦奇"来形容西湖的另一番动人景致。还有，为什么那么多描写泰山美景的文章，只有李健吾的"雨中登泰山"最为出名呢？原因就在于他能够转换心境，才达到了文学上另辟蹊径的独特效果。

（2）当实在无法满足顾客的要求时，要设法取得顾客的谅解，让顾客知道这确实是由于客观条件的限制，而不是服务人员不愿意为他效劳。

（三）让顾客出了气再走

宣泄是指当一个人遇到某种挫折时，把由此而引起的悲伤、懊丧和愤怒、不满等情感痛痛快快地"发泄"出来的心理调节方法。能够把情绪发泄出来，就能比较理智地来对待这次挫折，以后也比较容易忘掉这次挫折，而不至于总是耿耿于怀。

当顾客由于服务的缺陷而感到不满意时，服务人员也应该让顾客"宣泄"自己的感情，让他们"出了气再说"或者"出了气再走"。具体应做到以下几点：

（1）如果没能做到让顾客"消气"，那就应该让顾客"出气"。让顾客出了气再走要比让顾客憋着一肚子气走好得多。

（2）顾客表示他"有气"，并不等于他已经"出了气"。通常顾客只有在叙述他遇到挫折的详细经过时，才能把一肚子气撒出来。

（3）不要让有气的顾客当着其他顾客的面"出气"，更不要让许多顾客凑在一起"出气"，要尽可能让有气的顾客"分别出气""单独出气"。

（4）当顾客把一腔怨气全部发泄出来以后，情绪就会平息下去，这时再与顾客商量出一个补救性的措施，切实解决顾客的问题，尽可能让顾客满意地离开。

四、投诉的处理方法

服务工作者要认识到，前来投诉我们的企业服务质量问题的顾客，其实可以说是我们的朋友，即使是用夸大的言辞、激愤的态度、甚至带有挑衅行为的顾客，他们的投诉也绝不是浪费我们的时间，反而对我们纠正企业服务质量中的问题大有好处。

接待顾客投诉的过程也是向顾客进行补救性的心理服务的一个重要组成部分，所以我们必须耐心而诚恳地接待顾客的投诉。

（一）把握正确的处理原则

（1）真心诚意解决问题。以"换位"的方式去理解顾客的心情和处境，满怀诚意帮助顾客解决问题，只有这样，才能赢得顾客的信任，才有助于解决问题。

（2）不可与顾客争辩。在顾客情绪比较激动时，服务员更要注意礼仪礼貌，要给顾客讲话申诉或解释的机会，控制住局面，而不能与顾客争强好胜，不可与顾客争辩。

（3）维护企业利益不受损害。服务员解答顾客投诉意见时，要注意尊重事实，既不能推卸责任，又不能贬低其他人或其他部门，避免出现相互矛盾，否则，顾客会更加反感。

（二）处理顾客投诉的程序

（1）要耐心、认真地倾听投诉人的叙述。顾客来投诉时，一般要由领导出面接待，接待时要有礼貌。要耐心地听顾客把话说完，顾客可能说得比较多，言辞也可能很激烈，这是正常的，因为他的心里痛苦愤怒。作为受理投诉的人员，一定要耐心、宽容地倾听顾客的述说，不能轻易打断，也不要急于解释、辩解，更不能反驳。否则，可能会激怒顾客。千万不要让顾客感到他的投诉无足轻重。要敏感地洞察对方感到的委屈、沮丧和失望之处，不能无视对方的情绪。

可以用自己的语言重复一遍顾客的投诉或记录投诉要点，这样做，可以使顾客知道你在认真倾听他的谈话，并了解了他的问题；能使顾客放慢说话速度，避免冲突，平息顾客的不满情绪；还可以为自己赢得思考问题的时间。这样的反馈能够降低顾客的抱怨，为顺利解决问题奠定基础。

（2）要立即向顾客认错、表示道歉。不管在什么情况下，当顾客投诉时，都应该虚心接受，表示歉意。如果是本企业的问题，即使接待的服务人员可能与投诉产生的原因毫无关系，也要立即向顾客认错，代表企业表示歉意；感谢顾客对本企业的关心，诚恳接受批评；不推卸责任，然后对产生问题的原因再做进一步说明。

美国人际关系学专家戴尔·卡内基指出：假如我们知道我们势必要受责备了，先发制人，自己责备自己岂不是好得多？听自己的批评，不比忍受别人口中的责备容易得多吗？

有些投诉常常起因于误会，如果是顾客误解了，服务人员仍然可以表示歉意，不要阻拦对方提出自己的要求，更不要指责或暗示顾客错了，也不要马上进行自我辩解，与顾客争吵是绝对不会取胜的。顾客比较容易接受服务人员采取表示歉意的态度。即使顾客真的错了，辩解也毫无益处，而道歉是不需要成本的，道歉使投诉者觉得你的态度诚恳，能够消除顾客的怨气，怨气下去了，顾客是会认识到自己的不对的。

在表示道歉时，要注意用语，表示出一种诚意，比如可以说："非常抱歉让您遇到这样的麻烦……""这是我们工作的疏漏，十分感谢您提出的批评"等。道歉必须是发自内心的才能使顾客接受。

（3）要对顾客表示安慰和同情。前来投诉的顾客一般都是觉得自己受到了伤害，是带着一颗"烫伤的心灵"，把接待者当作救世主，来要求主持公道的。如果去碰撞"烫伤的心灵"，一定会遇到强烈的反应。这时，接待投诉者必须对顾客表示安抚和同情，比如可以说"我对您感到气愤和委屈的情绪非常理解，如果我是您，我也会和您有相同的感受"。对投诉的顾客做出一些同情和理解的表示，是抚慰其已经受伤的心灵的最好办法，也是把他的注意力引向解决问题而不是拘泥于令人烦恼的细节和令人沮丧的情绪的唯一途径。

投诉者所说的事情有时可能不是真实的，但他仍然希望服务人员能够对他表示同情和理解，对于那些夸大其词、喋喋不休的投诉者仍然可以给予他们适当的关注，以安抚他们的情绪。如果他们还要纠缠不休，可以把他们带到上级主管部门那里，而不能把顾客晾在那里置之不理。

如果顾客大发雷霆，服务人员一定要镇定，保持冷静，不要计较顾客过激的辞令，对他们某些过激的态度表示宽容，要理解他们气愤的感情，让他们宣泄不满的情绪，并设法平息事态。

能够说服顾客的往往不是严密的逻辑推理或滔滔不绝的大道理,对顾客的情绪做出一些同情或安慰的表示,才能唤醒顾客的理性,引导事态向着双方都有利的建设性方向发展。

(4) 客观地确定事实真相,找到解决问题的办法。当顾客投诉时,投诉受理者最好把事实经过、原委记录在案,并进行调查核实,以便客观地确定事实真相,及时采取补救或补偿措施。

顾客抱怨的最终目的是希望问题得到解决,所以,服务人员必须明白顾客的要求,然后根据顾客的愿望,提出一个解决问题的办法。

如果问题比较复杂,一时弄不清真相,不要急于表达处理意见,跟顾客协定解决问题的程序和时间,而且一定要履行承诺。并督促、检查,全力协调解决问题。

(5) 主动与顾客联系,反馈解决问题的进程及结果。要把解决问题的方法、步骤和最后结果用书信、便条或电话等方式通知有关顾客,要确保诺言的兑现,并追踪一下,确定顾客是否真正满意事情的处理结果。

(6) 记录全部过程并存档。将整个过程写成报告,存档。

(7) 统计分析。处理完投诉后,服务员尤其是管理人员应对投诉产生原因及后果进行反思和总结,并进行深入的、有针对性的分析,定期进行统计,从中发现典型问题产生的原因,以便尽快采取相应措施,不断改进服务并提高水平。

【课后分角色心理挑战表演】

【情景1】 居民小区内的冲突

小李夫妇住在某市一高档小区内,他们酷爱宠物,养了一只进口小狗,每天下班后经常在小区内遛狗。一天傍晚,夜幕降临,小李夫妇和狗正准备回家时,小狗突然窜到了前面,紧接着就听见一声大叫,原来小狗惊吓到了小区内的黄阿姨,小李夫妇想自己家的小狗一点儿都不可怕,怎么会吓人呢?于是便呼唤小狗从另外一条路回了家。

黄阿姨被黑暗中窜出的小狗惊吓后,本以为狗主人会有所举动,可是狗主人却没有理会。于是她每天观察,终于有一天她调查到了小李夫妇的住处,便向物业管理处进行了反映。

小罗当日值班,黄阿姨便诉说了自己本来怕狗,又被狗惊吓的事情,并带小罗找到了小李夫妇家,黄阿姨说"小区本来就不许养狗",要求小罗将狗打死,或者小李夫妇必须向自己道歉。可是小李夫妇不承认"狗吓人"的事情,也不愿意道歉,于是双方争吵了起来。黄阿姨要求小罗予以处理,否则自己将投诉物业管理部门,并利用家庭人员的工作关系在当地报纸上曝光。

小罗,作为物业部门的服务人员,他该如何处理这次冲突,他陷入了沉思。

【情景2】 电器商场风波

李小姐在某大型电器商场购买的洗衣机因为噪声问题申请退货,销售人员答应10日后退货，可两周过后仍没有任何消息，于是她来到电器商场，恰遇王女士也退货，王女士的14万元订单3个月还没有兑现，于是两人合计一起去投诉，她们不听销售人员的劝阻，去找了部门经理、总经理……

【情景3】小王的苦恼

徐先生花费大量时间和金钱刚刚装修好的房子，被楼上住户跑水搞得厨房、卫生间、客厅部分屋顶浸泡起皮。找到楼上业主，答复是他家一点儿也没有漏，并且很不情愿配合检查问题。虽然经物业公司工程人员多次协调已经解决了问题，但徐先生心里还是不痛快，认为物业在装修管理上没有尽到责任，所以拒绝缴纳物业管理费。

后来，物业公司便派小王专程上门收缴物业管理费，结果双方发生了口头纠纷，徐先生恼羞成怒，将小王推出了家门外，不料小王摔倒在楼梯上，造成胳膊和头部轻伤。小王工作任务没有完成，且与业主发生了冲突，遭到了领导的批评，闷闷不乐……小王应该如何面对这次挫折，以后他应该采用什么方式来完成这项艰巨的工作任务呢？

第六章

服务人员的挫折与管理

【学习目标】

挫折与归因
服务人员的挫折与管理

服务行业需要高密度与顾客接触，在客我交往中，服务人员很难避免人际冲突、顾客投诉等困难和挫折。那么如何用不同的态度和方法对待挫折将是服务人员自我管理的关键。正确的态度和方法能使人从挫折中总结经验，吸取教训，增强心理承受能力和解决问题的能力；不当的态度和方法会给人造成巨大的心理痛苦，引起失意、沮丧、悲观、消沉，甚至种种疾病，从而影响工作质量，给企业带来不良的影响。

第一节 心理挫折概述

一、什么是挫折

（一）挫折的概念

挫折是指个体从事有目的的活动时，由于主客观条件的阻碍或干扰，致使动机难以实现，需要难以满足时所感受到的挫败、阻挠、失意、紧张的状态和情绪反应。

（二）挫折的特征

1. 客观性

正如培根所说，"我们的一生就是驾驭自己血肉之躯的脆弱小舟，驶过人世海洋的波涛",人生难免会遇到挫折。

2. 双重性

(1) 积极效应:顺境时的美德是节制,逆境时的美德是坚韧,这种坚韧的美德就像香料,必须经过焚烧和碾压才最芬芳。

(2) 消极效应:因为挫折会带来失望、痛苦、焦虑、粗暴的对抗、疾病等。

3. 差异性

个体的主观的心理感受、心理发展层次不同,认识方法不同,对挫折的感受程度就不一样。

二、影响挫折产生的因素

(一) 产生挫折的一般因素

1. 外在因素

(1) 自然环境:环境的限制会对人们的动机形成阻碍,个人能力无法克服的自然因素的限制,使人们达不到目的,从而引起人们的挫折。包括空间限制、时间限制、自然灾害和事故、生老病死等。

(2) 社会环境:社会因素也常常是挫折的诱因。个体在社会生活中遭受的政治经济、道德、宗教、习俗等人为因素的限制。教育方法不当、管理方式不妥、岗位和能力不适合、人际关系紧张、经营失败、产品滞销、企业亏损等。

2. 内在因素

(1) 个人的生理条件:个人所具有的智力、能力、容貌、身材、生理缺陷、疾病等所带来的限制。

(2) 动机的冲突:竞争和合作的冲突;满足欲望和抑制欲望的冲突;自由和现实的冲突。

(二) 产生挫折的组织原因

(1) 组织的管理方式。阿吉里斯认为:现代社会精神病的主要原因就是组织的管理环境不良,阻碍了个人的需要和人格的发展。比如 X 理论认为用权威、控制、惩罚等方式管理职工,形成组织目标和个人动机间的严重冲突,计件工资制使职工在金钱需要和社会需要的冲突中进行选择。

(2) 人际冲突。在组织中,上下级沟通不畅;过分强调竞争和责任等都会造成不必要的紧张;或者在客我交往中,出现了矛盾、冲突及投诉等事件。

(3) 工作性质。工作对个人的重要意义在于表现个人才能和价值,获得自我实现的满足;使个人在团体中表现自己,提高个人社会地位。如果工作性质不适合个体,将会使个人的才能和表现挫败。

(4) 工作环境。通风、照明、噪音、安全、卫生等实质环境和单调乏味、缺少变化的环境都会使人感觉丧失。

(5) 其他。工作休息安排不当、强迫加班、恶性延长时间、工资偏低、不公平的晋升制度等。

三、挫折的基本类型

我们在日常生活中所遇到的冲突，概括起来主要有以下四种类型。

（一）趋避冲突

当同一个目标既能够满足我们的需要，对于我们有吸引力，同时又会给我们心理上带来威胁，对于我们有某种伤害性的时候，我们趋近这一目标和逃避这一目标的动机同时存在，并相互冲突。这就是趋避冲突。它是我们日常生活中遭遇最多，而又最难解决的一种冲突。

（二）双趋冲突

我们在有目的的活动中同时存在两个目标，并且两个目标对我们具有相近的吸引力，使我们有相近强度的趋近动机，但又由于各种原因的限制，使我们"二者不可兼得"，必须放弃其中一个目标的时候，就会在心理上产生难以做出取舍的内在冲突。这就是双趋冲突。双趋冲突也就是"鱼和熊掌不可兼得"现象。

（三）双重趋避冲突

当同时有两个目标与我们发生联系，而每一个目标既可以有益于我们，同时又会不利于我们的时候，就会出现了双重趋避冲突。比如，当我们面临两种工作选择，一种有利于事业而不利于生活，另一种则有利于生活而不利于事业的时候，我们就面临着这种双重趋避冲突。

（四）双避冲突

同时存在两个目标，对我们都有害，而现实又迫使我们都必须选择一个，这会给我们心理上带来很大的压力，并由此产生强烈的心理冲突，导致挫折感产生。

[性格测试]

你的耐挫力如何？

在下面各种特征中，你认为哪个数字最符合你的行为特点？
(1) 不在意约会时间　　　1 2 3 4 5 6 7 8　　从不迟到
(2) 无争强好胜心　　　　1 2 3 4 5 6 7 8　　争强好胜
(3) 从不感觉仓促　　　　1 2 3 4 5 6 7 8　　总是匆匆忙忙

(4) 一时只做一事	1 2 3 4 5 6 7 8	同时要做好多事
(5) 做事节奏平缓	1 2 3 4 5 6 7 8	节奏极快（走路，吃饭等）
(6) 表达感情	1 2 3 4 5 6 7 8	压抑情感
(7) 有许多爱好	1 2 3 4 5 6 7 8	除工作之外没有爱好

——斯蒂芬·P. 罗宾斯的《组织行为学》

评分方法：

累加7个题的分数，再乘以3。分数高于120，表明你是一个极端A性格的人；分数低于90，表明你是一个典型B性格的人。

分数	性格类型
120 分以上	A⁺
106～119 分	A
100～105 分	A⁻
90～99 分	B
90 分以下	B⁺

A性格的人时间匆忙感、紧迫感强；闲不住；工作勤奋；看到别人做得慢或不好，总想抢过来自己做；不相信他人，总想身体力行；好胜心强，办事效率高；但容易激动，耐性差，由于关注数量和速度，而缺乏创造性，很少依赖环境的变化而改变自己的反映方式；容易遭受挫折，承受痛苦的能力不强。

B性格的人，一般没有时间紧迫感，不喜欢争强好胜，充分享受休闲和娱乐，有耐性，不容易受到挫折，常常是组织的高层管理者。

第二节 挫折与归因

所谓归因，是指人们对他人或自己的某种行为或倾向的原因进行分析、解释的过程。个体挫折后的行为发展主要源自归因方式。

一、归因理论

归因理论是关于知觉者推断和解释他人和自己行为原因的社会心理学理论。较有影响的归因理论有以下几种。

（一）海德的归因理论

F. 海德认为，行为的原因或者在于环境，或者在于个人。行为的原因若在于环境，如外人、奖惩、运气、工作难易等外因，则行动者对其行为不负责任；行为的原因若在于个人，如人格、动机、情绪、态度、能力、心境、努力等，则行动者对其行为要负责任。海德使用两个原则总结人们通常所作的归因解释。（1）共变原则。在许多情况下一个原因总是与一个结果相联系，而且没有这个原因，这个结果就不会发生。（2）排除原则。如果情境原因足以引起行为，就排除个人归因，反之亦然。海德关于外因—内因的归因理论成为后来归因研究的基础。他认为，对人际知觉在人际交往上的作用就在于使观察者能够预测和控制他人的行为。

（二）维纳的归因理论

B. 维纳认为，内因—外因方面只是归因判断的一个方面，还应当增加另一个方面，即暂时—稳定方面。在形成期望、预测未来的成败上至关重要。维纳认为，内在的稳定因素包括能力、身体特征；内在的暂时因素包括努力、心情、疲劳；外在的稳定因素包括任务难度、环境障碍；外在的暂时因素包括运气、机遇。其中能力、努力、运气、任务难易是个体分析工作成败的主要因素。例如，如果我们认为甲的工作出色是由于他的能力强或任务容易等稳定因素造成的，那么就可以期望，如果将来给予同样的任务他还会做得出色。如果我们认为其成功的原因是他心情好或机遇好等暂时因素造成的，那么就不会期望他将来还会做得出色。一般来说，追求成功的原因归因于自己能力强，而把失败的原因归因于自己不努力，认为只要努力，总会完成工作。避免失败的人往往把成功归因于运气好、任务容易等外部原因，而把失败归因于自己无能。维纳的归因理论在学校教育和能力培养中得到较为广泛的应用。

（三）阿布拉姆森等的归因理论

L. Y. 阿布拉姆森及其同事于1978年进一步发展了维纳的理论。他们依据 M. 塞里格曼等的习得性失助研究对失败的归因做了补充，提出了第三个方面，即普遍—特殊方面。例如，一个学生在数学学习中产生了习得性失助，如果属于普遍方面，我们可以预测他其他几门课程都不会学好，产生习得性失助；如果属于特殊方面，我们会预测他仅仅放弃学习数学的努力，其他课程不会发生习得性失助。

（四）凯利的归因理论

H. H. 凯利的三维归因理论把海德所开创的归因研究推向了高潮。1967年凯利出版了《社会心理学的归因理论》，认为归因过程是"个体对他的世界进行归因—目标、倾向以及内在特性的归因"，并用立方体模型来描述这种过程。凯利提出若干归因原则：共变分析、因果关系图解、打折扣原则、扩大原则、复杂必要原因和补偿原因等。与海德类似，他也使用了 J. 米尔的差异方法。他认为，说明行为的原因可以使用三种不同的解释：（1）归因于从事该行为的人；（2）归因于行动者的对方，即行动者知觉的对象；（3）归因于行为产生的环境。

这三种解释都有可能，但找出真正的原因还必须使用以下三种信息：（1）一致性。该行动者的行为是否与其他人的行为在这种情境下相一致。（2）一贯性。行动者在其他时间和其他情境下，这种行为是否发生。（3）特异性。行动者对其他对象是否同样做出反应。

凯利从这里引出结论说，如果一致性低、一贯性高、特异性低，则应归因于行动者；如果一致性高、一贯性高、特异性高，则应归因于对象；如果一致性低、一贯性低、特异性高，则应归因于环境。凯利的三维理论是一个理想化的归因模型，人们往往得不到这个模型所需要的全部信息。因此凯利引出了因果图式等概念。人们在生活经验中形成某种看法，即图式，以此解释特定的行为。美国学者 L. A. 麦克阿瑟（1972）从凯利的三维理论出发，对归因做了系统研究，验证了凯利理论的可行性。

（五）琼斯和戴维斯的归因理论

E. E. 琼斯和 K. E. 戴维斯在1965年发表的《从行动到倾向：人际知觉的归因过程》一书中，提出对应推论的归因理论，在海德的排除原则的基础上发展了归因理论。这个理论主张，当人们进行个人归因时，就要从行为及其结果推导出行为的意图和动机。推导出的行为意图和动机与所观察到的行为及其结果相对应，即对应推论，或称归因—效果耦合。归因判断的价值与一般人对这个归因所持价值判断的差异越大，对应推论的准确性也越大。影响对应推论的因素主要有三个：（1）选择自由。如果我们知道某个人的行动是自由支配的，他从多种可能的方式中选择特定的一种，我们便倾向于认为这个行为与某个的主观意图是对应的。如果不是自由选择，则难以做出对应推论。（2）非共同效果。在多种可能的选择时，某种方案有不同于其他方案的特点，若行动者选择了这一行动方案，它的非共同效果可以使我们对行动者的意图进行推论。（3）社会期望。一个人表现出符合社会期望或价值的行动时，我们很难推断他的真实态度；若一个人行为不符合社会期望，偏离社会价值时，我们可以认为他的行为与态度是对应的。

（六）卡内曼和特威斯基的归因理论

卡内曼和 A. 特威斯基把人看作"认知经济学家"，而不是"朴素心理学家"，认为人在归因上好走捷径。卡内曼和特威斯基提出，在日常的生活中人们往往利用两种启发法进行推理判断：（1）代表性启发法。人们在进行推理判断时往往选择有代表性的事例。（2）可得性启发法。人们往往利用易于进入头脑的信息进行推理判断。它可以解释归因上观察者和行动者的差别。对于行动者来说，情境是突出的，易被记住的，从而倾向于做情境归因；对于观察者来说，突出的是行动者，倾向于做个人归因。

（七）蒂博和凯利的归因理论

蒂博和凯利在1978年出版的《人际关系：相互依存理论》中借用强化理论的付出—报偿概念从二重关系互动的角度提出"有效模型理论"。他们认为，他为二重人际关系互动的结果，付出的是指抑制和妨碍个体继续活动的因素，报偿是指使个体活动产生愉悦、满意以及受到奖励等的因素。行动者受到适当的强化便能重复具有社会意义的互动。互动行为产生有四个阶段，按时间划分的是：（1）前提。包括环境和二重关系的两个人。（2）一定的模型。由环境和二重关系所决定的普遍的行为模型。（3）有效的模型。行动者根据自己的价值取向、需要、力量、技能、人格等内部因素转化行为模型,产生有效性模型。(4)行为。个体行动的内因体现在"转化"上。蒂博和凯利把归因和行为理论的强化结合起来,成功地揭示了二重关系中成员的相互依存影响社会互动的规律。他们的研究反映出归因理论研究的未来的发展方向。

【案例 6-1】

挫折与成才

范仲淹两岁丧父,随母改嫁,幼时读书连稠一点儿的粥都难以吃到;司马光亦出身寒门;明代大学士宋濂家中一贫如洗;苏联作家高尔基曾经是个流浪儿;荷兰画家梵·高也曾是个两袖清风、一文不名、生活上常靠弟弟接济的人;丹麦童话家安徒生出身于鞋匠家庭,衣不蔽体;居里夫人刚满十岁就去打工,供姐姐读书……

自古雄才多磨难,从来纨绔少伟男。每每翻阅古今中外名人传记,常掩卷长叹,感慨万端,难怪孟子说:"天将降大任于斯人也,必先苦其心志,劳其筋骨,饿其体肤,空乏其身。"不经历磨难的人很难成为真正的强人,更难当大任。由此看来,幼时贫困何尝不是一笔价值连城的、可观的财富呢?

分析讨论:是逆境还是顺境更容易成才?

二、归因偏差与挫折行为

当个体遭遇挫折时,如能正确归因,将会重新工作或学习;如果归因偏差,将会带来不同形式的挫折行为(见图6-1)。

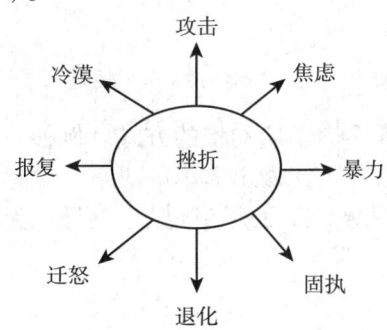

图 6-1 归因偏差产生的挫折行为

(一)攻击行为

耶鲁大学德兰研究认为攻击是挫折的结果,攻击的产生可预测挫折的存在,挫折的存在一定会引起攻击的产生。

(1)直接攻击。个体遭受挫折后,引起愤怒的情绪,对构成挫折的人或物立即直接地攻击，是鲁莽、不成熟、心胸狭窄的标志。

（2）转向攻击。个体在遭受挫折后，把愤怒的情绪发泄到同构成挫折不相干的人或物上去。表现为迁怒、无名火、烦恼或自责等。

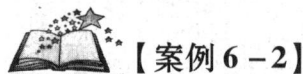**【案例6-2】**

转向攻击

27岁的张华在一家会展策划公司从事基层服务工作。他能力出众，待人和蔼，乐于助人。可最近一段时间，他情绪非常低落，还经常向家人和朋友大发脾气，这不符合他的性格。原来在最近的一次企业考核中，对自己期望甚高的他没有得到高分，当然也没有得到提升。为此，张华感到非常气愤和委屈。

（二）冷漠

个体受挫后，无法攻击或攻击无效时，人就会以沉默、冷淡、无动于衷、失去喜怒哀乐的冷漠态度表现出来。其原因大致有三：一是长期遭受挫折；二是个人感到绝望；三是心理恐惧、生理痛苦。

（三）幻想

把自己置于一种脱离现实的、想象的世界，企图以非现实的虚构的方式来应对挫折或取得满足，比如"白日梦"。

（四）退化

放弃已经成熟的成人方式而采取早期幼稚的方式。例如，捶胸顿足、号啕大哭、撕破衣服、咬手指头等；不愿承担责任、不能做出简单的决策、敏感性降低、不能区分合理的和不合理的要求、不能控制自己的情绪、盲目地追随某个领导、无理取闹、毫无理由的担心、轻信谣言等。

（五）固执

一再采取一种一成不变的反应方式或逆反心理，这就是"错把固执当坚定，错把愚磨当沉着"。

（六）焦虑不安

焦虑是由紧张、焦急、忧虑、担心和恐惧等感受交织而成的一种复杂的情绪反应。它可以在人遭受挫折时出现,也可能没有明显的诱因而发生,即在缺乏充分客观根据的情况下出现某些情绪紊乱。焦虑总是与精神打击以及即将来临的、可能造成的威胁或危险相联系,主观上感到紧张、不愉快,甚至痛苦和难以自制,并伴有植物性神经系统功能的变化或失调。

(七) 自卑感

这种心理表现为对自己缺乏一种正确的认识,在交往中缺乏自信(主要因素),办事无胆量,畏首畏尾,随声附和,没有自己的主见,一遇到有错误的事情就以为是自己不好。这样导致他们失去与他人交往的勇气和信心。

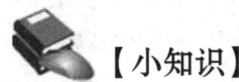【小知识】

焦虑病理及症状

1. 焦虑的病因病理

焦虑是人们预感到不利情景的出现而产生的一种担忧、紧张、不安、恐惧、不愉快等的综合情绪体验。焦虑伴有明显的生理变化,尤其是植物性神经系统活动的变化。表现为血液内肾上腺素浓度增加、心悸、血压升高、呼吸加深加快、肌张力降低、皮肤苍白、失眠、尿频、腹泻,等等。

焦虑分类:

(1) 状态性焦虑。由于某一种情境而引起的焦虑,情境改变时,焦虑随之消失。但有时某种情境很特殊,产生的焦虑十分强烈,有可能产生短暂的人格变化。

(2) 特质性焦虑。由于一个人的人格特点与众不同,在相同的情境中,其情绪反应的频度和强度也与众不同。例如,在与陌生人相处的时候,有的人就会出现这种特质性焦虑。

焦虑是人们对情境中的一些特殊刺激而产生的正常心理反应,只是每个人经历的时间长短不一或程度不同。只有当焦虑原因不存在或不明显,焦虑症状很突出而其他症状不突出,焦虑的持续时间及程度均超过一定的范围,以致影响正常的生活、学习、工作时,才可以认为患了焦虑症,又称为焦虑性神经症。产生焦虑症的原因主要有:

(1) 生物学因素,如遗传影响与生理因素;

(2) 心理因素,如认知、情绪等;

(3) 社会因素,如城市过密、居住空间拥挤、环境污染、紧张、工作压力过大等。

生理变化:

焦虑状态通常伴有生理变化,主要是植物性神经系统活动的亢进。由于焦虑程度的严重性不同以及个体间的差异,致使这种变化因人而异,但仍有其一致性。它在交感神经系统方面的表现有心跳加速、血压上升、皮肤苍白、手心出汗、口干舌燥和呼吸变深等;在副交感神经方面的表现有尿意频繁或小便次数增加,恶心、呕吐或腹泻,甚至大小便失禁。严重的焦虑时,可见肌肉张力增高,出现刻板动作,消化不良或食欲减退以及睡眠障碍。对客观上具有威胁或危险的刺激产生相应的焦虑反应是一种正常的适应方式,一般人可以增强信心或懂得如何战胜它而获得解脱。缺乏明显的客观原因而内心却极度不安,并伴有大祸临头、惶恐紧张的焦虑,是适应性不良的病态行为。严重而持续的焦虑反应除有植物性神经系统活动亢进等表现外,还有注意集中困难、联想和记忆力减弱、工作效率降低、社会活动能力下降和性行为能力减退等。病态性焦虑多见于各种焦虑症,焦虑反应多见于更年期忧郁症,也见于抑郁症和精神分裂症等。焦虑还可由非病理心理情况引起,例如维生素B_1的严重缺乏、低血糖综合征和边缘叶病变等症引起。

2. 焦虑的症状表现

(1) 惊恐发作。这是一类急性发作的强烈焦虑。会突然感到危机或威胁即将来临或死亡迫在眉睫,体验到强烈的恐惧,并产生立即逃离的冲动;同时出现各种躯体症状和认知症状,如心悸、出汗、震颤或摇晃、呼吸困难或窒息感、堵塞感、胸痛或不适、恶心或胃不适、头昏或感到头重脚轻、现实解体、人格解体、害怕失去控制或会"发疯"、濒死感、感觉异常,以及寒战或发热。常见于惊恐障碍或各种恐惧症。

(2) 无名焦虑或浮游性焦虑。这是一类没有原因的不限于特殊场景的广泛而持久的焦虑。个体预感到的迫在眉睫,而且几乎是不可避免的危险,但又说不清楚危险来自哪里;同时,个体又怀疑自己是否有应对这种即将来临的危险的能力。出现警觉性增高,运动性不安和躯体症状,如心跳加快、窒息感、胸部堵塞感或不适、恶心或胃部不适、出汗、面色潮红或苍白、震颤等。此类焦虑是广泛性焦虑障碍的特征。

(3) 预期焦虑。焦虑障碍患者预期再次面临害怕的场合或情境时出现的焦虑,例如,惊恐障碍患者对惊恐再次发作的担心,社交恐惧症患者对即将来临的社交场合的担心。

(4) 忧虑性期待。由患者过分担心自己或亲友会发生不幸的事情或会发生非现实威胁引起,例如,担心子女出门会发生诸如车祸的意外。他们常常有恐慌的预感,整日忧心忡忡、心烦意乱、坐卧不宁。其焦虑的程度与现实或诱发焦虑的事件本身的程度很不相称。

3. 临场焦虑

它与执行一项任务有关,完成该项任务越没有把握,焦虑就可能越大。考试前出现的焦虑属于此类。

三、挫折行为与心理障碍

长期的挫折得不到解决,不仅会带来挫折行为,伴随着也会引起个体的心理障碍,即心理活动失调,或心理失去平衡。

(一) 一般心理障碍的种类

(1) 狭隘。一般的狭隘只是性格弱点,但严重的狭隘则是一种心理病态,心胸狭隘表现在对人对事斤斤计较,常为细小得失耗费大量精力,并为之烦恼苦闷,甚至耿耿于怀,不能自解。不能承受任何刺激,稍不顺心就闷闷不乐,陷于苦恼之中。遇事好猜疑,整天疑神疑鬼,并且无根据地牵强附会,好钻牛角尖。

(2) 抑郁。表现为郁郁寡欢、沉默、孤独,这在一般情况下属性格弱点。但严重时常忧心忡忡,愁眉苦脸,动作迟缓,思想呆板,对人冷漠无情,常悲观失望,对生活缺乏热情，甚至对什么都不感兴趣，几乎没有一点信心。

（3）怯懦。一般的胆小不属于心理障碍，而这里所指的是非常害怕在人前行动做事，特别在公开场合更是畏首畏尾，心情紧张，手足无措，唯恐别人笑话自己、伤害自己。甚至在课堂上做作业，也要遮盖起来，生怕别人见到了耻笑。怯懦与自卑心理相连，几乎完全没有自信，精神萎靡不振、软弱、犹豫，对前途有一种渺茫、失望感。

（4）虚狂。表现为情绪极不稳定，一触即发，性情暴躁，常常头脑发热，忘乎所以。同时蛮横任性，目空一切，好冒险逞强，追求刺激，常与人争吵好斗，极好表现自己，行动不计后果，严重的会走向违法犯罪道路。

（5）恐惧。由于多次的失败或挫折，心灵上受到刺激较深，产生一种恐惧心理。如学生受到不及格分数的困扰，以致一看到分数就恐惧，并且害怕教师、家长，不想见到他们，一见到责备的目光就呆若木鸡。有时被恐惧心压抑得不能进行正常思维，连教师责备其他同学，也会引起惴惴不安。

（6）多疑。这往往是由于受到委屈和迫害而深感痛心之后，就认为一切都是不公正的。常疑心有人在监视他，与他为难。还常常把这种怀疑迁移到一切管教他的人身上，包括家长。时间一长，往往造成心理脆弱，情绪不安，经不起大的刺激，还常以谎言骗人，意志薄弱。

（7）神经过敏。表现为异常敏感而又失去自我控制。常喜怒无常，一些小刺激也会引起强烈反应，常把问题看得过分严重，因此一点小事也会引起大吵大闹。注意力不易集中，心理脆弱而无主见，易被暗示和引诱，行为轻率，对人不信任，并容易产生对立情绪和报复心理。

（8）神经衰弱。由于劳逸不当，大脑过度疲劳或紧张，造成兴奋与抑制失调。也有的因为某种心理障碍未能及时得到疏解，诸如焦虑、忧伤、恐惧、抑郁等，时间一长，亦会导致神经衰弱。其表现是易过度兴奋，但更易疲劳，精神不振，注意力分散，学习、工作效率很低，且健忘、易怒、过敏、胆小，精神上十分脆弱。

（9）过度激动。在受到不公正的待遇后，在极度苦闷中产生的一种反常心理。表现为极易激动，举止冲撞，待人态度生硬，好发脾气，有时则歇斯底里地大吵大闹，不听劝告。想让别人知道自己的厉害，但又想不出恰当的发泄方法，处于一种谁碰他让谁倒霉的心理状态。

（10）无动于衷。表现为对一切都满不在乎。这往往是受到不公正待遇后出现的一种反常心态，也是一种特殊的反抗形式。他感到自己在别人眼里注定不行，看不到自己的出路，就索性一切都不在乎，对来自任何方面的批评指责均若无其事。有时则故意作态，使你对他无能为力。但满不在乎仅是外表，其内心却充满着自尊心受到伤害的痛楚。

（11）报复情绪。有的人犯了错误后，认为周围的人都以轻蔑的态度看待他，在内心激起种种仇恨与对立的情绪，并且十分敏感。任何一点动向都会触动他的神经，连别人看他一眼，也觉得是在嘲弄他，甚至把无关的行动也视为挑衅，在内心时时升起一种报复情绪，用破坏、捣乱来发泄自己心中的怒气，并引为开心。

（12）残酷无情。有些服务人员在受到批评或处分后，会产生一种反抗情绪，但这种反抗表现为毫无意义的残酷行为。这是一种危害性较大的心理变态反应。

（13）不良习惯。行为习惯是得自后天的下意识动作。不良行为习惯影响学习、工作、生活和身心健康，且令人生厌。如口吃、偏食、恶意的模仿、说谎、捣鬼、吸烟、嗜酒、偷摸等，有时明知不对，就是不改。一种囿于习惯的适意感受使其缺乏自制能力。

（14）初期癔症。如突然发怒不能自制，哭笑无常，不该高兴时却狂喜，不该气恼时却悲伤，超常态的重感情，感觉过敏，把想象当现实，有时陶醉于幻觉之中。

（15）心理变态。这种心理变态亦称心理异常。它与一般正常心理大不一样，表现极为离奇、出格。如感知异常：出现错觉或幻觉（包括幻视、幻听、幻臭、幻味、幻触觉、性幻视等）；记忆障碍：记忆强化、衰退、错构、虚构，由此往往加重猜疑心；思维障碍：思维形式失调、迟缓、贫乏，不连贯，思维内容失调，产生嫉妒、疑虑、钟情、罪恶甚至被害等妄想；情感障碍：感情高涨、抑郁、焦虑、惊恐、反复无常等；意志障碍：固执、强迫行为、意志缺乏、减退等，人格障碍：心理活动不协调、情绪不稳定，行为具有冲动性，认识与活动脱节、动机与目的分离，对人缺乏感情、与他人格格不入，对环境不适应。

（二）心理疾病及其主要症状

一般的心理疾病可分三类：即神经官能症（或称心理神经症），青年精神病（主要是精神分裂症），人格病态（或称人格障碍）。心理疾病与心理障碍在某些方面没有严格的界限，只是程度轻重而已，心理疾病也可称为严重的心理障碍。常见的心理疾病有：

1. 神经官能症

（1）神经衰弱症。患者较为普遍，而且绝大部分是年轻人，病由是高级神经活动失调，功能混乱。病因或者由于工作或学习上心理负载过重、长期睡眠不足；或者与他人发生矛盾和冲突，且久未解决。表现为失眠噩梦，记忆衰退、工作效率下降；容易兴奋激动，但很快疲劳衰竭，食欲不振，心悸，精神萎靡，疲乏无力。

（2）神经性抑郁症。是一种情感失调性心理疾病，是情绪和情感在高低两个极端间发生骤变。在青春期发生类似此症的较多。一般正常的情绪状态应是有喜则喜，有悲则悲，喜怒哀乐，自会调节。而神经性抑郁症则长期处于抑制状态，反应迟钝，该喜不喜，该乐不乐，常是情绪低落，终日愁闷，为区区小事纠缠不清，自怨自艾，悲观厌世，严重的甚至有轻生念头。

（3）焦虑症。是以发作性或持续性焦虑和紧张情绪障碍为特征的神经性焦虑症。是一种目标不明确的自发性病态心理障碍。其表现为不论有因无因，事事焦虑，思绪不定，心神不宁，坐立不安。常伴随有心悸、多汗、震颤，手脚紧张，头昏恶心等躯体症状。

（4）恐惧症。神经性恐惧症又称恐惧症。其表现为对事物、境遇具有强烈的恐惧感。正常人也有恐惧，但恐惧症患者是无端恐惧和难以名状的恐惧，患者对黑夜、僻静、高空，甚至高层建筑，对特殊境遇、社交场合、生人，都会产生恐惧。有的青年有就业恐惧，怕离家、怕进入社会。有时会无端地感到有厄运袭来，顿生惶惑恐惧之感，严重的会出现手脚麻木，四肢冰冷。有的见到异性会局促不安，面红心跳，并且怕陌生人，极力回避。有的学生怕教师，对提问低头不语、焦虑不安，难以维持正常的学习。

（5）强迫症，又称反应症。症状是思维和动作固执刻板，重复出现强迫性的行为。如患者怕感染病菌而反复洗手，多次重复关门，无目的地强迫计数（如数电线杆）。总之，行为上单调而无意义地重复同一动作，在观念上有强迫性回忆，强迫性穷思竭虑，老是想些没有意义的问题。患者对这种自我强迫深感苦恼，又无法摆脱。

（6）癔症。癔症又称歇斯底里。情感失常，哭笑无度；与人相处，好恶不定，有时亲如手足，瞬息反目如仇。发作时神志不清，肌肉僵直、抽筋，约一小时后即可恢复如初。

2. 精神分裂症

患者心理机能和思维混乱，是一种以思维障碍、情感失调、脱离实际、行为怪僻为主要特征的较严重的心理疾病。精神分裂症离开现实，极端妄想。心理学家认为"所谓精神分裂症，就是人不是在现实的世界，而是进入了另一个世界"。人脑的正常功能是反映现实世界，而患者失去了这一功能，进入了妄想和幻想世界。必须注意的是，早期精神分裂症易被误解为"思想问题""作风问题"，因为病人神志清楚，外表如常人，症状隐蔽，往往因此而贻误治疗。

3. 人格病态，即人格障碍

人格病态是青年期常发病症。人格病态与心理疾病既有联系又有区别。它扭曲地反映了客观环境和人际关系，形成反应障碍。人格病态也是一种心理现象，是心理疾病的反映。

第三节 服务人员的挫折与调适

服务人员在服务活动中往往由于客观条件或自身失误等原因，与顾客发生冲突、与组织领导或同事产生不愉快的行为，只有很好地归因挫折，做好情绪管理，才能健康地继续开展自己的工作。

一、挫折对服务人员心理的有害影响

（1）影响服务人员实现目标的积极性（经常遭受失败，抱负水平每况愈下，变得胸无大志）；

（2）降低服务人员的创造性思维活动的水平；

（3）有损于身心健康；

（4）减弱自我控制能力，发生行为偏差。

二、服务人员挫折的管理

（一）预防挫折

（1）调解自身的需要。服务人员的动机受到阻碍，需要得不到满足是造成挫折的根本原因，因此要进行"需要的管理"。

（2）消除产生挫折的自然因素。通过地震预防、台风警报、厂房加固、机器防护、原材料合理堆放、照明、通风、轮换、治理污染等方式，来消除产生挫折的自然因素。

（3）改善人际关系。人际关系紧张、互相猜忌、彼此忌恨、形成心理负担是造成挫折的另一个重要原因。因此要努力构建和谐的客户的关系、上下级关系，同事、朋友关系。

（4）改善管理制度和管理方法。企业适当调整组织机构和制度，实行参与制、授权制

和建议制，不使服务人员有受到严格监督和控制的感觉。

（5）服务人员个人修养和挫折容忍力的加强。主要方法有：①多看人生哲理性书籍或励志电视，拓展个人知识视界。②选择性忽视：即有意不去注意自己的挫折和精神痛苦。对伤心事不去感知，不去接触，不去回忆，不去思考。但应注意尽量采用积极的方法。③选择性重视：即特别注意自己的优点、成就，乐观地以自己的长处比较别人的短处，恢复自信心和自尊心。④改变愿望满足方式：在遭受精神创伤之后，选择其他方式获得满足。如：积极参加文娱、体育等活动，寻找业余爱好。

（6）服务人员的抱负水平适度。抱负水平又称抱负水准，是指人的行为要达到什么程度的心理愿望。许多人在工作和活动中对自己要达到的标准有较高的需求，这种需求就是抱负水平。在确定抱负水平时，要防止出现两种倾向。一种倾向是将抱负水平定得过度超出自己的能力。这种服务工作人员可能对岗位十分有兴趣，并对自己的能力各方面十分自信，所以往往定下过高的抱负水平。这种人对自己的期望过高，反而是欲速则不达。所以，在制定抱负水平时，一定要量力而行，制定一个切合实际的目标，只有这样才能更好地实现自己的愿望。另一种要注意的倾向是抱负水平过低。这种服务工作人员一般自信心不足，或是对自己的岗位不感兴趣，因而将抱负水平定得低于自己的实际水平。这种情况不利于个人能力的发展。

【小测验】

抱负水平测试

下列10个题目中，每题都有5个选择答案。根据你的实际情况，选择一个最适合你的答案，填到括号中。

（1）做一件事情，当结果与你的估计相符时，你就感到很满意；否则，即使别人说你成功了，你也会感到不满意。（　　）

A. 完全不同意　　　　　　　　　　　B. 比较不同意
C. 拿不准　　　　　　　　　　　　　D. 比较同意
E. 完全同意

（2）通常，你对所做的事，要求达到的标准往往要高于一般人。（　　）

A. 完全不同意　　　　　　　　　　　B. 比较不同意
C. 拿不准　　　　　　　　　　　　　D. 比较同意
E. 完全同意

（3）对感兴趣的事，你都能尽力而为；对不感兴趣的事，干好干坏无所谓。（　　）

A. 完全不同意　　　　　　　　　　　B. 比较不同意
C. 拿不准　　　　　　　　　　　　　D. 比较同意
E. 完全同意

（4）你觉得，做出成就是人生最重要、最幸福的事，即使苦些也值得。（　　）

A. 完全不同意　　　　　　　　　　　B. 比较不同意
C. 拿不准　　　　　　　　　　　　　D. 比较同意
E. 完全同意

（5）每做一事，你通常都从工作方法上入手。（　　）
A. 完全不是这样
B. 稍微不是这样
C. 拿不准
D. 稍微是这样
E. 完全是这样

（6）你经常成功，失败很少，即使失败了，也会在别的方面寻求弥补。（　　）
A. 完全不同意
B. 比较不同意
C. 拿不准
D. 比较同意
E. 完全同意

（7）好胜心强，从不服输。（　　）
A. 完全不同意
B. 比较不同意
C. 拿不准
D. 比较同意
E. 完全同意

（8）如果有几件事，重要程度相同，难易不等，你会选（　　）。
A. 最容易的
B. 比较容易的
C. 中等难度的
D. 比较难的
E. 最难的

（9）如果人们做某种事，预先有标准的话，你会选（　　）。
A. 最低标准
B. 较低标准
C. 标准适中
D. 较高标准
E. 最高标准

（10）如果用 A、B、C、D、E 表示干一番事业的愿望程度，你会选（　　）。
A. 根本不想
B. 不太想
C. 愿望适中
D. 较想
E. 非常想

答案解析：

每题选 A 记 1 分，选 B 记 2 分，选 C 记 3 分，选 D 记 4 分，选 E 记 5 分。各题得分相加，统计总分。

（1）最后得分 10～25 分：说明你的事业心不强，抱负水平较低，不喜欢争强好胜，只求过一种安稳的日子。你对工作的标准提得过低，这样不利于你能力的充分发挥和提高。你应该在工作上严格要求自己，在奋斗中实现自己的价值。

（2）最后得分 26～39 分：说明你有较强的事业心和工作能力，抱负水平适中，能妥善处理好自己的能力和任务水平之间的关系，失败了也能正确对待。你身心健康，但还要不断提高自己的工作能力。

（3）最后得分 40～50 分：说明你的事业心很强，抱负水平很高，办事追求成功完美，不喜欢半途而废。如果一件事没办好或失败了，你会感到非常不满意。你经常生活在一种紧张、焦虑的氛围中。你也应该为自己创造一种轻松愉快的气氛来调剂身心，使工作完成得更为出色。

（二）正确面对挫折

（1）沉着冷静，不慌不怒。

（2）增强自信，提高勇气。

（3）审时度势，迂回取胜。所谓迂回取胜，即目标不变，方法变了。

（4）再接再厉，锲而不舍。当你遇到挫折时，要勇往直前。你的既定目标不变，努力的程度加倍。

（5）移花接木，灵活机动。倘若原来太高的目标一时无法实现，可用比较容易达到的目标来替代，这也是一种适应的方式。

（6）寻找原因，厘清思路。当受挫时，先静下心来把可能产生的原因寻找出来，再寻求解决问题的方法。

（7）情绪转移，寻求升华。可以通过自己喜爱的集邮、写作、书法、美术、音乐、舞蹈、体育锻炼等方式，使情绪得以调适，情感得以升华。

（8）学会宣泄，摆脱压力。面对挫折，不同的人，有不同的态度。有人惆怅，有人犹豫，此时不妨找一两个亲近的人、理解你的人，把心里的话全部倾诉出来。从心理健康角度而言，宣泄可以消除因挫折而带来的精神压力，可以减轻精神疲劳；同时，宣泄也是一种自我心理救护措施，它能使不良情绪得到淡化和减轻。

（9）必要时求助于心理咨询。当人们遭遇到挫折不知所措时，不妨求助于心理咨询机构。心理医生会对你动之以情，晓之以理，导之以行，循循善诱，使你从"山重水复疑无路"的困境中，步入"柳暗花明又一村"的境界。

（10）学会幽默，自我解嘲。"幽默"和"自嘲"是宣泄积郁、平衡心态、制造快乐的良方。当你遭受挫折时，不妨采用"阿Q"的精神胜利法，比如"吃亏是福""破财免灾""有失有得"等来调节一下你失衡的心理。或者"难得糊涂"，冷静看待挫折，用幽默的方法调整心态。

（11）员工帮助计划（employee assistance program，EAP）。员工帮助计划又称员工心理援助项目、全员心理管理技术（以下简称EAP）。它是由企业为员工设置的一套系统的、长期的福利与支持项目。通过专业人员对组织的诊断、建议和对员工及其直系亲属提供专业指导、培训和咨询，旨在帮助解决员工及其家庭成员的各种心理和行为问题，提高员工在企业中的工作绩效。

EAP包括压力管理、职业心理健康、裁员心理危机、灾难性事件、职业生涯发展、健康生活方式、法律纠纷、理财问题、饮食习惯、减肥等各个方面，全面帮助员工解决个人问题。解决这些问题的核心目的在于使员工在纷繁复杂的个人问题中得到解脱，管理和减轻员工的压力，维护其心理健康。

员工帮助计划提供以下七类服务：

① 管理员工问题、改进工作环境、提供咨询、帮助员工改进业绩、提供培训和帮助、将反馈信息传递给组织领导者，及对员工和其家属进行有关EAP服务的教育。

② 对员工问题进行保密以及提供及时的察觉和评估服务，以保证员工的个人问题不会对他们的业绩表现有负面影响。

③ 对那些拥有个人问题以致影响到业绩表现的员工，运用建设性的对质、激励和短期的干涉方法，使其认识到个人问题和表现之间的关系。

④ 为这些员工提供医学咨询、治疗、帮助、转介和跟踪等服务。

⑤ 提供组织咨询，帮助他们与服务商建立和保持有效的工作关系。

⑥ 在组织中进行咨询，使得政策的覆盖面涉及有关不良现象或行为，并进行医学治疗。

⑦ 确认员工帮助计划在组织和个人表现中的有效性。

员工帮助计划的服务方式：

在服务方式上，EAP有着自己的一整套机制：除了提供心理咨询之外，它还可以通过心理健康调查、培训、讲座、电话咨询、网络咨询或其他认可的标准，在系统、统一的基础上，给予员工帮助、建议和其他信息。

截至1994年，世界财富500强中，有80%以上的企业建立了EAP项目。日本企业在应用EAP时创造了一种被称为"爱抚管理"的模式。一些企业设置了放松室、发泄室、茶室等，来缓解员工的紧张情绪；或者制订员工健康修改计划和增进健康的方案，帮助员工克服身心疾病，提高健康程度；还有的是设置一系列课程进行例行健康检查，进行心理卫生的自律训练、性格分析和心理检查等。

目前，在美国有1/4以上的企业员工常年享受着EAP服务，大多数员工超过500人的企业已有EAP，员工人数在100~490人的企业70%以上也有EAP，并且这个数据正在不断增加。通过改善员工的职业心理健康状况，EAP能给企业带来巨大的经济效益，美国的一项研究表明，企业为EAP投入1美元，可为企业节省运营成本5~16美元。

EAP的特点

① 保密性：专业的EAP咨询机构恪守职业道德的要求，不得向任何人泄露资料，老板和员工都不必担心自己的隐私被泄露。

② EAP服务对企业和员工双向负责——为来访者的隐私保密，但是同时协调参与劳资双方的矛盾，有重大情况（如危及他人生命财产安全）和企业方及时沟通。

③ EAP服务为来访者建立心理档案，向企业提供整体心理素质反馈报告。

④ EAP服务方式多样，时间高度灵活，有24小时心理热线，有面对面咨询，有分层次、分主题的小规模心理培训，也有大规模心理讲座。

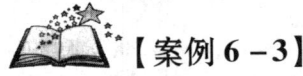

【案例6-3】

山东"芒果事件"所引发的一场关于现代服务业的思考

2019年5月，山东省某县张先生的母亲参加活动免费获赠一箱共4个芒果，圆通快递员聂女士运来时发现少了一个且包装破碎。张先生拒收且做出第一次投诉要求赔偿，并表示不再接受圆通邮件。

被投诉后，圆通公司要求聂女士尽快解决此事。聂女士自费购买了一箱芒果，贴上了中国邮政的快递单，自己"戴帽子和口罩亲自"送给了张先生。张先生接收后，发现包装箱子的胶带上是邻村生产的，查询快递单号并不存在，而且芒果也非他要求购买的那一家，于是进行了"虚假包裹"的二次投诉。

两次被投诉后，聂女士晚上来到张先生家下跪道歉，乞求他不要再投诉了，称已经被公司罚款 2 000 元，再投诉可能丢掉工作。张先生说，他并没有逼聂桂英下跪。"我当时也心软了，就说撤销投诉也得明天，现在这么晚了，我也找不到客服。"但是聂女士坚持必须当天撤销投诉，在门口大声嚎哭，张先生选择报警处理。

民警王海港处警后，听信了聂女士的陈述和遭到的处罚，以警方名义向圆通快递公司出具了如下证明，并提出了三点建议，其中将聂女士的遭遇定性为"恶意投诉"。由此，借助这份被称为"最牛""最暖心"公安证明的整个事件，开始迅速传播，各大媒体及网友开始关注并热议此事，批评矛头多指向了两大方向：一是张先生，二是圆通公司。

11 日，圆通公司官方微博发布消息称，已经免去对快递员聂女士因投诉引起的处罚，并对其进行慰问；待核实事实后，将保留将恶意投诉者列入不受欢迎客户名单的权利。12 日，圆通速递当晚发布官方声明：保护快递小哥尊严，保障高质量快递服务，要求学习聂女士"以客户为中心"的服务理念，奖励其 10 000 元，并为该县公安局某庄派出所送上锦旗。

事件扩散后，张先生接受媒体采访，一再表示，自己的投诉并不是针对快递员，而是针对圆通快递公司"用假包裹进行补偿"的欺骗行为。自己的两次投诉，有理有据，并非恶意投诉。张先生说，是快递员害怕被公司惩罚，到他们家下跪的，他选择了报警。警方在执法过程中并不客气，而且写给圆通快递的信中透露了他住在哪个村，所以他投诉了民警。另据澎湃新闻消息，张先生还准备申请行政复议，要求警方道歉，恢复其名誉。

然而，到了 6 月 13 日，聂女士称，自己谎称被圆通快递公司扣工资、开除等，是为博得张先生同情撤投诉所为。事情至此，原本同情聂女士不幸遭遇、力挺张警官人性执法的网友们大呼剧情反转，一时间不知究竟该相信谁了。有网友直指：得理不饶人固然没必要，但投诉是客户的权利，应该如何认定客户的正常投诉或恶意投诉？快递员连续遭投诉后不惜说谎称被罚款、被开除博同情，不惜尊严下跪求撤诉，应该如何认定快递员的违规行为或免责情形？涉事民警一片好心出具证明认定恶意投诉为快递员开脱，但却陷入了偏听偏信，应该如何在处警时准确认定双方行为及后续的证明行为？

阅读此案例后，请思考三个问题，也可以组织班级辩论赛进行讨论。

（1）张先生属于正常投诉还是恶意投诉？
（2）圆通公司快递员聂女士的"下跪"行为是否超出了工作界限？
（3）如果你是当事的快递员该如何应对两次投诉？

（资料来源：山东丢芒果事件反转：快递员承认为博同情撒谎［BE/OL］.http：//www.deyi.com/forum.php?mod=viewthread&tid=15364101.2019-6-17.）

第七章 服务人员的疲劳心理

【学习目标】

疲劳心理研究
消除服务人员心理疲劳的策略

英国科学家贝弗里奇曾说:"疲劳过度的人是在追逐死亡"。"积劳成疾"成为现代竞争社会人类亚健康的另外一种缘由。现代职业人经常在无休止地加班熬夜、无法摆脱的压力负担中度过。尤其在服务行业,工作强度大、涉及面广,因此关注服务人员的疲劳心理是照料其身心健康的首要任务。

人是有可能被累死的,许多疾病也是"累"出来的。当人类基本上控制了烈性传染病之后,因为过度疲劳而导致的体质下降与疾病就成为现代人的首要敌人了。科学家曾做过如此试验:把一条精疲力竭而酣然入睡的狗的血液输入到另一条狗身上,居然使后者很快就"疲劳"而熟睡不醒;把一条活泼清醒的狗的血液输入到另一条疲乏入睡的狗身上,可以使后者即刻清醒、疲乏顿消。

我国古代早有"积劳成疾"的事例。据统计表明,过度劳累的确可以摧残健康,使生命早夭。据有关调查发现,中国科学院的不少专家等多因长年疲劳而致英年早逝,其平均寿命只有52岁,甚至更低。如今社会竞争日趋激烈,生活压力越来越大,"劳累"已日益成为普遍现象。人们因忽视其严重后果以致酿成大患时,已悔之晚矣。

一、疲劳心理研究

(一)疲劳的概念

疲劳是指人在劳动和活动过程中由于能量消耗而导致机体疲乏、劳累以及劳动技能减退等生理心理变化的现象。它是人的肌体为免遭损害而产生的一种自然保护反应。

（二）疲劳与疲乏的关系

疲乏是疲劳生理现象的心理感受，疲乏并不仅在疲劳积累到一定程度才产生，它可能在疲劳之前就已产生；相反，即使疲劳程度很深也不见得就会产生疲乏。一个是客观的存在，另一个是主观的感受。

（三）疲劳周期与疲劳效应

（1）疲劳周期。我们把人们由于劳动而机能下降，产生疲劳，然后通过休息使机能恢复，消除疲劳而又重新劳动的过程，就叫疲劳周期。

（2）疲劳效应。

① 降低劳动效率，影响产品质量，甚至出现疾病、事故、灾害。

② 引起兴趣的减退，出现厌倦、无聊，甚至出现恼怒，会对人、设备、工具采取粗暴行为。

二、引起疲劳的因素

（一）生理疲劳

由生理因素引起的疲劳称生理疲劳，它包括体力疲劳和脑力疲劳。

（1）体力疲劳：由于肌肉持久重复的收缩，能量减少，造成服务人员能力下降，甚至消失的现象。例如"腰酸腿疼、四肢无力"等症状。

（2）脑力疲劳：指用脑过度，大脑神经处于抑制状态的想象。脑力疲劳往往先于体力疲劳。

【小知识】

生理疲劳的后果

面对现代都市人的憋、烦、累、痛，人们不禁要问，我们的身体究竟怎么了？其实早在1988年美国疾病控制中心就正式将这一现象命名为"生理疲劳"，并拟订了相应的诊断标准。

（1）生理疲劳导致免疫力下降。生理疲劳会使机体各系统的功能处在一个较低的水平，机体抵抗外来病原物的能力降低，自然杀伤细胞的减少，人就极易生病。同时人体自然杀伤细胞的减少会使心脑血管疾病、糖尿病、癌症等高危病症的发生概率大大增加。

（2）生理疲劳引发心脑血管病。当人体处在生理疲劳状态时，由于心肌细胞能量的减少和生理疲劳对心肌细胞的毒害，心肌收缩力变小，心脏的泵血功能降低，血液淤积在血管之中，发生微循环障碍，血流速度减慢，血液垃圾增多，引发各种心脑血管疾病。

（3）生理疲劳使衰老"加速度"。过度的生理疲劳就会使机体的衰老产生"加速度"。人在中年以后，正常的机体衰老速度是每年1%~5%，一旦患有生理疲劳，机体的衰老速度会不断增加，衰老加速的直接后果就是原本需要50年的衰老过程可能15年就完成了。

（二）心理疲劳

所谓心理疲劳，它与因连续工作而致使肌体能量消耗的生理疲劳不同，它是指人长期从事一些单调、机械的工作活动，伴随着肌体生化方面的变化，中枢局部神经细胞由于持续紧张而出现抑制，致使人对工作对生活的热情和兴趣明显降低，直到产生厌倦情绪。心理疲劳常常带有主观体验的性质，并不完全是客观生理指标变化的反映。

英国心理学家海德费说："绝大多数疲劳，都是由于心理的影响，纯粹由生理引起的疲劳是很少的。"情绪上的不稳定和冲突，特别是抑郁和焦虑，往往是精神疲惫最为常见的原因。这种消极的情绪使人萎靡不振，不想活动，并且导致心理疲劳的发生。

一般来说，心理疲劳比生理疲劳更为复杂，也更难以恢复。心理疲劳同生理疲劳一样，本身是一种阻遏性机制，迫使机体进入休息状态，从而避免受到继续伤害，对机体起着一定的保护作用。但如果此时人们未能正视这一点，不及时采取措施消除疲劳，而任其一再发展下去，过度的心理疲劳便会影响身体健康，甚至成为心脏病、高血压、肠胃病乃至癌症等疾病的致病因素。因此，对心理疲劳不可忽视，一旦由于心理压力大而自我感到疲劳不堪时，必须进行积极的心理调适和治疗。

医学心理学研究表明，心理疲劳是由长期的精神紧张压力、反复的心理刺激及复杂的恶劣情绪逐渐影响形成的，如果得不到及时疏导化解，长年累月，在心理上会造成心理障碍、心理失控甚至心理危机，在精神上会造成精神萎靡、精神恍惚甚至精神失常，引发多种心身疾患，如紧张不安、动作失调、失眠多梦、记忆力减退、注意力涣散、工作效率下降等，以及引起诸如偏头痛、荨麻疹、高血压、缺血性心脏病、消化性溃疡、支气管哮喘、月经失调、性欲减退等疾病。心理疲劳是不知不觉潜伏在人们身边的，它不会一朝一夕就置人于死地，而是到一定的时间，达到一定的"疲劳量"，才会引发疾病，所以往往容易被人们忽视。

心理疲劳不仅降低学习与工作效率，而且对心理健康也有一定的影响。长期的心理疲劳，使人心境抑郁，百无聊赖，心烦意乱，精疲力竭，进而引起心因性疾病。例如神经衰弱，表现为头痛、头晕、记忆力不好、失眠、怕光、怕声音等。因此，脑力服务工作者防止心理疲劳是一个重要的心理保健问题，不可掉以轻心。

【小知识】

消除心理疲劳的八种方法

（1）健康的开怀大笑是消除疲劳的最好方法，也是一种愉快的发泄方式。

（2）高谈阔论会使血压升高，而沉默则有助于降压；在没必要说话时最好沉默，听别人说话同样是一种享受。

(3) 放慢节奏，把无所事事的时间也安排在日程表中。

(4) 沉着冷静地处理各种复杂问题，有助于舒缓压力。

(5) 做错了事不要总是自悔自责，要能够正常地工作。

(6) 不要害怕承认自己的能力有限，学会在适当的时候对一些人说不。

(7) 夜深人静时，悄悄地讲一些只给自己听的话，然后酣然入睡。

(8) 既然昨天及以往的日子都过得去，那么今天及以后的日子也一定会过去，多念念车到山前必有路。

(三) 影响服务者服务能力的因素

从服务能力曲线图 7-1 我们可以得出，影响服务人员服务能力的原因主要在于：

(1) 服务强度和持续时间。高强度和长时间的工作会影响到服务人员后续的服务质量。

(2) 服务速度。服务速度是顾客满意的因素之一。然而，长时间下高速度的服务也将加重员工的身心疲劳。

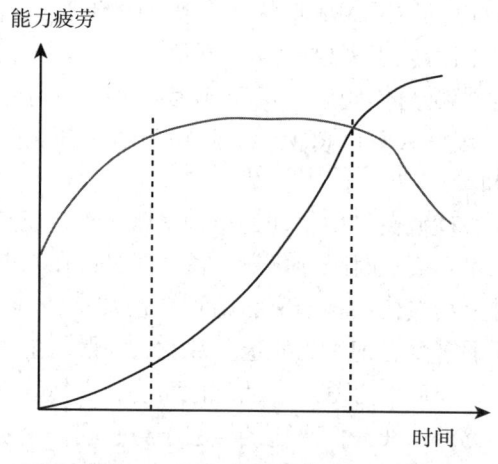

图 7-1 服务能力曲线

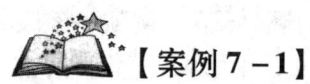

【案例 7-1】

麦当劳 59 秒快速服务

"快"，是这个时代的最大特征，也正是麦当劳的魅力。麦当劳曾骄傲地宣布："在餐饮业，尤其是快餐行业，我是最快的！"

"非典"时期，中国麦当劳公司还组织了"挑战 59 秒服务"活动，麦当劳各餐厅在工作人员的柜台前多加了几台红色计时器。一旦顾客讲明自己的需求后，工作人员将按下柜台前的红色计时器，在 59 秒内将顾客所点的食品汇集齐全。如果在 59 秒之内工作人员没有将顾客所需的食品准备齐全，麦当劳就必须送一个免费的圆筒冰激凌给顾客。而北京展览路口的麦当劳分店，曾创下18秒出一个快餐的世界纪录。

虽然麦当劳每一位员工都以达到"百分之百顾客满意"为最基本的原则。但在麦当劳的高强度工作下员工工资却很低，麦当劳加工资后普通员工工资水平仍与政府规定的非全日制最低工资标准有差距，尤其是广州的门店支付给兼职员工的小时工资低于广州最低工资标准，受到媒体和公众的强烈质疑。

（3）服务及营销环境。服务及营销环境中的人流量、噪声、空气、面积等均会影响服务人员的工作质量。

（4）服务方式。面对面服务、网络服务、电话服务等不同方式给工作人员的工作冲击是不一样的，比如目前倡导的"一站式"服务，更多地体现了公司的服务理念，但对于服务人员来说身心压力则比原来更大了。

（5）服务时刻。我们把服务能力在一天的24小时中或者一周的7天中的变化趋势线就叫作服务能力曲线。

① 服务开始阶段。能力较快速提升，疲劳渐现并有所提高。
② 最大服务能力阶段。能力达到最高，疲劳由缓慢增强变为迅速提高。
③ 服务能力降低阶段。疲劳程度超过服务能力，能力迅速下降，疲劳提高趋缓。

三、消除服务人员心理疲劳的策略

（一）要对所从事的事业产生兴趣

兴趣的产生与大脑皮层上的兴奋点相联系。如果所从事的服务工作本身枯燥无味，就要想办法改善工作条件，努力培养自己的兴趣。

1. 实行休息制度
（1）休息的效果随时间的增加而不断下降。
（2）初期疲劳通过休息恢复很快；过度疲劳恢复很慢，甚至无法恢复。
（3）找最佳的休息点、最适宜的休息时间段。
（4）休息不是静止不动，要动中休息。

2. 进行工间操
（1）最好在下半个工作日。
（2）使得不到运动的部位获得活动。
（3）节奏不要过快，体力负担不要过重。
（4）要自愿，不要强迫。
（5）最好放一些节奏轻快的音乐。

3. 改善劳动条件
（1）色彩和音乐的应用。工作环境的墙壁、窗帘等色彩尽量设计的淡雅、静怡；背景音乐舒缓、流淌，不要过于急躁或悲伤。
（2）仿生设计。办公设备，比如桌椅、壁纸等尽量能模仿自然生态，有视觉冲击力和斑驳的光影效果，使工作人员有回归自然、自由自在遨游的感觉，在囊括"形"与"色"、"功能"与"结构"的基础上体现出生物外部形态美感特征与人类审美需求。

（3）表扬和激励。多用激励而非批评、惩罚的方式总结工作人员的岗位绩效，减少其心理负担和压力。

（4）改善环境和劳动卫生。尽量改变工作环境的外观，将绿化、美化与卫生干净整洁结合起来。

（5）使劳动丰富化。做到岗位轮换及值班时间、方式轮换，以减少员工岗位单一疲劳，同时促进其全面发展。

（二）要明确目的

无论从事什么样的服务活动，一定要确立行动的目标，对所接受的工作目标进行明确的任务分解，然后对每项任务逐一制订详细的工作流程，这样才能不断地激励自己，以取得预期的成功。

（三）要注意劳逸结合

强调用脑卫生，服务工作与学习、培训要安排合理；生活要有规律，注意休息；努力排除外界的各种不良影响，并要加强体育锻炼，增强体质。

（四）处理好人际关系

只有生活在融洽、快乐的气氛中，才能有愉快的心境、开朗的性格、健康的身体。因此，要尽量做好自我情绪管理，与同事、顾客等建立和谐的交往关系。

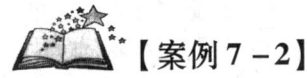【案例 7-2】

慢性疲劳综合征

随着职位的升迁、存款数字的增多、事业的蒸蒸日上，一些成功者的健康却一路"负债"，最终不堪重负，过早地停泊在人生的终点。

最近，一项在上海、无锡、深圳等地对 1 197 位中年人健康状况的调查结果显示：66%的人有多梦、失眠、不易入睡等现象；经常腰酸背痛者为 62%；记忆力明显衰退的占 57%；脾气暴躁、焦虑者占 48%。这类人常处于超时工作、睡眠不足、压力巨大、没有休闲的亚健康状态。

在对"过劳死"人群深入研究中发现，猝死直接死因的前 5 位是冠状动脉疾病、主动脉瘤、心瓣膜病、心肌病和脑出血。和一般猝死几乎没什么不同，这些病的隐蔽性蒙蔽了过劳者，以致酿成恶果，过度劳累便是一个重要的诱因。

无症状冠心病，特别是无症状心肌梗死是首要的危险因素，一般的体检和心电图不易发现隐性冠心病，有些病人心电图检查结果可能正常，只有在做特殊检查时才可证明有心肌缺血。一旦发作，措手不及。

高血压也是一个潜在的危险因素。有些人对自己的高血压已经适应，正是这种不被人注意的高血压危害性更大，它隐蔽地损害着人体重要的脏器，在遇到某些诱因时，便会引发高血压、脑中风等。慢性疲劳、积劳成疾也是不可小觑的因素，累积疲劳达到严重程度时，就会步入病态疲劳。

现代生活中长期超负荷工作，往往积淀成一层又一层的潜在致病因素，致使许多人劳累而疾病缠身。有调查表明，慢性疲劳综合征在城市新兴行业人群中的发病率为10%~20%，在某些行业中更高达50%，如科技、新闻、广告等行业从业人员、公务员、演艺人员等，而这些都是"过劳死"的潜在人群。另外，过重的生活压力、工作压力也是猝死的凶手之一。处于长期精神压力下，患各种疾病的几率会增加3~5倍。而免疫力降低，身体内部的防卫力量不足，小至感冒，大至癌症都有可能发生。现代人的工作往往具有静而不动的特点，最易使人疲惫。研究表明，人到30岁以后，每过10年心脏排血的能力就下降6%~8%，血压上升5%~6%，肌肉组织减少3%~4%。经常锻炼身体的人，肌肉的萎缩和力量的减退可推迟10~20年，血压可保持稳定的正常水平；运动还能推迟神经细胞的衰老，帮助废物排除，从而起到防癌抗癌的作用；长期坚持健身跑和徒手体操，人体的新陈代谢和工作能力就会大大加强。现代心理学研究发现，当一个人感到烦恼、苦闷、焦虑的时候，他身体的血压和氧化作用就会降低。而人在心情愉快时，整个新陈代谢就会有所改善。

第八章 服务人员的基本心理素质要求及保健

【学习目标】

服务人员的基本心理素质要求
服务人员的心理保健
服务人员的心理治疗

一切方便于客户，一切服务于客户。服务工作是一种特殊的人际交往过程，也是一种心理服务过程。服务人员应具备基本的心理素质为做好针对性的服务提供交际保障，也需要做好自我心理保健，健康地从事自己的工作。

第一节 服务人员的基本心理要求

20世纪末，服务性企业之间的竞争愈加激烈。服务性企业为了提高核心竞争力，大力倡导软性服务，提出"顾客就是上帝"，要求服务人员为顾客提供优质服务。服务性企业为顾客提供无形的服务，服务人员在服务过程中如何表现情感会影响顾客对服务质量的评估。服务人员表现正面情感，可提高顾客感觉中的服务质量和满意程度，增强顾客的忠诚感，进而提高企业的经济效益。

服务人员是运用专门知识和技能，为顾客提供服务的人员。服务人员工作是一项综合性很强的工作，工作范围广，责任重大，作为"企业大使"，往往代表了服务部门的形象。"优秀的服务人员最重要的是他的人品和人格"，其人品和人格正是其心理素质的体现。对服务从业人员的基本心理要求应从以下几方面加以培养。

一、具备基本心理学知识，掌握顾客各阶段心理

服务工作是一种人—物—人、人—服务项目—人或人—人交往的活动。服务人员作为活动的主要参与者必须掌握一些基本的心理学常识和现代顾客的消费心理趋势，进而掌握不同阶段心理顾客的心理，为他们提供满意的服务。

（一）掌握普通心理学知识

普通心理学知识以心理实质的问题为核心，涉及心理与客观现实的关系、心理与脑、心理与社会、心理与实践的关系，以及心理活动的规律性等。服务人员必须掌握常见的心理现象及一般规律，包括感觉与知觉、学习与记忆、思维与言语、情感与意志、人格与个别心理特、需要与动机等。为解决人际交往中的各种心理事件打好基础。

（二）掌握现代消费心理趋势

现代消费心理趋势主要有：求实、求廉、求美、求安、求荣、求舒适、求好胜、求好奇、求嗜好等。求实、求舒适、求安反映顾客对理想商品或服务的基本要求，而要吸引高消费人群的眼球需要在美、新、奇等方面下功夫。

（三）掌握顾客的基本心理特征

根据顾客在各种消费活动中的现象，从心理学角度可将他们概括为以下类型：

(1) 谨慎型。此类型的顾客，做任何事都仔细安排、谨慎思考，凡事三思而后行。个性冷静、性情沉着，对事情不会立即下结论，一定要透彻了解，再做决定，这类型的人所受的教育较高。

(2) 犹豫型。这类型的顾客遇事拿不定主意，不敢做决定，即使做了决定也容易反悔，原因是对自己缺乏信心，没有完整的自我观念，是优柔寡断型的人。

(3) 冲动型。冲动、性急、心直口快，脾气变化不定是这类型的特征。他们有时性情温和，有时暴跳如雷，感情的表达突出而直接，对事情的判断决定任凭一时的冲动，事后即使反悔也不会形于色。

(4) 圆滑型。这类顾客善于交际、人际关系良好。表面上容易附和他人意见，但却不易被劝说。

(5) 决断型。态度积极，充满自信与决心，对什么事有他的一套看法，自我意识强烈，主观而不易受影响。

(6) 排斥型。这一类型的人敏感而故步自封，不易打交道，对任何人都有排斥感，不亲近别人，也不容易相信别人；对事情的看法也是如此，第一个直觉的反应就是排斥它，然而一旦排斥的障碍被克服了，就会完全的相信。

(7) 好表现型。这类型的人不管对任何事都要表示自己的意见，喜欢旁人夸他、称赞

他、非常好表现而且虚荣。

(四) 掌握服务各阶段顾客心理

1. 初始阶段

(1) 顾客对安全、方便的期待。
(2) 顾客对服务态度的期待。
(3) 顾客对服务效果的期待。

此时服务人员必须利用"溢于言表的友好",赋予爱心,善解人意,而且还善于"表现"。它体现在:第一,注重仪容仪表,讲求形象美,同时也体现了一个人的精神面貌;第二,注重礼貌礼节,讲求行为美,只有尊重没有歧视;第三,注重语言表达,讲求语言美;第四,利用"一站式服务",始终为顾客解决问题。

2. 中间阶段

(1) 顾客对主动服务的要求。服务人员应当在顾客没开口之前主动服务。
(2) 顾客对热情服务的要求。服务人员此时应展现出精神饱满、热情好客的状态,并通过这种动作服务来体现出来。
(3) 顾客对周到服务的要求。服务人员应从服务内容、项目上想细致入微地介绍,处处方便顾客,体贴周到,千方百计地帮助顾客排忧解难。
(4) 顾客对友好交往的要求。服务人员必须问有所答,谈笑风生,与顾客有一见如故的感觉,给对方一种安全感。

3. 最终阶段

顾客即将离去,服务人员与顾客交往即将结束,这段时间的"最后印象"即送客阶段可以使往前工作不足得到弥补,首先帮顾客整理好所购买商品或随身物品;再征询顾客对服务的意见,态度诚恳,认真记录,衷心感谢;最后礼貌迎送顾客出门,目送走远为止。

二、仪表、气质与服务心理

服务体现于细节,细节展示形象。作为服务行业,服务人员是其的"门面"。顾客从不与工业制成品的生产者见面,可是在服务活动中却直接看到服务人员的优缺点,服务人员本身就是产品的一部分,服务人员的态度、行为和形象,与顾客对服务产品的看法有至关重要的联系。这就意味着服务人员要注重自身形象的塑造,其在做每一件事情时都是在宣传其自己和其所在的部门。

仪表、气质与人的行为表现是紧密联系的,服务人员的服务表现应该是外部形象仪表美和内在气质品德美的和谐统一。因此,我们的体形容貌应给人健康精神的感觉;穿着应给人舒适、亲切的感觉。此外和蔼的笑容,体贴的语音和饱满的热情都会在顾客心里留下良好的第一印象。

仪表是指服务人员的容貌、姿态、服饰等,是服务人员精神面貌的外观体现,它与服务人员的道德、修养、文化水平、审美情趣及文明程度有着密切的关系。亚里士多德曾经说过:美丽比一封介绍信更有推荐力。当然外表美不仅指长相,还应包括衣着、风度等多种因素。

有几个研究曾比较过异性约会中外貌、性格、兴趣等各种因素吸引力的不同，发觉对方外表吸引力与第二次约会的相关系数高达69%~89%。这种情况不仅局限于异性之间。在另一个研究中，心理学家让被试扮演法官，需要宣判的案例都附有"罪犯"的照片。结果这些被试对罪行相同的罪犯判决却不同，外表好的平均被判刑2.8年，面貌不漂亮的平均被判刑5.2年。可见外表对人际吸引是毋庸置疑的。

外貌吸引产生的原因一般认为有两个方面：第一，爱美是人的本质力量的一种表现，审美需要是人的一种高层次的、重要心理需要；第二，较佳的外表会导致别人以为此人还具有其他一系列良好品质，这就是人际知觉中"晕轮效应"带来的人际吸引力。

如果服务人员在顾客心中树立起良好的形象，他就有将顾客团结在自己的周围的可能；如果顾客信任服务人员，他们就会帮助服务人员解决困难，正确对待服务活动中出现的问题和矛盾，积极配合、协助服务人员顺利完成整个服务过程。服务人员的仪表应清新、高雅、保持端庄优美的风度，精神饱满、乐观自信、热情友好，努力使顾客感到你是一位可信赖的服务人员。

塑造美好的第一印象，服务人员的第一次亮相时需要重视：出面、出手、出口。"出面"指服务人员要显示出自己良好的仪容仪表、神态风度；"出手"指服务人员表现在动作、姿态等诸方面的形象美；"出口"指服务人员所使用的语言、语音、语调和语词的丰富性和正确性。

三、性格、情感与服务热情

（一）性格与服务热情

性格是指表现在人对现实的态度和相应的行为方式中的比较稳定的、具有核心意义的个性心理特征，是一种与社会相关最密切的人格特征，在性格中包含有许多社会道德含义。性格表现了人们对现实和周围世界的态度，并表现在他的行为举止中。性格主要体现在对自己、对别人、对事物的态度和所采取的言行上。如热情、开朗、活泼、刚强或淡漠、沉默、懦弱、温柔等。

阳光、开朗、自信、平易近人是服务人员性格要求的基本特征。良好的性格特征可以使服务人员始终保持最佳服务状态，使顾客感受到被尊重，使主客关系变得融洽；对服务人员个人而言，良好的性格特征也可使其从顾客满意中，获得个人心理的满足。服务工作所要求的热情服务应内化为服务人员性格特征的自然流露而不是表面上的逢场作戏。服务人员一般应该具备下列性格特征：独立、外向、热情、富有同情心，合群、幽默、乐观、富于理性。时时保持灿烂的笑容，用真诚和热情赢得顾客的信任，用坚韧和耐心化解顾客的不满，一定要记住在无人格和身体侵犯的情况下，顾客一定是对的。这才是一个优秀服务人员应有的素质。

（二）情感与服务热情

情感是态度这一整体中的一部分，它与态度中的内向感受、意向具有协调一致性，是态度在生理上一种较复杂而又稳定的生理评价和体验。服务人员对服务工作的热爱，对顾客的爱都是其情感的体现，爱一行才能干好一行，工作起来才会有热情，而服务热情对服务人员工作是必不可少的。服务业是一个"高接触"行业，服务人员不可避免地要频繁地与各种各样的顾客打交道，与他们进行着特殊的人际交往。要让顾客在与自己的交往中感到轻松、亲切和自豪，就必须调整好自己的情绪状态。

1. 服务工作是一种"情感性劳动"

美国学者霍克希德（Arlie Russel Hoschild）于1983年提出了情感性劳动的概念。她对民航乘务员进行了研究，指出乘务员不仅从事体力劳动，例如：为乘客指引座位、提供饮料、在紧急情况下做出迅速反映，而且需要向顾客表现正面情感（笑）。霍克希德把情感性劳动定义为：员工进行情感管理，压制情感或伪装情感，形成所交往的对象可以观察到的面部表情或身体语言，以便影响交往对象的感受。

霍克希德指出，情感性劳动具有三个特征：（1）情感性劳动是在服务者与他人交往的过程中发生的。（2）服务者表现的情感影响交往对象的情感、态度和行为。例如，儿科护士需要表现出同情，以温柔、镇定的声音同受伤的儿童讲话，使儿童停止哭泣，变得高兴起来。（3）服务者表现情感应遵守某些规则。例如，旅馆服务员接待顾客时要彬彬有礼，面带微笑，即使当他们面对挑剔的、令人不快的顾客时，也应表现出这些情感。

2. 情感性劳动与顾客的行为意向

研究表明，服务人员表现正面情感，可以通过情感感染影响顾客的情感感受，通过顾客的期望与评估影响顾客感觉中的服务质量，进而影响顾客的逗留时间、再购意向和正面的口头宣传，最终间接地提高企业的经济效益。

（1）通过情感感染，影响顾客的情感感受。情感感染指一个人表现出来的情感会影响他的交往对象，使他们产生类似的情感。服务人员的情感表现会通过情感感染，引起顾客同样的情感。因此，服务人员表现正面情感，顾客会感受到正面情感，顾客对服务质量的评估就会提高。

（2）通过顾客的期望，影响顾客对服务质量的评估。顾客接受服务前期望服务人员表现正面的情感，根据期望实际的服务质量评估模型，顾客在服务质量的评估过程中也会考虑服务人员表现出来的情感，服务人员的正面情感表现会直接影响顾客对服务质量的评估。

（3）增加顾客的逗留时间。服务人员表现正面情感，顾客感到心情愉快，愿意留在服务场所，就更有可能购买产品或服务。

（4）增进顾客的再购意向。顾客在服务场所拥有良好的情感感受，顾客自然就愿意再次光临。服务人员的情感性劳动会增进顾客的再购意向。

（5）做出有利于企业的口头宣传。由于顾客拥有良好的情感感受，顾客乐于做出有利于企业的口头宣传，从而为企业赢得更多的顾客。[①]

3. "共情"服务与服务质量提升

共情（empathy）一词，中文有许多种译法，如移情、同情、同感、共感、投情、拟情等。在服务行业，共情是客人评价服务企业服务质量的五因素之一，对于共情，许多学者有着精辟的阐述。最新的观念强调，共情远远不只是一个单一的概念或技能，而是一种被多种方式定义的复杂结构。人本主义心理学创始人罗杰斯（Rogers，1957）很早就提出了共情的

---

① 刘义趁. 服务人员情感性劳动的作用机制及应用［J］. 商业经济文荟，2004（2）.

概念：他认为共情是指个体体验他人的精神世界，如同体验自身精神世界一样的能力。恩格（Egan）将共情分为两个水平，即初级共情和高级共情。初级共情跟上面的定义基本一致。高级共情包括表明自己的态度，以影响对方。设身处地为他人着想是共情的本质含义。

所以我们可将共情定义为：设身处地地理解顾客，为顾客着想，满足顾客的需要。它包括两层意思：一是服务人员对顾客的情感需要和感觉很敏感，在顾客需要帮助的时候，他们的感觉和情绪无论是用语言还是用形体表现出来，服务人员都能迅速识别并主动提供帮助；二是服务人员以一种适合且有益于顾客的方式对顾客的需要做出反应。[①]

4. 共情与横向整体化服务中服务质量的关系

从心理学角度来说，服务质量与"满意"一词有关，只有当享用服务的人完全满意时，服务才算彻底。心理学研究认为，从横向整体化的服务角度来看，服务质量可从服务态度、服务语言、服务时间和服务时机等方面体现出来。当服务人员提供服务时，能以真诚的服务态度、关爱的语言、把握好服务的时机和时间，那他们提供的服务就是共情的服务，是能够让顾客满意的服务，是高质量的服务。

（1）当顾客刚刚接触到服务人员时，这位服务人员即使什么事还没有为顾客做，甚至什么话都还没有说，但只要他的情绪状态很好，就可以说他已经为顾客提供了一种"共情心理服务"。

因为，我们常讲"出门看天气，进门看脸色"，顾客是要"进门看脸色"的，当顾客看到的不是一张"冷面孔"，而是"笑容可掬，满面春风"时，顾客那份由陌生引起的紧张感就放松了。相反，如果服务人员给顾客的第一印象是垂头丧气，愁眉苦脸，"好像谁欠了他的"，不说别的，就凭这一点，他就把顾客给得罪了。顾客会想："怎么回事？怎么一见到我就这副模样？"尽管这位服务人员并不是成心要和哪位顾客"过不去"，他只是在为自己的事而烦恼；但是，顾客怎么会知道你有什么烦恼呢？顾客只会觉得这是你对他的不尊重。

情感性劳动包括表面表演（伪装情感）和深度表演（表现真诚情感）两种调节机制。作为服务人员，不管利用那种情感表达方式，均不应该把自己的烦恼带到工作中来。著名导演斯坦尼斯拉夫斯基曾经说过："演员一走进化妆室，就应该像脱掉自己的大衣一样，把个人的忧愁烦恼全都抛在一边！"服务人员在进入自己的角色时，也应该这样。

（2）当服务人员和顾客在一起的时候，他的情绪状态如何，就不仅仅是他个人的事情了。这是因为他的情绪会向周围扩散，会使周围的人受到感染。

作为服务人员，你之所以必须调整好自己的情绪状态，这不仅是因为你的情绪状态会通过你的表情向顾客传递重要的信息，而且是因为你的情绪状态会通过你的表情使你周围的顾客受到感染。绝不要以为一个人的情绪状态如何只是他"私人的事"。当他一个人待在他自己的那个小房间里的时候，也许我们可以说他的情绪状态如何只是他个人的事；当他和别人在一起的时候，他的情绪状态如何就不再是他个人的事情了。他的情绪状态会产生一种"社会效果"。这是因为他的情绪会向周围"扩散"，会使周围的人受到"感染"。这种感染作用是通过人的模仿本能而实现的，所以它常常是非常强大的，甚至是不可抗拒的。为什么我们总是愿意和那些乐观的、开朗的人待在一起，而不愿意和那些"有事没事老发愁"的人待在一起呢？就是因为我们总是免不了受别人的感染。

[①] 吕勤、左艳艳. 共情与饭店服务人员服务质量的关系［J］. 北京第二外国语学院学报，2006（1）.

有高高兴兴的服务人员才会有高高兴兴的顾客。作为服务人员，你要为顾客提供"心理服务"，要让顾客高高兴兴，一个最起码的要求，你自己先要高高兴兴。所以，在上岗之前，一定要从镜子里看一看自己是不是一副高兴的模样。如果不是，那就一定要先调整好了自己的情绪再上岗。即使已经调整好了，也还要注意是否能"保持"这种良好的情绪状态。所以，当服务人员与顾客在一起的时候，必须时时注意自己是否处于良好的情绪状态。

（3）服务人员要根据自己的情绪状态发生的变化及时地对情绪进行调整

也许你会说："我的情绪状态发生了什么样的变化，我还会不知道吗？"事实上，问题并不像你所想象的那么简单。当一个人的情绪状态发生变化时，他的注意力往往全部集中在使他的情绪发生变化的那个对象上面。所以，人们往往并不能及时地察觉到自己的情绪发生了什么样的变化，也不去考虑这种变化会对周围的人产生什么样的影响，当然也就谈不上及时地加以调整。

人的情绪状态的变化，主要是在七种不同的状态之间变来变去，心理学家曾用七种不同的颜色来代表这七种不同的情绪状态，排列起来就成了下面这样一个"情绪谱"：

"红色"情绪——非常兴奋

"橙色"情绪——快乐

"黄色"情绪——明快、愉快

"绿色"情绪——安静、沉着

"蓝色"情绪——忧郁、悲伤

"紫色"情绪——焦虑、不满

"黑色"情绪——沮丧、颓废

如果服务人员能把这个七色"情绪谱"牢记在心，并经常用来"对照检查"，看自己处于"情绪谱"上的哪一种情绪状态，久而久之，服务人员就会养成一种"敏感性"，能够及时地觉察自己情绪状态发生了什么样的变化。有了这种"敏感性"，服务人员才可能对自己的情绪状态做及时地调整。

七色"情绪谱"除了能帮助服务人员养成一种"敏感性"之外，还有一个用处，就是服务人员可以根据它来思考：当服务人员在工作岗位上的时候，应该处于什么样的情绪状态？一般来说，服务人员在与顾客接触时，应该以"情绪谱"上的"黄色"情绪作为自己情绪状态的"基调"。这样就能给顾客一个精神饱满、工作熟练、态度和善的良好印象。情绪变化的幅度不能太大，向上不能超过"橙色"，向下不能超过"绿色"。

要掌握"情绪谱"上的"黄色"情绪与"橙色"情绪的区别，先以"黄色"情绪为"基调"，在需要让顾客看到服务人员非常高兴的时候，再从"黄色"变为"橙色"。

在遇到问题和麻烦的时候，则应使自己处于"绿色"情绪状态，避免忙中出错，或因急躁而冲撞了顾客。

"蓝色"、"紫色"和"黑色"，显然都是在工作中不应有的、消极的情绪状态；而"红色"情绪容易使人失去控制，所以，也是服务工作中不应有的情绪状态。

四、语言与文明服务

语言，是人们交流思想的工具。俗话说："良言一句三冬暖，恶语伤人六月寒"。在服务工作中语言的作用尤其重要，它不仅涉及服务人员的自身素质与修养，还直接反映出全体服务人员的精神面貌和文明程度。

（一）标准、确切

（1）语言标准。主要要求有二：一是要讲普通话；二是要发音正确。语言不标准，就有可能让顾客听不懂自己的话，甚至会因此而产生一些不必要的误会，影响服务质量。

（2）表达严谨、简洁。解答问题条理清楚，不说模棱两可的话，避免咬文嚼字、词不达意。

（3）称谓准确。

① 区分对象。服务人员平日所接触的顾客往往包括了各界人士。由于彼此双方的关系、身份、地位、民族、宗教、年纪、性别等存在着一定的差异，因此在具体称呼顾客时，服务人员最好是有所分别，因人而异。常用的称谓主要有：泛尊称，例如，"先生""小姐""夫人""女士"，例如，"大爷""大妈""阿姨"等；职业加泛尊称，例如，"司机先生""秘书小姐"等；姓氏加职务或职称，例如，"张经理""李科长""赵教授"等；姓氏加辈分，例如，"刘大妈""洪叔叔""孙伯伯"等；在姓氏之前加上"老"字或"小"字，例如，"老张""小王"等。

② 照顾习惯。在实际生活中称呼他人时，必须对于服务的对象的语言习惯、文化层次、地方风俗等各因素加以考虑，并分别给予不同的对待。切不可自行其是，不加任何区分。

③ 严防犯忌。在需要称呼他人时，服务人员必须了解一些主要禁忌，以防犯忌，否则很有可能会失礼于人。在称呼方面有可能触犯的禁忌主要有两类。

第一，不使用任何称呼。有些服务人员有时懒于使用称呼，直接代之以"喂""嘿"等。

第二，不使用不雅的称呼。一些不雅的称呼，尤其是含有人身侮辱或歧视之意的称呼，例如，"眼镜""矮子""大头""胖子""瘦猴"等。

（二）礼貌、文雅

礼貌是表示敬意的通称，是待人谦虚、恭敬的态度。服务工作中的礼节礼貌贯串于各个环节。礼貌、文雅即言之有礼，谈吐文雅。礼貌用语的使用要做到口到、心到、意到。

（1）态度诚恳、亲切。说话本身是用来向人传递思想感情的，所以，说话时的神态、表情都很重要。例如，当你向别人表示祝贺时，如果嘴上说得十分动听，而表情却是冷冰冰的，那对方一定认为你只是在敷衍而已。所以，说话必须做到态度诚恳和亲切，才能使对方对你说的话产生表里一致的印象。

（2）用语谦逊、文雅。即多用敬语、谦语和雅语。敬语、敬辞，这是对服务人员的一项基本业务要求，也是服务礼仪的一项主要规范。敬人之语，主要包括礼貌用语、文明用语以及自谦用语等。运用敬语，重在落实，贵在持久。要提倡在服务岗位上，人人都要常讲、多讲敬人之语，并且要表里如一，长期坚持，永不懈怠。对于服务人员来讲，主要包括两方面的基本要求，即尽量使用文雅词语，努力回避不雅之语。多用雅语。主要是要求广大服务人员在与顾客交谈时，尤其是在与之进行正式的交谈时，用词用语要力求谦恭、敬人、高雅、脱俗。在注重实用的同时,应当有意识地采用一些文雅的词语。这样做,可以展示自己的良好教养。

回避不雅之语,主要是指服务人员在其与人交谈之时,不应当采用任何不文雅的词语。不得使用粗话、脏话、黑话、怪话与废话,同时在总体上要力求达到语言内容文明、语言形式文明、语言行为文明,三者并重,三位一体,深化文明用语的内涵。

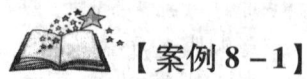【案例8-1】

小孙的服务

酒店餐厅午餐营业时间,一个来自中国台湾的旅游团在此用餐。当服务员小孙发现一位70多岁的老年人的饭碗已空了时,就轻步上前柔声问道:"请问老先生,您还要饭吗?"那位老先生摇了摇头,小孙又问道:"那么老先生,您完了吗?"

只见那位老先生冷笑起来:"小姐,我今年已经70多岁了,自食其力,这辈子还没落到要饭的地步,怎么今个儿我倒要向你要饭了呢?我的身体还硬朗着呢,一下子还不会完的!"小孙听了顾客的回答感到很奇怪,心想,我问你要不要饭,意思是要不要添饭,您怎么把自己和乞丐联系起来了呢?小孙脸上不自然地笑了笑,对于顾客的不满她不知何意。

(3) 语调平和沉稳。无论是普通话、外语、方言,咬字要清晰,音量要适度,以对方听清楚为准,切忌大声说话;语调要平稳,尽量不用或少用语气词,使听者感到亲切自然。

① 口齿清晰,吐词清楚,不紧不慢,比较适当的速度约为每分钟120~160个字。

② 语调柔和。语调,一般指的是人们说话时的具体腔调。通常,一个人的语调,主要体现于他在讲话时的语音高低、轻重、快慢的具体配置。要求服务人员语调柔和,主要应当在语音的高低、轻重、快慢方面多多加以注意。特别是当顾客对服务有意见或不满时,服务人员更应该注意说话的语调,以缓和顾客心中的不满。

③ 语气正确。语气,即人们说话之时的口气,语气一般具体表现为陈述、疑问、祈使、感叹、否定等不同的语句形式。服务人员在工作岗位上与顾客口头交谈时,一定要在自己的语气上表现出热情、亲切、和蔼和耐心。要尽力克服急躁、生硬和轻慢等不良情绪。

(三) 专业、适度

专业用语主要用以说明某些专业性、技术性的问题。只有恰到好处地使用了某些必须使用的专业用语,才能更好地说明问题,才能充分显示职业的优势,赢得顾客的充分理解与信任。服务用语既要有专业特点,又要通俗易懂。服务中最忌讳的就是故意用一些所谓的专业用语,让顾客听不明白。

服务中使用专业用语同顾客进行交流与沟通,必须认真遵守"三T"原则和适度原则。

(1) "三T"原则。所谓"三T",是英文"tact""timing""tolerance"三个单词的缩写。它们的含义,分别是"机智""时间""宽恕"。

机智,主要是要求其在面对形形色色的服务对象时,一定要注意察言观色,反应机敏。

既要首先对对方准确地进行必要的角色定位，又要以双向沟通为主要目的。还必须注意的是，在使用专业用语时，一定要抓住重点，少而精，并且尽量为对方所理解，这样才能提高自己的办事效率。

时间，专业用语的使用具有一定的时间限制。只有在工作岗位上，才使用专业用语，才会使之发挥功效。如果忽略了这一点，不分时间、不看对象，开口闭口满嘴专业用语，非但没有任何必要，而且也不易为常人所接受。

宽恕，主要是指服务人员在具体运用行业用语服务于人时，务必要将心比心，待人如己，事事设身处地多为对方着想。假定发觉自己所使用的行专业用语不为对方所理解，则应立即加以调整，直到完全把本人的意思或对方的问题阐述和回答清楚为止。

（2）适度原则。适度原则的基本含义是，行业用语的使用，必须适得其所。服务人员在具体使用专业用语时，一定要牢牢把握好分寸，表现得体。运用行业用语要真正做到得体，关键是要切记当用则用，尽量少用。

在服务岗位上与顾客交谈时，专业用语究竟应当占上一个什么样的比重，是一个较为复杂的问题。应该具体情况具体分析，不宜一概而论。最重要的是应当因人而异。与懂行的人交谈时，一般需要多使用一些专业用语。与不懂行的人交谈时，则通常应当有意识地尽量少用一些专业用语。在具体运用专业用语时，要把握好分寸的问题，切忌不懂装懂，随口乱讲，更不可随意编造，以假充真，以讹传讹，保证信息的准确。

（四）常用礼貌用语类型

在服务岗位上，准确而适当地运用礼貌用语，是对广大服务人员的一项基本要求，同时也是其做好本职工作的基本前提之一。要求服务人员在其工作岗位上使用的礼貌用语，主要是指在服务过程之中表示服务人员自谦恭敬之意的一些约定俗成的语言及其特定的表达形式。

根据服务的场合与功能，常用的礼貌用语一般可以划分为问候用语、迎送用语、请托用语、致谢用语、征询用语、应答用语、赞赏用语、祝贺用语、推托用语、道歉用语十种类型。电话用语是多种类型用语的综合应用。

（1）问候用语。问候，又叫问好或打招呼。主要表达对顾客的关切之意。问候语使用要有度，过多地使用问候语，势必会影响顾客的主观意愿。具体来讲，适宜用问候用语的主要时机有五个：一是主动服务于他人时；二是他人有求于自己时；三是他人进入本人的服务区域时；四是他人与自己相距过近或是四目相对时；五是自己主动与他人进行联络时。

（2）迎送用语。用于迎候顾客。具体而言，它们又可划分为欢迎用语与送别用语，二者分别适用于欢迎顾客之时或送别顾客之际。

① 欢迎用语。一般而言，服务人员在使用欢迎用语时，应注意以下三点：

一是使用欢迎用语时，通常应当一并使用问候语，最常用的欢迎用语有："欢迎！""欢迎光临！""欢迎您的到来！""见到您很高兴！""恭候光临！"

二是在顾客再次到来时，应以欢迎用语表明自己记得对方，以使对方产生被重视的感觉。具体做法，是在欢迎语之前加上对方的尊称，或加上其他专用词。例如，"小姐，我们又见面了！""欢迎您再次光临！"

三是须同时向被问候者主动施以见面礼，如注目、点头、微笑等。

② 送别用语。又叫告别用语。在顾客离开时应使用送别用语，同时施以适当的告别礼节。最为常用的送别用语，主要有"再见""慢走""走好""欢迎再来""一路平安""多多保重"，等等。

（3）请托用语。通常指的是在请求他人帮忙或是托付他人代劳时，照例应当使用的专项用语。在服务工作岗位上，任何服务人员都免不了可能会有求于人。

在一般情况下，服务人员经常使用的请托用语主要可以分为以下三种：

一是标准式请托用语。它的内容，主要就是一个"请"。当服务人员向服务对象提出某项具体要求时，只要加上一个"请"字，例如，"请稍候""请让一下"等，往往更容易为对方所接受。

二是求助式请托用语。这一形式的请托用语，最为常见的有："劳驾""拜托""打扰""借光""请关照"，等等。它们往往是在向顾客提出某一具体的要求时，比如请顾客让路、请顾客帮忙、打断顾客休息，请青年顾客为老年顾客让座等。

三是组合式请托用语。有些时候，服务人员在请求或托付顾客时，往往会将标准式请托用语与求助式请托用语混合在一起使用，这便是所谓组合式请托用语。"请您帮我一个忙""拜托您为这位大爷让一个座位"等。

（4）致谢用语。又称道谢用语、感谢用语。在人际交往中，使用致谢用语，意在表达自己的感激之意。对于服务人员来讲，在下列六种情况下，理应及时使用致谢用语，向顾客表白本人的感激之意：一是获得顾客帮助时；二是得到顾客支持时；三是赢得顾客理解时；四是感到顾客善意时；五是婉言谢绝顾客时；六是受到顾客赞美时。

致谢用语在得到实际运用时，内容会有变化。不过从总体上讲，它基本上可以被归纳为以下三种基本形式。

① 标准式的致谢用语。通常只包括一个词语——"谢谢！"在任何需要致谢之时，均可采用此种致谢形式。在许多情况之下，如有必要，在采用标准式致谢用语向顾客道谢时，还可以在其前后加上尊称或人称代词，如"谢谢您！"等。这样做，可以使其对象性更为明确。

② 加强式的致谢用语，有时，为了强化感谢之意，可在标准式致谢用语之前，加上某些副词，即所谓加强式的致谢用语。对其若运用得当，往往会令人感动。最常见的加强式致谢用语有："十分感谢！""万分感谢！""多谢！"

③ 具体式的致谢用语。具体式的致谢用语，一般是因为某一具体事宜而向人致谢。在致谢时，致谢的原因通常会被一并提及。例如，"有劳您了""让你们费心了""上次给您添了不少麻烦"，等等。

（5）征询用语。在服务过程之中，服务人员往往需要以礼貌的语言主动向顾客进行征询。在进行征询之时，唯有使用必要的礼貌语言才会取得良好的反馈。征询用语，就是服务人员此时应当采用的标准礼貌用语，使用征询用语的能力是反映服务水平高低、服务质量好坏的一个重要因素。征询用语，也叫作询问用语。

服务人员在自己的岗位上服务于人时，遇到下述五种情况时，一般应当采用征询用语。一是主动为顾客提供服务时；二是了解顾客需求时；三是给予顾客选择时；四是启发顾客思路时；五是征求顾客意见时。

服务人员在具体使用征询用语时，务必要把握好时机，并且还兼顾顾客态度的变化。在正常情况下，服务人员应用最广泛的征询用语主要有以下三种。

① 主动式的征询用语，它多适用于主动向服务对象提供帮助之时。例如"有什么需要帮助吗？""您需要什么款型的吗？"它的优点是节省时间、直截了当。缺点则是稍微把握不好时机的话，便会令人感到有些唐突、生硬。

② 封闭式的征询用语，它多用于向服务对象征求意见或建议之时。它往往只给对方一个选择方案，以供对方及时决定是否采纳。例如，"您觉得这发型怎么样？"

③ 开放式的征询用语，也叫选择式的征询用语。它的做法，是提出两种或两种以上的方案，以供对方有所选择。这样做，往往意味着尊重对方。例如，"您需要奶茶，还是咖啡？""您是要散装、简易包装，还是要精装的？"

（6）应答用语。特指服务人员在工作岗位上服务顾客时，用于回应顾客的召唤，或是在答复其询问之时所使用的专门用语。在服务过程中，服务人员所使用的应答用语是否规范，往往直接地反映着他的服务态度、服务技巧和服务质量。

就应答用语的具体内容而论，它主要可以分为以下三种基本形式。在某些情况下，它们往往相互之间可以交叉使用。

① 肯定式的应答用语。它主要用来答复顾客的请求。重要的是，一般不允许服务人员对顾客说一个"不"字，更不允许对其置之不理。这一类的应答用语主要有："是的""好""很高兴能为您服务""我知道了""好的，我明白您的意思""我会尽量按照您的要求去做""一定照办"，等等。

② 谦恭式的应答用语。当顾客对被提供的服务表示满意，或是直接对服务人员进行口头表扬、感谢时，一般宜用此类应答用语进行应答。它们主要有："这是我的荣幸""请不必客气""这是我们应该做的""请多多指教""您太客气了""过奖了"。

③ 谅解式的应答用语。在顾客因故向自己致以歉意时，应及时予以接受，并表示必要的谅解。常用的谅解式应答用语主要有："不要紧""没有关系""不必，不必""我不会介意"，等等。

（7）赞赏用语。主要适用于服务人际交往之中称道或者肯定他人之时，在服务过程中，对待少年儿童顾客尤其应该多使用赞赏用语，以鼓励小顾客。服务人员在工作岗位上对顾客使用赞赏用语时，讲究的主要是少而精和恰到好处。

在实际运用中，常用的赞赏用语大致上分为下列三种具体的形式。有时，它们可以混合使用。

评价式的赞赏用语。它主要适用于服务人员对顾客（尤其是小顾客）的所作所为，在适当之时予以正面评价之用。经常采用的评价式赞赏用语主要有："太好了""真不错""对极了""相当棒"，等等。

认可式的赞赏用语。当顾客发表某些见解之后，往往需要由服务人员对其是非直接做出评判。在顾客的见解的确正确时，一般应对其做出认可。例如，"还是您懂行""您的观点非常正确"，等等。

回应式的赞赏用语。回应式的赞赏用语，主要适用于顾客夸奖服务人员之后，由后者回应对方之用。例如，"哪里""我做得不像您说的那么好""还是您技高一筹"，等等。

（8）祝贺用语。在服务过程之中，服务人员往往有必要向顾客适时地使用一些祝贺用语。在不少场合，这么做不但是一种礼貌，而且也是一种人之常情。

应酬式的祝贺用语。在各种一般性的场合，它们往往被用来祝贺顾客顺心如愿。其具体内容往往各异，因此在使用它的时候，通常要求对对方的心思多少有所了解。常见的应酬式祝贺用语主要有："祝您成功""祝您走运""一帆风顺""心想事成"，等等。

节庆式的祝贺用语。它主要在节日、庆典以及对方喜庆之日时使用。它的时效性极强，通常缺少不得。例如，"节日愉快""活动顺利""仪式成功""新年好""周末好""假日愉快"，等等。

（9）推托用语。拒绝别人，也是一门艺术。在拒绝他人时，如果语言得体态度友好，拒绝者往往便可以"逢凶化吉"，使被拒绝者失望心理迅速淡化。

道歉式的推托用语。当顾客的要求难以被立即满足时，不妨直接向顾客表示自己的歉疚之意，以求得对方的谅解。

转移式的推托用语。所谓转移式的推托用语，就是不具体地纠缠于对方所提及的某一问题，而是主动提及另外一件事情，以转移顾客的注意力。例如，"本产品其实跟您刚才想要的差不多"，等等。

解释式的推托用语。解释式的推用语，就是要求在推托顾客时，说明具体的缘由，尽可能地让顾客觉得自己的推托合情合理。

（10）道歉用语。道歉用语有多种多样，在需要使用时，服务人员应当根据不同对象、不同事件、不同场合而认真地进行选择。最为常用的道歉用语主要有："抱歉""对不起""请原谅""失礼了""不好意思""多多包涵"，等等。

（11）电话用语。接听电话是远程服务的一种方式，虽然不与顾客面对面，但电话语言是否文明规范，同样关系到企业的形象。打电话要做到声音柔和、亲切，不装腔拿调。电话铃一响，应尽快接听，并先说"您好"。接听电话时要仔细聆听对方的讲话，适当的时候应有所回应，重要的事情要有笔录，包括时间、内容、接听人。特别重要的事在记录后要复述一遍，让对方确认是否无误。应让对方自己结束谈话后，说再见后，再放电话，电话要轻拿轻放。如果有急事需打断对方的电话，因先说明理由并道歉。打电话要先问好并自报家门。讲话要自然流畅，用词简短。在服务窗口通电话，要尽量放低声音，以免影响顾客。

【小知识】

服务语言的"六要"及"六不要"

服务语言的"六要"：

明了性：要讲得清，听得明，不用听者重复反问。

主动性：主动先开口，主动询问顾客，寻觅服务对象。

尊敬性：对顾客多用尊称，少用贬称，禁用鄙称，多使用敬语。服务员使用的"你"字都要加"心"字底，以"您"相称。

局限性：服务语言的内容局限于服务工作范围，不可随意出界。如与顾客谈得投机，稍有出界，应及时返回。

　　愉悦性：用词、造句和说话的语气都要讲究，多用美词雅句，文质彬彬，造成一种高雅的文化气氛，顾客进入酒店受到感染，愉悦心情油然而生。加上我们对顾客只称赞不指责，不用否定句、训诫句、命令句，不讲"不"字，服务又热情周到，就可以使顾客在精神上、心理上得到满足。

　　兑现性：服务语言必须讲得出就做得到，不能为了一时讨好顾客而随意许愿承诺，开空头支票必将弄巧成拙。

　　用上述六个特点去对照，下面是六个"不要"：

　　言语含糊，语音不清晰，顾客听不懂，违反了"明了性"，不是服务语言。

　　顾客传唤服务员时，你反问一句"干什么？"不是服务语言。因为顾客传唤已经被动了，再反问"干什么"表现出了不耐烦情绪，违反了"主动性"。听了顾客一些话语不满意，回一句"你这个人真怪"，不是服务语言。"你这个人"含贬义，是鄙称，不说"您"而"你"也是不尊重，再讲"怪"是三重不尊重，违反了"尊敬性"。

　　与顾客交谈中，问顾客年龄、婚姻或薪金情况等不是服务语言，违反了服务语言的"局限性"，超出了服务工作的范围。

　　说话用词不当引起顾客反感、不悦，因此不是服务语言。如当顾客退房时服务员发现什么物品少了，劈头就问："某某东西不见，你拿了没有？"这就违反了"愉悦性"。

　　顾客离店时随便说一句："下次您再来，给予优惠。"时过境迁，如何兑现？因此也不是服务语言。

五、意志、能力与服务水平

（一）意志与服务水平

　　意志是个体自觉地确定目的，并根据目的支配、调节行动，克服困难，实现预定目的的心理过程。作为服务人员，要想在服务环境中，把自己锻炼成一名优秀的工作者，不断克服由各种主客观原因造成的困难，就要不断发挥主观能动性，增强自己的意志素质。

　　一个自觉性较强的服务人员，往往具有较强的主动服务意识，在工作中能不断提高业务水平，并积极克服工作中所遇到的困难。

　　具有意志果断性的服务人员在面对各种复杂问题时能全面而又深刻地考虑行动的目的极其达到目的的方法，懂得所做决定的重要性，清醒地了解可能的结果，能及时正确处理各种问题。

　　具有坚韧意志的服务人员能排除不符合目的的主客观诱因的干扰，做到面临纷扰，不为所动，同时能围绕既定目标做到锲而不舍，有始有终。

　　有自制力的服务人员能克制住自己的消极情绪和冲动行为，不论在何种情况下，无论发生什么问题，无论遇到多么刁难的顾客，都能克制并调节自己的行为，做到不失礼于人。一般具有自制力的服务人员，组织性、纪律性特别强，情绪较稳定。

（二）能力与服务水平

服务水平的高低依赖于与之相适应的能力结构，我们认为，一名合格的服务人员的基本能力应由以下几个方面组成。

（1）较强的认知能力。高水平的服务应该是服务人员尽量把工作做在顾客开口之前。这就要求服务人员有较强的认知能力，能充分把握顾客的活动规律。服务人员较强的认知能力包括三方面内容：一是观察能力。服务人员要善于观察顾客的特点，并养成勤于观察的习惯，从而全面、迅速地把握情况。二是分析的能力。服务人员应善于透过现象看本质，分析顾客的好恶倾向以及引起情绪变化的原因，并善于因势利导，采取恰当的方式和措施。三是预见能力。有较强的预见能力，工作才能主动，才能根据事物的发展规律提早决定自己应采取的行为方式。在服务人员工作中，预见能力还可以提早消除各种不利因素，防患于未然。

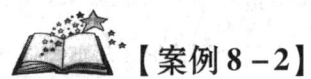

【案例8-2】

非洲卖鞋

两个欧洲人到非洲去推销皮鞋，由于炎热，非洲人向来是打赤脚。第一个推销员看到非洲人都打赤脚，立刻失望起来："这些人都打赤脚，怎么会要我的鞋呢？"于是放弃努力，失败沮丧而回。

另一个推销员看到非洲人都打赤脚，惊喜万分："这些人都没有皮鞋穿，这皮鞋市场大得很呢。"于是想方设法，引导非洲人购买皮鞋，最后发大财而回。

案例启示：

同样是非洲市场，同样面对打赤脚的非洲人，由于预见能力不同，一个人灰心失望，不战而败，而另一个人满怀信心，大获全胜。

（2）良好的记忆能力。良好的记忆能力对于搞好服务工作是十分重要的；良好的记忆能力能帮助服务人员及时回想出在服务环境中所需要的一切知识和技能；良好的记忆力是服务人员搞好优质服务的智力基础，也是百问不厌的心理支柱。为此，强化服务人员的记忆力是提高服务能力的重要方面。

（3）较强的自控能力。自控能力是服务人员必须具备的优良品质之一。服务人员的自控能力体现了他的意志、品质、修养、信仰等诸方面的水平，尤其在与顾客发生矛盾时，能否抑制自己的感情冲动和行为，以大局为重，以顾客为重，真正做到"顾客至上"，这是对服务人员心理素质优劣的重要的检验标准之一。但自我控制并不是怯懦，而是大事讲原则，小事讲风格，这是一种品质高尚的表现。

（4）较强的应变能力。服务人员的应变能力是指处理突发事件和技术性事故的能力。它要求服务人员在问题面前，沉着果断，善于抓住时间和空间的机遇，排除干扰，使问题的解决朝自己的意愿发展。同时，在处理问题的过程中，既讲政策性，又讲灵活性，善于听取他人的意见，从而正确处理各种关系和矛盾。

（5）较强的公关交际能力。服务工作是一种与顾客打交道的艺术。服务人员除了与顾客交往之外，还必须协调好与服务部门和其他相关部门之间的关系。一个缺乏社交能力的人，往往会人为地在自己与社会、自己与周围环境、自己与他人之间筑起一道心理屏障，这样的人是与服务工作的要求格格不入的。

总之，能力是具有复杂结构的各种心理品质的总和。服务人员应具有的能力素质，作为一种互相制约的多元化的能力系统，其构成要素之间是相互联系、紧密结合在一起而发挥作用的。

六、很强的职业意识

意识是存在的反映，同时意识也对客观存在产生强大的反作用。职业意识一旦形成，就会成为制约服务人员行为的一种积极力量。一般来讲，服务人员应具备以下职业意识：

（一）角色意识

20世纪初，美国著名社会学者G.米德把戏剧中的"角色"一词引入社会心理学领域，以此来说明人的社会化行为。人是社会人，都隶属于某一社会和团体。每个人在某一社会和团体中，都有一个标志自己的地位和身份的位置，即社会角色，而社会也就对占有这一位置的人抱有期望并赋予同他所处的社会位置相适应的一套权利、义务和行为准则，并以此来评判他的角色承担情况。

在服务活动中，顾客和服务人员是不同的社会角色，他们之间的关系是一种与私人关系不同的角色关系。作为服务人员要树立正确的角色意识，使自己在心理上和行为上适应自己所充当的角色。对服务人员的角色定位，是服务人员实现角色化的基础。从心理学角度分析，顾客对服务的满意程度，同服务人员进入角色、发挥角色作用的程度有关。如果服务人员在心理上不能适应他们所充当的角色，不善于处理自己与顾客之间的角色关系，就会带来服务质量上的问题。

人是有个性的，而角色是非个性的。社会角色非个性，是指不管充当某种角色的人是谁，不管他有什么样的个性，只要他充当了这个角色，他就必须照社会角色所赋予的角色规范去行动。作为服务人员这一社会角色，他就必须恭恭敬敬地为顾客服务，尊重顾客，这是社会角色的要求，是合理的。因为服务行业是一种社会分工的产物，在社会上各种行业各司其职，互补存在。

虽然服务人员与顾客之间的这种角色关系是不平等的，但就人格而言，服务人员与顾客应该是平等的。作为服务人员，既然选择了这一社会角色，就要努力去学习角色、适应角色、实现角色，就要努力使自己的个性尽量同服务人员角色的特性相融合。不考虑双方所扮演的社会角色，只强调"你是人，我也是人"是不恰当的。不能因为自己扮演了提供服务的角色，就认为自己是生活中的弱者，也不能为了表明自己不是弱者，就故意用傲慢的、生硬的态度去对待自己的顾客。只要服务人员具有正确的角色意识，并在服务过程中充分发挥角色作用，就能实现社会所赋予的服务人员角色。

(二) 质量意识

服务质量是指服务部门向顾客提供的服务，在精神上和物质上适合和满足顾客需要的程度。

质量意识就是要让服务人员明白质量就是企业的生命，质量就是效益。服务质量好，企业才能生存和发展。服务人员在思想上要纠正"抓质量是管理者的事"的错误认识，确立提高服务质量是每位服务人员应尽的职责的观念，形成整个企业都来关心服务质量的良好风气，为提高服务质量创造良好的思想条件和物质条件。可以说，人是质量诸要素的关键。日本松下公司成功的秘诀之一就在于全体员工具有强烈的质量意识。该公司有一句名言："我公司先制造人，再创造产品。"他生动形象地说明了人在质量中的重要地位。

质量意识是服务人员做好服务工作的思想基础，也是体现服务人员职业道德和素质的标志。服务人员要不断强化自己的质量意识，就必须做到热爱自己的工作，努力提高自己的工作能力，严格执行服务标准和规范，自觉地在工作中为顾客提供最满意的服务。

(三) 信誉意识

信誉是企业无形形象中的主体内容。一个信誉好的企业，能为顾客创造出一种消费信心，使顾客产生一种信任感，并乐于光顾。从经营管理方面来看，企业的信誉表现为重合同、守信用；从服务方面来看，企业的信誉表现为服务的可靠度高，对待顾客一视同仁。

强化服务人员的信誉意识，就是要以维护服务企业的声誉为出发点，努力提高自己的业务能力，自觉履行企业的服务承诺和服务标准，以增强顾客对企业的信任感。为此，服务人员必须向所有顾客提供热情、微笑、殷勤、周到的服务，对所有顾客做到一视同仁。

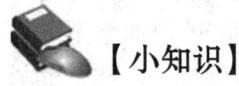
【小知识】

服务人员的十大良好心态

无论是哪个行业领域，拥有了以下十种良好心态，将会驱动自己事业成功、心理和谐。

(1) 积极的心态。首先我们需要具备积极主动的心态。积极心态就是向好的，正确的方面扩张开来。我们的事业、我们的企业肯定都有很多好的方面，也有些不够好的地方，我们就需要用积极的心态去面对。

(2) 主动的心态。主动心态就是"在没有人告诉你而你正做着恰当的事情"，同时第一时间投入进去。我们的事业、我们的人生不是上天安排的，而是我们积极争取的。主动是为了给自己增加实现自我价值的机会。社会和企业只能给你提供道具，而舞台需要自己搭建。演出需要自己排练，能演出什么样的精彩节目，有什么样的收视率，决定权在你自己手中。

(3) 空杯的心态。人无完人，任何人都有自己的缺陷和相对较弱的地方。也许你在某个行业已经满腹经纶，也许你具备了丰富的专业技能，但你依然需要怀着空杯心态去学习，把自己融入企业当中，不要把自己当成局外人。

（4）双赢的心态。亏本的买卖没人做，这是商业规则。我们必须站在双赢的心态上去处理我们与企业之间、企业与商家之间、企业和顾客之间的关系。我们不能为了自身的利益去损坏企业的利益。没有"企业这个大家"哪有"我们自己的小家"？企业首先是一个利润中心，企业都没有了利益，我们也肯定没有利益。同样，我们也不能破坏企业与商家之间的双赢规则，只要某一方失去了利益，必定就会放弃这样的合作。顾客满足自己的需求，而企业实现自己的产品价值，这同样也是一个双赢，任何一方的利益受到损坏我们都会将为其付出代价。

（5）包容的心态。作为企业员工集体的一员，我们会接触到各种各样的人或事，也会接触到各种各样的顾客。每个人和每个顾客的爱好和需求都不同。我们与人相处，为客户提供服务，满足客户需求，这就要求我们学会包容，包容他人的不同喜好，包容别人的挑剔。同事也有自己不同的喜好，有不同的做事风格，也应该去包容。

水至清则无鱼，海纳百川有容乃大。我们需要锻炼同情心，我们需要去接纳差异，我们需要包容差异。

（6）自信的心态。自信是一切行动的原动力，没有了自信就没有了行动。我们要对自己服务的企业充满自信，对我们的产品充满自信，对自己的能力充满自信，对同事充满自信，对未来充满自信。时刻提醒自己是将优良的产品推荐给我们的顾客去满足他们的需求，我们的一切活动都是有价值的。很多员工自己都不相信自己的产品，又怎么能说服别人相信自己的产品呢？如果我们充满了自信，我们也就会充满了干劲儿，我们开始感觉到这些事情都是我们可以完成的，是我们应该完成的。

（7）行动的心态。行动是最有说服力的，千百句美丽的雄辩胜不过真实的行动。我们需要用行动去证明自己的存在，证明自己的价值；我们需要用行动去真正地关怀我们的顾客；我们需要用行动去关心我们企业的发展；我们需要用行动去完成我们的目标。如果一切计划、一切目标、一切愿景都是停留在纸上，不去付诸行动，那计划就不能执行，目标就不能实现，愿景就是肥皂泡。

（8）给予的心态。我经常也称它是"奉献心态"。要索取，首先学会给予、奉献。没有给予和奉献，你就不可能索取。我们要给予我们的同事以关怀；我们要给予我们的经销商以服务；我们要给予顾客满足需求的产品。同时，企业也非常的需要每位员工对自己所在企业的给予和奉献精神。唯有给予和奉献是永恒的，因为给予和奉献不会受到别人的拒绝，反而会得到别人的感激。

（9）学习的心态。孔子说"三人行必有我师"。竞争在加剧，实力和能力的打拼将愈加激烈。谁不去学习，谁就不能提高，谁就不会去创新，谁就会落后。要把你的同事、上级、客户和竞争对手看作是自己老师，取其善，弃其不善。学习不但是一种心态，更应该是我们的一种生活方式。21世纪，谁会学习，谁就会成功，学习成为增强自我竞争力的一种措施，也成为提升企业竞争力的基本途径。但我在此要指出的是，把"学习和嫉妒"要区分开。这点国人和西方人的不同在于：西方人是"你行，我要通过自己的努力比你更行"；国人却是"你行，我要想方设法让你不行"。这种现象在国内大多数企业里多存在。

（10）老板的心态。企业的每位员工要像老板一样去思考问题，办事情。不要认为自己是打工者，企业的命运与自己无关。事实上企业和员工之间是利益的结合体。在某种意义上是"水涨船高"的关系。因此只有你具备了老板的心态，才会去考虑企业的成长，考虑企业的费用，感觉到企业的事情就是自己的事情。就知道什么是自己应该去做的，什么是自己不应该做的。

什么样的心态将决定我们什么样的生活。唯有心态解决了，我们才会感觉到自己的存在；唯有心态解决了，我们才会感觉到生活与工作的快乐；唯有心态解决了，我们才会感觉到我们所做的一切都是理所当然。

（资料来源：服务语言的6要与6不要［BE/OL］. http：//www.canyin168.com/glyy/yg/ygpx/fwyy/201103/28613.html.）

第二节 服务人员的心理保健

健康是人类的基本需求之一，是每个人所渴望的。特别是服务业的从业人员，不论工作在什么服务部门，保持良好的身心状态尤为重要，可以想象一个心理不健康的服务人员会为顾客做出什么样的服务。然而，长期以来，人们对健康的认识往往只限于身体方面，而忽视了心理方面的健康。因此，必须开展和加强服务人员的心理卫生工作，维护和提高服务人员的心理健康水平，避免和控制各种心理疾病的发生。

一、心理保健的含义和标准

（一）健康和心理健康

长期以来，人们把健康理解为：躯体没有疾病，没有缺陷，不虚弱等。但随着社会文明程度的不断提高，健康已被赋予了新的含义。1989年联合国世界卫生组织对健康下了新的定义，即："健康不仅是没有疾病，而且包括躯体健康、心理健康、社会适应良好和道德健康"。当个体在这几方面都健全时，才算是真正的健康者。

时代赋予了健康新的含义，健康应包括以下四个层次：

（1）生理健康：这是健康的基础，指人体结构完整，生理功能正常；

（2）心理健康：具有同情心与爱心，情绪稳定，具有责任心和自信心，热爱生活，和睦相处，善于交往，有较强的社会适应能力，知足常乐；

（3）道德健康：最高标准是无私奉献，最低标准是不损害他人。不健康标准是损人利己或损人不利己；

（4）社会适应健康：是指不同时间内在不同岗位上时各种角色的适应情况。适应良好是指能胜任各种角色，适应不良是指缺乏角色意识（如在单位是好工作人员，在家不一定是好父亲或好母亲）。

由此可见，过去对健康的理解是肤浅的，"心理健康是健康的一半"已逐渐被人们认识和接纳，只有心理健康的人才能发挥个人的最大潜能，才能取得大的成就，成为出类拔萃的人才。因此，心理健康已成为21世纪人才的重要标志。

心理健康是一个相对的概念。它不像人的躯体，健康与不健康有明显的生理指标，比如脉搏、体温等，而且要区别心理是否健康也不那么容易，也就是说心理健康是一个相对的概念，其相对的参照系是正常，即心理健康的理想状态是以有无心理疾病为准的，而"正常"这一概念不论是对于整体还是对于个体都是有阶段性的，因为一个人随时可能产生心境不良，所以个体的心理健康也不是一条直线。这里的"正常"是用于评价阶段行为的，不是用来描述某一阶段行为的。要区分心理正常与异常尚无一个适用于任何人的任何心境的心理健康的标准，因为人的心理世界是复杂多样的，即使一个健康的人，也可能有突发性、暂时性的心理异常。因此，每个人随时随地都可能产生心理问题，心理冲突在当今社会像感冒、发烧一样不足为奇。评价一个人是否心理健康，常用的方法是心理测验，即根据心理学家编制的有关量表所测验的结果进行论断。总之自我感觉存在情绪困扰的人以及他人感觉行为异常的人应该说不是一个心理健康的人。

1946年，第三届国际心理卫生大会具体地指出，心理健康为：
（1）身体、智力、情绪十分调和；
（2）适应环境，人际关系中彼此能谦让；
（3）有幸福感；
（4）在工作和职业中能充分发挥自己的能力，过有效的生活。

（二）心理健康的一般标准

虽然世上不可能有适用于任何人的任何心境的心理健康标准，但人们仍在不断探究，总结出以下心理健康的一般标准：
（1）充分的安全感；
（2）了解自己，并对自己的能力进行适当的评价；
（3）生活的目标能切合实际；
（4）与现实环境保持接触；
（5）能保持人格的完整和和谐；
（6）具有从经验中学习的能力；
（7）能保持良好的人际关系；
（8）适度的情绪表达及控制；
（9）在不违背团体的要求下，能做有限度的个体发挥；
（10）在不违背社会规范的情况下，对个人的基本需求能适当地满足。

美国学者坎布斯（A. W. Combs）认为，一个心理健康、人格健全的人应具有的四种特质：

（1）积极的自我观念。能悦纳自己，接受自己，也能为他人所悦纳，能体验到自己存在的价值，能面对和处理好日常生活中遇到的各种挑战。尽管有时也可能会觉得不顺心，也并非总为他人所喜爱，但是肯定的积极的自我观念总是占优势的。

（2）恰当地认同他人。能认可别人的存在和重要性，即能认同别人而不依赖或强求别人，能体验自己在许多方面和大家都是相同的、相通的，能和别人分享爱和恨、乐与忧以及对未来美好的憧憬，并且不会因此而失去自我，仍保持着自我的独立性。

（3）面对和接受现实。能面对和接受现实，而不论其是好是坏或对自己有利或不利，即使现实不符合自己的希望与信念，也能设身处地、实事求是地去面对和接受现实的考验。能够多方面寻求信息，善于倾听不同的意见，正确把握事实的真相，相信自己的力量，随时接受挑战。

（4）主观经验丰富，可供利用。能对自己、周围的事物、人物及环境有较清楚的知觉，不会迷惑和彷徨，在自己的主观经验世界里，储存着各种可资利用的信息、知识和技能，并能随时提取使用。善于发现和利用自己的长处和优点，同时也能借鉴和学习别人的长处、优点，以此来解决自身所遇到的问题，从而增进自己行为的有效性，并且不断丰富自己的经验、知识库。

国内的著名心理学家王登峰等根据各方面的研究结果，归纳总结，较为详细地提出了有关心理健康的几条指标：

（1）了解自我，悦纳自我。一个心理健康的人能体验到自己的存在价值，既能了解自己，又能接受自己，具有自知之明，即对自己的能力、性格、情绪和优缺点都能做到恰当、客观的评价，对自己不会提出苛刻的非分期望与要求，对自己的生活目标和理想也能定得切合实际，因而对自己总是满意的；同时，努力发展自身的潜能，即使对自己无法补救的缺陷，也能安然处之。一个心理不健康的人则缺乏自知之明，并且总是对自己不满意，由于所定的目标和理想不切实际，主观和客观的距离相差太远而总是自责、自怨、自卑总是要求自己十全十美，而自己却又总是无法做到完美无缺，于是，就总是和自己过不去，结果是使自己的心理状态永远无法平衡，也无法摆脱自己感到将会面临的心理危机。

（2）接受他人，善与人处。心理健康的人乐于与人交往，不仅能接受自我，也能接受他人，悦纳他人，能认可别人存在的重要性和作用。他能为他人所理解，为他人和集体所接受，能与他人相互沟通和交往，人际关系协调和谐，在生活的集体中能融为一体，乐群性强，既能在与挚友团聚之时共享欢乐，也能在独处沉思之时而无孤独之感。在与人相处时，积极的态度（如同情、友善、信任、尊敬等）总是多于消极的态度（如猜疑、嫉妒、畏惧、敌视等），因而在社会生活中具有较强的适应能力和较充足的安全感。一个心理不健康的人，总是自别于集体，与周围的环境和人们格格不入。

（3）热爱生活，乐于工作。心理健康的人珍惜和热爱生活，积极投身于生活，在生活中尽情享受人生的乐趣。他们在工作中尽可能地发挥自己的个性和聪明才智，并从工作的成果中获得满足和激励，把工作看作是乐趣而不是负担。他能把工作的过程中积累的各种有用的信息、知识和技能存储起来，便于随时提取使用，以解决可能遇到的新问题，能够克服各种困难，使自己的行为更有效率，工作更有成效。

（4）面对现实，接受现实，适应现实，改变现实。心理健康的人能够面对现实，接受现实，并能够主动地去适应现实、进一步地改造现实，而不是逃避现实，对周围事物和环境能做出客观的认识和评价，并能与现实环境保持良好的接触，既有高于现实的理想，又不会沉湎于不切实际的幻想与奢望，他对自己的能力有充分的信心，对生活、学习、工作中的各种困难和挑战都能妥善处理。心理不健康的人往往以幻想代替现实，不敢面对现实，没有足够的勇气去接受现实的挑战，总是抱怨自己生不逢时或责备社会环境对自己不公而怨天尤人，因而无法适应现实环境。

（5）能协调与控制情绪，心境良好。心理健康的人愉快、乐观、开朗、满意等积极情绪状态总是占据优势的，虽然也会有悲、忧、愁、怒等消极的情绪体验，但一般不会长久。他能适当地表达、控制自己的情绪，喜不狂，忧不绝，胜不骄，败不馁，谦虚不卑，自尊自重，在社会交往中既不妄自尊大也不畏缩恐惧，对于无法得到的东西不过于贪求，争取在社会规范允许范围内满足自己的各种要求，对于自己能得到的一切感到满意，心情总是开朗的、乐观的。

（6）人格和谐完整。心理健康的人，其人格结构包括气质、能力、性格和理想、信念、动机、兴趣、人生观等各方面能平衡发展，人格即人的整体的精神面貌能够完整、协调、和谐地表现出来。思考问题的方式是适中和合理的，待人接物能采取恰当灵活的态度，对外界刺激不会有偏颇的情绪和行为反应，能够与步调合拍，也能与集体融为一体。

（7）智力正常。智力正常是人正常生活的最基本的心理条件，是心理健康的主要标准，智力是人的观察力、记忆力、想象力、思考力的操作能力的综合。

（8）心理行为符合年龄特征。人的生命发展有不同的年龄阶段，都有其相对应的不同的心理行为表现，从而形成不同年龄阶段独特的心理行为模式。心理健康的人应具有与同年龄段大多数人相符合的心理行为特征，一般都是心理不健康的表现。

以上列举了一些学者提出的心理健康的评判标准和尺度，一般来说，心理健康的人都能够善待自己，善待他人，适应环境，情绪正常，人格和谐。心理健康的人并非没有痛苦和烦恼，而是他们能适时地从痛苦和烦恼中解脱出来，积极地寻求改变不利现状的新途径。他们能够深切领悟人生冲突的严峻性和不可回避性，也能深刻体察人性的阴阳善恶。他们是那些能够自由、适度地表达、展现自己个性的人，并且和环境和谐地相处。他们善于不断地学习，利用各种资源，不断地充实自己。他们也会享受美好人生，同时也明白知足常乐的道理。他们不会去钻牛角尖，而是善于从不同角度看待问题。

二、心理保健的影响因素

健康的心理不仅可以使服务人员在工作、学习中精神饱满，充分发挥才能，取得优异的成绩，而且还能给人们的生活带来无穷的快乐和幸福感。然而，在现实生活中存在的各种主客观因素会随时随地地影响人们的心理健康，使人们处于徘徊、矛盾之中，严重的时候会导致某些心理疾病的产生。因此，分析影响服务人员心理健康的各种因素就显得十分重要。根据"生物—心理—社会医学模式"的观点，生理、心理、社会三维因素的交互作用构成了影响人们健康包括心理健康的一个系统，其中包括了各种内在、外在因素。

（一）影响服务人员心理健康的内在因素

（1）生理因素的影响。这里主要是指神经系统功能的影响作用。由于遗传基因的不同或营养、创伤等原因，使人表现出不同的神经类型或神经系统的强度。不同神经类型的人，对外界刺激所表现出来的反应能力是不同的，例如，神经类型弱的人（气质属于抑郁质），具有严重的内倾性，不灵活、刻板性强。神经系统功能脆弱的人能感知到微弱的刺激，因而这些人更容易产生紧张反应。

（2）身体健康状况的影响。人们对周围环境刺激所做出的反应（包括评价）往往会由于自身身体健康状况的不同而不同。一般来说，具有良好健康状况的人能够正确感知外界客观事物，并做出恰当的反应，而身体不适或有病者往往容易歪曲事实，同时表现出各种不良的情绪状态，例如，厌烦、激动、紧张、焦虑、恐惧等。

（3）认知因素的影响。认知因素对人们的心理健康有着重要的影响。当人们认识到某种不良的心理品质或行为会影响到自己的心理健康时，他们就会加强心理防御，以阻止不良因素进一步入侵或蔓延。当然，有时也会出现认知与反应脱节的现象，这就需要凭借意志的努力来加强调整。

（4）情绪因素的影响。良好的情绪可以减轻或消除精神紧张，保持和调节机体内各系统、各器官功能的协调和平衡，维持身心健康；不良情绪往往会过分地刺激机体而引起机体功能的紊乱，导致身心疾病。有一项统计表明，在500名入院求诊的肠胃病人中，因情绪不好而致病的患者就占76%。

（5）人格因素的影响。人格特征主要是在后天环境中形成的，同时它也决定了一个人对环境刺激的反应方式。具有良好人格特征的人，能够以积极、乐观的态度对待周围的环境；反之，则容易对周围的一切抱着怀疑、恐惧和敌对的态度，这种反应方式会引起他们内心的高度紧张，加重他们的心理负担，从而影响心理健康。

（二）影响服务人员心理健康的外在因素

（1）单调、重复的工作、学习活动的影响。长期从事某项单调、重复的工作，学习某些单调乏味的材料，容易产生乏味心理，从而失去对本职工作、学习内容的兴趣，甚至还会出现厌恶感。

（2）工作、学习的环境和条件的变化。人们在自己已经熟悉的环境、条件下工作、学习，往往会表现得应付自如。在这种情况下，他们性情开朗，工作、学习的效率也高。但是，一旦变换工作、学习的环境和条件，少数人就会出现某种不适应感。这种不适应感的心理反应主要是指他们在新的环境和条件下与新的同事相处时会发生困难，以及不能很快地调整自己，安下心来专心致志地学习。

（3）人际关系紧张的影响。有的人缺乏较好地处理人际关系的能力，因此，人际关系显得颇为紧张。于是，他们又常常因此表现出愤怒、不安、忧虑、失望等不良情绪。

（4）突发生活事件的影响。丧偶、离异、失去亲人等突发性的生活事件会给人们造成心理上的创伤。

（5）长期应激的影响。比如由于工作特点所致，企业中的保安长期处于应激状态，容易引起生理机能和心理功能平衡的失调。

此外，过量的烟、酒等刺激也不利于人的身心健康。

以上从几个方面重点分析影响服务人员的心理健康的内外因素，目的在于帮助大家了解这些知识，在实践中能够充分发挥自己的主观能动性，在端正认识、强调自我修养的前提下，及时有效地控制和调节自己的各种心理状态，确保心理健康水平的不断提高。同时，也能够使自己更加清晰地注意到自己周围各种不利因素的存在，努力做到及时排除或减弱它们的影响，更好地维护自己的心理健康。

三、服务人员心理的调节与保健

（一）服务人员心理健康的自我调节

良好的心理健康的获得，关键还在于自己的把握和调节。

（1）树立正确的人生观和公仆意识。正确的人生观反映着个体对社会和人生的根本观点和态度。为人民服务的人生价值观和公仆意识是其最高的社会道德情感。这种道德感可使其超越狭隘、自私、功利，超越个体与社会的矛盾。只有这种道德感才能超越和拯救道德和心灵的痛苦，才能成为一个心理健康的人。

（2）调整目标期望，避免产生过分失望情绪。以服务人员而言，应对一个新的目标或障碍一般有以下四种情况：①通过积极努力，克服障碍，使目标得以实现。②阻力太大，努力后仍难达到目标，则会采取迂回曲折方式尽力来实现目标。③寻求到替代性的目标，放弃难以实现的既定目标。④采取退缩、压抑、逃避等手段对待目标。前三种方式，目标虽然实现或部分实现，但服务人员长期对实现目标所不断付出的艰辛努力，有时也会因心理过度疲惫而导致对以后目标的调适产生一定的心理障碍，而第四种逃避的方式实际是一种失败的经历。这种挫折和无助状态直接导致严重心理障碍，直接导致人的焦虑、忧郁。

（3）学会排泄不良情绪，减轻心理负担。服务人员应对日常繁杂的工作，常会产生不如意、愤怒、压抑、紧张的情绪。这时应注意及时排遣，以避免日久积累产生不健康心理。

（4）利用自我暗示，获得良好心境。自我暗示是科学地利用潜意识来改变自我形象的心理学技巧。其方法是在身心松弛的状态下，重复想象你想达到的目标。这种自我暗示，实际是潜意识中对自我的肯定，同时通过暗示的方法，使自己压抑的心理得到平衡，从而为获得健康的心理创造良好的条件。

（5）养成良好的生活习惯。推行良好的生活习惯，如今已成为人类生命观的第二次革命。作为服务人员，面对繁重的工作和种种压力，有规律的生活和好的习惯，才会心情舒畅。具体来说，不吸烟、不酗酒，要吃早餐，要有足够睡眠，要锻炼身体、控制体重。劳逸有节、营养均衡、舒适规律的生活不仅自身会感到畅快，同时也会给家人及身边的人带来快乐。

（二）服务人员心理保健的方法

（1）精神胜利法。这是一种有益身心健康的心理防卫机制。事业、爱情婚姻不尽如人意时，经济上得不到合理对待而伤感时，无端遭到人身攻击或不公正的评价而伤感时，因生理缺陷遭到嘲笑而郁郁寡欢时，服务人员不妨用"阿Q"的精神调适一下自己失衡的心理，营造一个祥和、豁达、坦然的心理氛围。

（2）难得糊涂法。这是心理环境免遭侵蚀的保护膜。在一些非原则性的问题上"糊涂"一下，无疑能提高心理承受的率值，避免不必要的精神痛楚和心理困惑。有这层保护膜，会使你处事不乱，遇烦恼不忧，以恬淡平和的心境对待各种生活的紧张事件。

（3）随遇而安法。这是心理防卫机制中一种心理合理反映。培养自己适应各种环境的能力，遇事总能满足，烦恼就少，心理压力就小。古人云："吃亏是福"……生老病死，天灾人祸都会不期而至，用随遇而安的心境去对待生活，你将拥有一片宁静清新的心灵天地。

（4）幽默人生法。这是调和心理环境的"空调器"。当受到挫折或处于尴尬紧张的境况时，可用幽默化解困境，维持心态平衡。幽默是人际关系的润滑剂，它能使沉重的心境变得豁达、开朗。

（5）宣泄积郁法。心理学家认为，宣泄是人的一种正常的心理和生理需要。悲伤忧郁时，不妨与异性朋友倾诉；也可以通过热线电话等向主持人和听众倾诉；也可以进行一项你所喜欢的运动；或在空旷的原野上大声喊叫，既能呼吸新鲜空气，又能宣泄积郁。

（6）音乐冥想法。出现焦虑、忧郁、紧张等不良心理情绪时，不妨试着做一次"心理按摩"——音乐"心理按摩"：音乐畅想"维也纳森林"；体验在"春江花月夜"欣赏"二泉映月""寒鸭嬉水"的优美、恬静……

快节奏的工作与生活给服务人员的精神带来了不少的压力。下面十种放松法可以帮助减轻精神压力，使其身心放松。

① 打盹：学会在一些场合，如家中、办公室、走廊里打盹，只要10分钟就会使你精神振奋。

② 想象：通过想象一个你所喜欢的地方，把思绪集中在所想象东西的"看、闻、听"上，并逐渐入境，由此达到精神放松。

③ 按摩：紧闭双眼，用自己的手指尖用力地按摩前额和后脖颈处，有规则地向同一方向旋转。

④ 呼吸：进行浅呼吸，慢慢吸气，屏气，然后呼吸，每阶段持续8秒。

⑤ 腹部呼吸：身体平躺自然放松，紧闭双眼呼气，腹部鼓出，然后紧缩腹部，吸气，最后放松，使腹部恢复原状。正常呼吸数分钟后，再重复这一过程。

⑥ 摆脱常规：经常试用各种不同的新方法，做一些你不常做的事，比如双脚蹦着上下楼梯等。

⑦ 沐浴时唱歌：洗澡时放开你的歌喉，因为大声唱歌需要不停地深呼吸，这样可以得到很好的放松，使心情愉快。

⑧ 全身运动：舒适地坐在一个安静的地方，双目紧闭，放松肌肉，默默地进行一呼一吸，以深呼吸为主。

⑨ 书法：准备好笔墨纸砚，提笔慢写中国正楷书法，横竖撇捺一气呵成，不仅可以舒缓心情，也可练习笔法。

⑩ 自我催眠：是帮助自我放松、帮助入睡，同时又可以调整心灵的方法。

具体实施办法：

第一步：找一个安静简单，光线柔和，温度适宜的房间，这样可以减低无关刺激。

第二步：身体必须具备以下条件：①不能太疲倦，否则会睡着，保持非常清醒的状态催眠，这是关键；②不能没吃饱或者吃得太饱，所以最好饭后一小时后进行催眠；③身体方面的不舒服需要逐一解除，摘下一些限制自己的物品，例如手表、隐形眼镜等；④不能催眠前喝酒或咖啡等一些刺激物品。

第三步：以一个舒服的方式躺下来或者坐下来，把眼睛闭上，然后调整呼吸，让自己的呼吸变得均匀缓慢（这里不需要深呼吸，只需自然的呼吸，让呼吸变得均匀缓慢就行）。

第四步：接着让自己的身体放松，特别是下巴和肩膀要完全放松，这两个是要点，然后让自己从头到脚放松下来。可以从头到脚这样告诉自己,我头皮越来越放松了……我眼眶的肌肉放松了……我脸颊放松了……我的脖子放松了……在告诉自己的同时,也主动让自己放松。这样其实就让自己进入了比较容易接受暗示的状态,也就是催眠状态。

第五步:根据自己想解决的问题或目标,给自己一些暗示。想象自己就像面条一样放松,或者像海绵一样放松,或者想象自己正在舒服的沐浴、正在阳光灿烂的日子里郊游……直到睡着为止。

第六步:把自己唤醒的暗示。如果需要马上醒过来的人,就告诉自己:我从10数到1,就会越来越清醒,数到1就完全清醒过来。醒来后,会精力充沛。如果不需要马上醒来的,比如晚上做自我催眠的人,就暗示自己,我将会很快睡着,并且明天几点几分会准时醒来,醒来后比以前精神更好,更有活力。

[测试]

心理健康测试量表

[说明]

回答下面70个问题时,对自己过去和现在的情况,符合提问内容的在括号中记2分,有点儿符合的记1分,不符合的记0分,不清楚的也记0分。回答时不必过细考虑,要尽快回答。

(1) 如果周围有喧嚷声,不能马上睡着。(　　)
(2) 常常怒气陡生。(　　)
(3) 梦中所见与平时所想的不谋而合。(　　)
(4) 习惯于与陌生人谈笑自如。(　　)
(5) 经常精神萎靡。(　　)
(6) 常常希望好好改变一下生活环境。(　　)
(7) 不破除以前的规矩。(　　)
(8) 稍等人一会儿就急得不得了。(　　)
(9) 常常感到头有紧箍感。(　　)
(10) 看书时对周围很小的声音也会注意到。(　　)
(11) 不大会有哀伤的心情。(　　)
(12) 常常思考将来的事情并感到不安。(　　)
(13) 一整天孤独,一个人时常常心烦意乱。(　　)
(14) 自以为从不对人说谎。(　　)
(15) 常常有一着慌便完全失败的情形。(　　)
(16) 经常担心别人对自己的看法。(　　)
(17) 经常以为自己的行动受别人支配。(　　)
(18) 做以自己为主的事情,常常非常活跃,全无倦意。(　　)
(19) 常常担心发生地震和火灾。(　　)
(20) 希望过与别人不同的生活。(　　)

(21) 自以为从不怨恨他人。（　　）
(22) 失败后，总是长时间地保持颓丧的心情。（　　）
(23) 过度兴奋时常常会突然神志昏迷。（　　）
(24) 即使最近发生了什么事故，也往往毫不在乎。（　　）
(25) 常常为一点小事而十分激动。（　　）
(26) 很多时候天气虽好却心情不佳。（　　）
(27) 工作时，常常想起什么便突然外出。（　　）
(28) 不希望别人经常提起自己。（　　）
(29) 常常对别人的微词耿耿于怀。（　　）
(30) 常常因为心情不好感到身体的某个部位疼痛。（　　）
(31) 常常会突然忘却以前的打算。（　　）
(32) 尽管睡眠不足或者连续工作都毫不在乎。（　　）
(33) 生活没有活力，意志消沉。（　　）
(34) 工作认真，有时却有荒谬的想法。（　　）
(35) 自认为从没有浪费时间。（　　）
(36) 与人约定事情常常犹豫不决。（　　）
(37) 看什么都不顺眼时常常感到头痛。（　　）
(38) 常常听见他人听不见的声音。（　　）
(39) 常常毫无缘由地快活。（　　）
(40) 一紧张就直冒汗。（　　）
(41) 比过去更厌恶今天，常常希望最好出些变故。（　　）
(42) 自以为经常对人说真话。（　　）
(43) 往往漠视小事而无所长进。（　　）
(44) 紧张时脸部肌肉常常会抽动。（　　）
(45) 有时认为周围的人与自己截然不同。（　　）
(46) 常常会粗心大意地忘记约会。（　　）
(47) 爱好沉思默想。（　　）
(48) 一听到有人说起仁义道德的话，就怒气冲冲。（　　）
(49) 自以为从没有被父母责骂过。（　　）
(50) 一着急后总是担心时间，频频看表。（　　）
(51) 尽管不是毛病，常常感到心脏和胸口发闷。（　　）
(52) 不喜欢与他人一起游玩。（　　）
(53) 常常兴奋得睡不着觉，总想干些什么。（　　）
(54) 尽管是微小的失败，却总是归咎于自己的过失。（　　）
(55) 常常想做别人不愿意做的事情。（　　）
(56) 习惯于亲切和蔼地与别人相处。（　　）
(57) 必须在别人面前做事时，心就会激烈地跳动起来。（　　）
(58) 心情常常随当时的气氛变化很大。（　　）

(59) 即使是自己发生了重大事情，也不会丧失理智。（   ）
(60) 往往因为极小的愉悦而非常感动。（   ）
(61) 心有所虑时常常情绪消沉。（   ）
(62) 认为社会腐败，不管怎么努力也不会幸福。（   ）
(63) 自认为从没有与人吵过架。（   ）
(64) 失败一次后再做事情时非常担心。（   ）
(65) 常常有堵住嗓子眼儿的感觉。（   ）
(66) 常常视父母兄弟如路人一般。（   ）
(67) 常常与初次相见的人愉快交谈。（   ）
(68) 念念不忘过去的失败。（   ）
(69) 常常因为事情进展不如自己想象的那样而怒气冲冲。（   ）
(70) 自认为从没有生过病。（   ）

[答案及自我评价]

计分表

类型号码和问题号码分类：
类型1包含的题目号码有：1、8、15、22、29、36、43、50、57、64。
类型2包含的题目号码有：2、9、16、23、30、37、44、51、58、65。
类型3包含的题目号码有：3、10、17、24、31、38、45、52、59、66。
类型4包含的题目号码有：4、11、18、25、32、39、46、53、60、67。
类型5包含的题目号码有：5、12、19、26、33、40、47、54、61、68。
类型6包含的题目号码有：6、13、20、27、34、41、48、55、62、69。
类型7包含的题目号码有：7、14、21、28、35、42、49、56、63、70。

类型评判如下：
类型1：焦躁神经症；类型2：歇斯底里；类型3：精神分裂症；类型4：躁郁症；类型5：抑郁症；类型6：神经质；类型7：虚构症。

心理症状指数区间：18～32、33～47、48～61、62～76、77～90。

计分

(1) 按照"计分表"，根据"类型号码"，把每种类型的分数按照表中所列的题号横向相加起来，分别填入合计栏中。例如，"类型1"各题的得分分别是：1题2分，8题1分，15题0分，22题0分，29题1分，36题2分，43题1分，50题2分，57题0分，64题1分，则：2+1+0+0+1+2+1+2+0+1=10（分），这个10分就填在第一类型的合计栏里。其他各种类型也同样横向相加计分，然后填入相应的合计栏。

(2) 标准分：将以上1～7各类型的分数算出后，转换为标准分，转换方法如下：
0～4分　　对应的标准分为1；　5～8分　　对应的标准分为2；
9～12分　　对应的标准分为3；　13～16分　对应的标准分为4；
17～20分　对应的标准分为5。

如类型1的合计分10可转换为标准分3。

(3) 心理症状指数的计算：把第1项到第6项的症状类型标准分相加再乘3的积即为指数。计算时，除去第7项虚构症。例如，焦躁神经症标准分为2，歇斯底里标准分为3，精神分裂症标准分为2，躁郁症标准分为4，抑郁症标准分为2，神经质标准分为2，合计为15，再乘以3等于45，此即为心理症状指数45。对照评语栏为"稍低"。一般来说，心理症状指数在61以下无重大问题。

评价

心理症状指数18~32的人，精神健康，没有什么不良征兆。（对照评语栏：低）

心理症状指数33~47的人，精神健康，但要检查一下某一症状类型的得分是否过高，如果这一症状类型的标准分高于3时，就要再一次地自我检查一下某一心理方面的健康状况，找出病因再对症治疗。（对照评语栏：稍低）

心理症状指数48~61的人，精神的健康状况一般，说不上健康。要彻底调整自己的健康状况，使心理症状指数达到47以下。特别要积极找出标准分4以上的症状类型的病因，及时治疗。（对照评语栏：一般）

心理症状指数62~76的人，已有一些心理疾病的征兆，最好去请专科医生诊断，进行缜密的分析，在做自我评价时，自我检查一下哪一项症状最严重，以便决定和实行治疗的办法，要仔细分析症状严重的原因，并努力解除这个原因。（对照评语栏：一般）

心理症状指数77~90的人，已经患有某种程度的心理疾病，一定要接受专科医生的诊断，安心治疗。尽管自己没什么却被旁人视为乖僻古怪，实际上也不必多么忧心忡忡，心理上的异常大多是自己造成的，所以，首先要接受心理健康的诊断。不管怎样，重要的是早发现，早治疗，真正能够恢复你健康的就是你自己。（对照评语栏：高）

（1）焦躁神经症的自我评价。焦躁，表现出欲望受到压抑的神经衰弱。

【性格特征】

这种类型的人通常丁是丁，卯是卯，过于认真，常常杞人忧天，无论什么事不干到底决不罢休，对一点小事往往心存芥蒂，耿耿于怀。

人际关系不佳，容易自我封闭起来，往往容易受他人的言行刺激。因此，在日常生活中容易紧张，承受着精神上的疲劳。

【一般症状】

头痛，头重，目眩，感觉嗓子哽咽，呼吸困难，小小的刺激便会加快心跳。集中力低下，心思散乱而毫无头绪，失败呀，别出事故呀，平静的生活不要被破坏呀，结果怎么样呀，发展顺利吗……种种不安和恐惧会不由自主地涌上心头。日无宁时夜不安寝，把心机浪费在无谓的事情上。

【改善措施】

① 如果有什么不安或担心的事情，请把它写在纸上，在现在你能够办到的事情画上"√"，现在不能办到，需要花些时间才能办到的画个"△"，对自己不能办到，还有其他原因的画个"×"。接着对画"√"的事情具体写上什么时候、如何去处理解决，还要为此决定必要的费用、合作者、处理方法等。重要的是要从能做的开始做，不能做的就打消念头，一定要确立解决问题的先后顺序。然后把注意力集中到要做的事情上，失败也不要紧，总之是要行动起来，专心致志地做你想要做的事情。

② 心情不舒畅时，请做些体育活动直到出汗，然后心无所思地读读爱看的书，听听音

乐什么的，使心情变得轻松愉悦起来。要想象所有的事情都能顺利进展，工作前要充分休息，工作时不拘泥于小事，深思熟虑，积极行动。倾注全力地做自己喜欢的事情，把郁结的不良思绪排除掉。

③ 如果受各种想法困扰时，不妨索性去游玩，去旅游，大声唱歌，在无人处大声说出心中的疙瘩……说什么话都行，一直到感到痛快为止。

对焦躁神经症要冷静观察并积极解决焦躁的原因。心情总是紧张的话，容易产生疲劳，因而要以松弛的心情对待各种外界压力。

(2) 歇斯底里的自我评价。没有身体方面的原因却以身体症状来表现自己的欲望。

【性格特征】

通常是社交型，爱说话。经常在他人面前表现出言行不真实，喜欢打扮，衣着引人注目，虚荣心强。因此，一旦伤害了自尊心，就出现身体症状，欲望不能满足时，也会出现各种身体症状。从中可以看出精神上的不成熟、任性以及缺乏对欲望的忍耐力和处理能力等。

另外，这种类型的人的性格还有喜欢照料他人，感情深厚，为他人尽心尽力的一面。

【一般症状】

当不能合理地、现实地处理各种外界压力时，便转换成疾病突发，因而不由自主地引起了人们对他的关心，又朝着有利于他的方向发展。

身体症状有：手足麻木，不能坐立，身体各部分有疼痛感，目眩，耳失聪，喉咙干痛，无食欲等。精神症状有：性格突变，丧失某部分的记忆力，说不出自己的姓名、年龄、住所，无表情，对周围景象全无反应等。不过，这种症状当自己的欲望得到满足时，有时也会好转。

【改善措施】

① 反省自己的言行是否失常，睡觉前，要冷静客观地回想自己的平常言行，并站在他人的立场上想能不能接受这些言行，为什么这个时候要采取这样的行动，为什么说这样的话，为什么激怒对方，为什么自己气鼓鼓的……仔细想一下是否有任性、利己的言行。今后遇到这种场合时，要控制住自尊心、要忍耐，即使受到精神上较大的打击时，也要采取正常的行动，不能为所欲为。

② 通过读书来提高自己，树立正确观点，端正学习态度，学会自我启发方法等。可以记日记，反省自己一天的生活，调整自己的心情，思考对他人的态度，分析一下自己心灵深处的欲望、不满和烦恼。为了正确适应社会，要清楚地了解自己感情的波动，有时还要控制自己的欲望，通过读书丰富自己的精神生活。

③ 情绪高涨时，可通过静思来稳定自己的感情，要正确理解他人，反省自己的言行，诸如：自己不是比别人更想引人注目吗？自己常常成为话题中心吗？欲望没有达到的，是否有失常的举动等。通常静思能使自己了解自己的心态，促进精神健康，所以要养成这个习惯。

(3) 精神分裂症的自我评价。经常有不同平常人的情感和行为表现。

【性格特征】

性格孤僻，讨厌与他人接触，自我封闭，言语极少，即使有也是毫无条理的话，是一种与周围人们没有亲切感、精神上隔离的心理状态。没有感情上的喜怒哀乐，完全无视一般人所感兴趣的东西；毫无表情地对待工作，工作没有按计划进行时自己不能确切地判断；言行淡漠无生气，没有个性，缺乏人情味。这种精神分裂症在入学、就职、婚姻等动荡时期发病的较多。

【一般症状】

在正常人当中一般也有一些接近精神分裂症的症状，但如果症状严重起来，就会成为精神分裂症，所以要及早请教专科医生。目前病因还不清楚，主要是特别的思考障碍，而不是智力低下。这种疾病有下列几种类型：

单一型——无力气、无情感、无表情，不能独立生活，一般容易被看作怪人。工作没有责任感，不与周围人说话，行动远离现实。

破瓜型——思路混乱，言辞颠倒，表现出特别的思考障碍。不能自知，常常诉说自己的行动受他人操纵，别人窥探自己的秘密，别人在背后说自己的坏话，等等。

紧张型——感情和行动异常，有突然离家出走的冲动行为和给饭不吃的拒食行为，以及大叫大嚷，手舞足蹈的异常兴奋的行为。还有终日里呆坐，卧睡，傻立，长时间盯着一个物体等异常行为。

妄想型——现实和想象完全没有关系，不仅公开说自己是个天才，还认真地把实际上没有关系的人说成知心朋友，又说自己是秉承神意来到人间拯救人类的，并妄想要创立新宗教，这种类型比前三种类型发病年龄更大，一般发现时已经晚了。

【改善措施】

① 当偶然发现自己的异常言行时要特别引起注意。在与人们一起生活、工作时，如果自己的想法、做法与他人不同，就要首先想想自己的言行，然后请教可信赖的人和专科医生。另外，还要想想自己与别人言行不同的原因，如果能冷静地思考一下这个原因，症状就会好转。一定要坚信只有自己才能治愈疾病，才能保持良好的精神状态。

② 通过积极的行动打开心扉，遵守起床安寝的时间，生活有规律；有目的地做事情；进行简单的体育活动，从单人项目过渡到众人一起配合的比赛；尽量与人对话，努力寻求与他人的互相接触的机会。

(4) 躁郁症的自我评价。不合理的想法和行动极其活跃。

【性格特征】

毫无缘由地亢奋活跃，多言多语却没有条理又容易兴奋；不知疲倦，总是忙这忙那不肯安顿；性格浮躁，说做就做，没有计划性；好冒险，对失败缺乏反省态度；思绪分散，不能集中到一点。

【一般症状】

精力充沛，经常处在兴奋状态，但是，因为无节制地冲动，情绪变化很大，缺乏集中力，所以不能把工作持续做到底。早晨很早就起床，开始了忙忙碌碌的一天，刚刚热衷于什么新的事情，一会儿却又开始做别的事情，变化无常；制定并实行在旁人看来不可能实现的计划，不久就因为失去兴趣而放弃了；还可以看到突发的大怒，高歌狂舞，大吵大闹等行为。

说话粗暴，往往不顾及他人，大多是自我中心的话题，言语没有连贯性。

【改善措施】

① 控制心理的变化，在自己心情急躁，一定要做什么时，在行动之前，首先自己冷静地思考一下到底想做什么，要冷静客观地看待自己的情绪高涨，反省自己的行动，诸如，由着性子嚷嚷的是自己，异常兴奋发怒的是自己，刚做上一件事又改变注意力去做另一件事的是自己，不顾他人想法独断专行的是自己，在看到自己行为上的缺陷后，要适当调整自己。

也就是说，要控制住感情的亢奋，做事要有间隔时间，边思考边做事。说话多停顿，不要让感情一下子爆发出来。

② 做事情要有目的，对自己想做的事情，经常问自己："为什么做？做这个吗？希望什么结果？最好怎样做呢？"并要具体回答，使目的明确，言行、手段具体化。处在躁郁状态的人要能够客观冷静地分析自己的感情，不能让自己由着性子乱说乱动。无论做什么事都要养成有目的、有意识、动脑筋的习惯。

③ 做事情要有始有终，不焦躁、不虚浮，踏踏实实地做每一件事，一次完不成就一点一点分开做。

（5）抑郁症的自我评价。心情郁闷，看所有的东西都是灰色的，没有干劲儿。

【性格特征】

没有干劲儿，做什么也不起劲儿，对将来不抱希望，悲观厌世。但是，对现在做的工作，认真而热心，责任感强。虽然不能像别人那样迅速处理事情，却能忠实地执行他人所指示的事情。在人际关系上，朴实但消极，没有主动性。自卑感强，自认为是能力低、没有价值的人。很少与人交往，但讲究礼仪，感情深笃，遵守信用，性格诚实但缺乏灵活性。

【一般症状】

与躁郁症相反，缺乏活力，无力，无食欲、性欲，失眠便秘，头痛，常常心情烦躁，讨厌所有事物，自寻烦恼，过分重视失败，为微小的差错苦恼不堪。

这种抑郁状态大多是因为承受不住工作上、生活上的精神打击，一般至多经过几个月的时间就能够恢复过来。但是，如果不解除这种精神打击，抑郁状态持续一年以上，就要考虑作为精神疾病来治疗了。

【改善措施】

① 改变生活习惯，坚持锻炼身体。减轻生活和学习中的负担，制订计划要留有余地，以保持对完成任务的满足感。尽量参加讨论会、演讲会，多与充满活力的人接触，养成积极主动的习惯。

② 可能的话，全部或暂时地脱离现在正在做的事情，休养一阵子，恢复元气。调节好运动和休养的平衡，不要思考别的事情，当然，看些有益的图书也是可以的。

要在融洽愉快的环境里充实身心，不能一个人生活，而要与共同语言较多的人一起生活，不能太与外界隔绝，要充分了解社会动态，自然产生各种目标和想法。只有生活得有意义，才是消除抑郁症状的根本之道。

③ 保持满足感，想想比自己倒霉的人，自己多么幸福，这样能使心情舒坦。精神上要充实，物质上则简朴些，满足于自己的学习、生活、家庭等，怀着感激的心情生活。面临困难、烦恼、难题时，要积极处理自己所能办到的事情，不要耽搁拖延下去。

（6）神经质的自我评价。作为一个社会的人不采取理性的行动，反而是反社会的。

【性格特征】

在快活、活跃的反面，常常有与人冲突、显示自己力量的大胆举动。具有恶意解释各种社会现象，以反抗的态度来显示自己的强烈倾向。

意志薄弱，虽然知道不好却又容易受诱惑，大多是追求享乐、缺乏自制力的人，稍有不顺心的事情，便怒发冲冠。文化程度高的人往往会高唱理想，否定现实社会，为了实现自己的主张使自己的暴力行为正当化又堂而皇之把反社会的行为赋予革新的名义。

这种症状的根本在于自我中心，幼稚，过分自信，虚荣心，突发的感情，雷同的狂热性，冷酷，异常的斗争心，懦弱，偏颇的理想和正义感，发展下去即成为异常性格者。

【一般症状】

责任心淡薄，如对其批评，其会反应强烈，发生暴力行为，缺乏理性，擅长说谎，没有自责心，常有欺诈行为，完全无视社会习俗，缺乏同情心，是异常的兴奋型。

这种神经质的原因有大脑器质的障碍和大脑机能的异常，它包括生来就有的器质障碍意外事故造成的脑障碍以及幼年和青春期的生活、教育环境中形成的性格偏差，等等。

【改善措施】

① 如果自觉感到身上存在惰性、空想、反抗性、无责任感等性格特征，那就能有所矫正。每一个人多少都有这样的性格，但因为没有发展到被人感到异样的程度，所以不能看做异常。为了纠正这样的性格，需要通过有规律的生活和工作来努力地反省和改善。首先必须养成正确的生活习惯，这才是最重要的。

在饮食上要避免甜食，应吃粗粮，尽量不吃肉，从大豆或鱼中摄取蛋白质，尽量不到外面吃饭，要在家里定时用餐。学习时，要细致地思考学习的本质，为了取得预期的结果而保持最大的耐心，通过与周围人们的交流，互相帮助，推动工作的开展。当各种闲言碎语出现时，一定要自我克制、自我警戒。

② 改变目前的环境、住所、朋友关系以及兴趣爱好，开始新的生活。不摆脱旧的束缚，就不能改变自身的面貌。并且，生活要有所收获，例如掌握知识，学习技能，积蓄钱财，要不断地充实自己。主动追求良好的人际关系，注意不要重复过去的朋友关系和工作环境。为了改变环境，要战胜自己的欲望，更好地自我改造。

虚构症的自我评价。虚构症的得分高时，可以说对任何一个症状类型的回答都不太实际，这出于测验者本能的防卫意识。例如：焦躁神经症，虽然实际上的得分应该是"稍高"，但由于下意识地避重就轻，结果就成了"一般"了，也就是说没有坦率地回答。不过，也不能断言虚构症的得分高，各种症状类型的得分必定也高。这关系到你自己是否真正理解了问题。真正反省和理解了自己的心情和行动，并且是否坦率地回答了。根据虚构症得分的高低可以大致推断各种症状各类得分的可靠性，如果虚构症得分是"稍高"或"高"，那就要认真反省一下是否坦率回答问题了，并重新做一遍试试看。

虚构症的得分低时，应该认为你相当忠实地分析了自己的性格和行动，并坦率地回答了。因此，可以判断各种症状类型的得分具有可靠性，接近实际情况。这时，如果某些症状种类的得分高，也不能认为就存在某种精神疾病，只是希望你虚心认真地仔细阅读"改善措施"的内容，真正实行心理健康的自我管理。

第三节 服务人员的心理治疗

一、心理治疗概述

心理治疗又称精神治疗，是指利用心理学的理论与方法治疗病人心理疾病的过程。心理治疗与精神刺激是相对立的。精神刺激是用语言、表情、动作给人造成精神上的打击、精神上的创伤和不良的情绪反应；心理治疗则相反，是用语言、表情、动作、姿势、态度和行为向对方施加心理上的影响，解决心理上的矛盾，达到治疗疾病、恢复健康的目的。因此，从广义上来讲，心理治疗就是通过各种方法，运用语言和非语言的交流方式，影响对方的心理状态（影响或改变患者的感受、认识、情感、态度和行为，减轻或消除使患者痛苦的各种情绪、行为以及躯体症状），通过解释、说明、支持、同情、相互之间的理解来改变对方的认知、信念、情感、态度、行为等。达到排忧解难、降低心理痛苦的目的。

从这个意义上说，人类所具有的一切亲密关系都能起到"心理治疗作用"。理解、同情、支持等心理反应就是生活中最值得提倡的心理"药师"。由此可见，广义的心理治疗泛指一切影响人的心理状态、改变理解行为的方式和方法。父母与子女之间，夫妻之间，同学同事之间，邻里之间，亲朋好友间的解释、说明、指导等趋势的交往与沟通，都具有一定的心理影响和心理治疗作用。而狭义的心理治疗，则是在确立了良好的心理治疗关系的基础上，由经过专门训练的施治者运用心理治疗的有关理论和技术，对求治者进行帮助，以消除或缓解求治者的心理问题或人格障碍，以促进人格向健康、协调方向发展的过程。

心理治疗的方法，在中国古代就已得到了绝妙的应用。据《后汉书》记载：

> 某地有一太守，因忧思郁结患病，久治无效。后请名医华佗诊治，华佗闻得太守的病情后，开了一个奇妙的治疗"处方"：他故意收取了太守的许多珍宝后不辞而别，仅留下一封讽刺讥诮太守的信札。太守闻讯勃然大怒，命人追杀华佗，但华佗早已远去。于是，太守愈加愤怒，竟气得吐出许多黑血。不料黑血一吐，多年的沉疴顽疾也随之痊愈了。这里，华佗正是采用心理治疗的方法，以"怒胜忧思"之术治好了太守的"心病"与"身病"的。

我们知道，心理治疗的方法是极为多样的，但目的都在于，解决患者所面对的心理困难与心理障碍，减少焦虑、忧郁、恐慌等精神症状，改善病人的非适应性行为，包括对人事的看法，从而促进其人格成熟，使被施治者能以较适当的方式来处理问题，以适应生活。因为心理治疗的过程主要是依靠心理学的方法来进行的，是与主要针对生活治疗的药物治疗或其他物理疗法不同的治疗方法，所以称为心理治疗。

英国心理学家艾森（H. J. Eysenck）归纳了心理治疗的几个主要特征：

（1）心理治疗是一种两人或多人之间的持续的人际关系；

（2）参与心理治疗的其中一方是有特殊经验或接受过特殊专业训练的；

（3）心理治疗的其中的一个或多个参与者是因为对他们的情绪或人际适应、感觉不满意而加入这种关系的；

（4）在心理治疗过程中应用的主要方法实际上是心理学的原理，即包括沟通、暗示，以及说明等机制；

（5）心理治疗的程序是根据某些正式的关于一般心理障碍的理论和求治者特殊的心理障碍而建立起来的；

（6）心理治疗过程的目的就是改善求治者的心理困难，而后者是因为自己存在心理困难才来寻求施治者予以帮助的。

二、心理治疗的种类及其主要特点

心理治疗的种类及实施方式是多种多样的。依据心理学的主要理论与治疗实施要点,可分为分析型心理治疗、认知型心理治疗、支持型心理治疗、行为型心理治疗、人际关系型心理治疗等诸多种类。按照心理治疗进行的方式,又可分为个人心理治疗、夫妻治疗、家庭治疗、集体治疗等。按进行的时间长短,则可分为长期心理治疗、短期与限期心理治疗等。

按第一种方式进行分类,每种类型的心理治疗的主要特点是:

(1)分析型。其特点在于探求个体的心理与行为如何受自己童年期经验的影响而形成的潜意识,经过内心的分析,理解自己的内心动机,特别是潜意识中存在的症结,经领悟理解以改善自己的行为。

(2)认知型。又称认知疗法。其主要理论认为:个体对己、对人、对事的看法及观念,都直接或间接地影响其情绪和行为。其非适应性或非功能性的心理与行为,常是由于不正确的或扭曲的认知而产生的,如果更改或修正这些不正确或扭曲的认知,则可改善其心理和行为。所以,其治疗的重点在于矫正其对人、事错误的及扭曲的认知。

(3)行为型。其理论根据是巴甫洛夫的经典型条件反射和斯金纳的操作型条件反射学说,以及班杜拉的模仿学习理论。这两种理论都认为:人的任何行为,经过适当的奖励或惩罚,都可获得改进。

(4)人际关系型。是从"人与人的关系"这样一种特殊角度来理解人的心理与行为现象的,它认为人的所思所想、所做行为都脱离不了人与人的关系。其治疗的重点是如何改善不妥当的、有困难的人际关系。并认为人与人之间的关系改善了,一切问题也就迎刃而解了。

(5)支持型。心理医生无论选择任何一种心理治疗方法,都不可能不用支持型心理治疗。所谓支持型心理治疗,是强调施治者应理解病人的处境,并且以此为依据用语言、行为等各种方式支持病人。一方面发挥病人自己潜在的自我调节能力;另一方面运用病人周围的环境优势系统来改替病人目前的困境,特别是当病人心理焦虑或抑郁时,施治者更要尽量支持病人,同时还应调动其家属或同事对病的支持,以减轻病人的心理困境与症状。

三、心理治疗的原则

各种心理治疗虽然在理论与方法上有很大不同,但几乎所有心理治疗都遵守一些一般原则。这些原则是:

(1)接受性原则。即对所有求治的心理"病人",不论心理疾患的轻重、年龄的大小、地位的高低、初诊再诊都一视同仁,诚心接待,耐心倾听,热心疏导,全心诊治。在完成患者的病史收集、必要的体格检查和心理测定,并明确论断后,即可对其进行心理治疗。施治者应持理解、关心态度,认真听取病人的叙述,以了解病情经过,听取病人的意见、想法和自我心理感受。如果施治者不认真倾听,表现得不耐烦,武断地打断病人的谈话,轻率地解释或持怀疑态度,就会造成求治者对施治者的不信任,必然导致治疗失败。另外,施治者又并非机械地、无任何反应地被动听取求治者的叙述,必须深入了解他们的内心世界,注意其言谈和态度所表达的心理症结是什么。因此，该原则又可称为"倾诉"或"倾听"原则。认真倾听求治者的叙述，其本身就具有治疗作用。某些求治者在对施治者产生信任感后会全部倾诉出自己压抑已久的内心感受，甚至会痛哭流涕地发泄自己的悲痛心情，这一结果会使其情绪安定舒畅，心理障碍也会明显改进，故接受性原则具有"宣泄疗法"的治疗效果。治疗者都应有强烈的关切、同情、乐于助人的态度，和患者之间建立起友好信任的医患关系。一切心理治疗都要通过医患关系。没有良好的、互相信赖的医患关系，任何心理治疗要想取得成功是不可想象的。医患关系良好是一个有力的治疗因素，它本身具有一种魔力足以减轻患者的疾苦、缓和焦虑、激发患者的希望和信心。如在催眠治疗时，患者接受治疗者的暗示而进入催眠状态，吐露内心深处的心理创伤，在治疗者暗示下消除症状、恢复健康。其实，除了在治疗者与患者间存在一种特殊的医患关系外，治疗者本身并不存在什么客观的力量。在医患关系满意的情况下，治疗者在病人心目中具有权威的形象，那么治疗者的支持、保证和解释都易为病人接受，甚至治疗者的某些个别缺点也会为患者所宽容。有时候，只有治疗者在场，病人就获得了安全感，减轻了焦虑症状。在行为治疗中，虽然从一开始就强调患者反复训练，甚至根据某些指南和磁带自行练习，似乎医患关系不像其他心理治疗那样强调。但是，这丝毫不能忽视医患关系的重要意义。因为要使患者愿意接受行为治疗、建立信心、坚持训练和认真执行治疗者的建议，没有良好的信赖的医患关系仍然是不成的。建立良好的医患关系的核心在于要使患者相信您愿意帮助他，而且您有能力帮助他。治疗者的角色行为包括医德、态度和技艺与患者对治疗者的期望相吻合，这是建立互相信赖关系的基础。在心理治疗开始时，应对患者的态度和情绪保持相当的敏感性，以克服建立医患关系的困难，治疗者应当满腔热情；诚恳、富于同情心，关心患者的利益，力图理解和满足患者的需要。在相互信赖基础上建立的医患关系，进一步将发展为治疗同盟，成为帮助患者治疗疾病的重要因素。

(2) 支持性原则。即在充分了解求治者心理疾患的来龙去脉和对其心理病因进行科学分析之后，施治者通过言语与非言语的信息交流，予以求治者精神上的支持和鼓励，使其建立起治愈的信心。一般掌握得求治者的第一手资料之后，即可进行心理治疗了。对求治者所患的心理疾病或心理障碍，从医学科学的角度给予解释，说明和指出正确的解决方式，在心理上给求治者鼓励和支持。要反复强调求治者所患疾病的可逆性（功能性质）和可治性（一定会治愈）。这对悲观消极、久治未愈的病人尤为重要。反复地支持和鼓励，可防止求治者发生消极言行，大大调动求治者的心理防卫机能和主观能动性；对强烈焦虑不安者，可使其情绪变得平稳安定，以加速病患的康复。在使用支持疗法时应注意：支持必须有科学依据，不能信口胡言；支持时的语调要坚持慎重、亲切可信、充满信心，充分发挥语言的情感交流和情绪感染作用，使求治者感受到一种强大的心理支持力。

(3) 保证性原则。即通过有的放矢、对症下"药"、精心医治，以解释求治者的心理症结及痛苦，促进其人格健康发展、日臻成熟。在心理治疗的全过程中，应逐步对求治者的身心症状、不良心理、社会因素和性格等心理缺陷的病理机制加以说明、解释和保证；同时辅以药物等其他身心综合防治措施，促使疾病向良性转化。在实施保证性原则的过程中，仍应经常听取病人的意见、感受和治疗后的反应，充分运用心理治疗的人际沟通和心理相容原理，在心理上予以保证，逐步解决求治者的具体心理问题，正确引导和处理心理矛盾，以进一步提高治疗效果。

上述三个原则是一个相互联系、相互影响的有机整体，但接受性原则必须放在首位。治疗过程中心理气氛要融洽，务必让求治者把话讲清，一次不行，可进行多次，应要求病人高度合作，并注意保密原则，尊重病人的人格，取得求治者的高度信任，因为信任是心理治疗得以成功的基础。同时还应注意心理治疗的主观能动性原则。因为仅仅有施治者的保证，而不注意引导求治者对自己的疾病进行正确认知、充分调动自我调治的主观能动性，是不可能取得良好的心理治疗效果的。

四、服务人员心理治疗的目标

一般而言，对心理病态的服务人员进行有效的心理治疗应达到下列目标：

（1）解除病人的症状。精神与身体不适或心理问题都会妨碍求治者对社会的适应，并因此而造成心理上的痛苦，所以心理治疗的主要目的是解除求治者在心理或精神上的痛苦，或帮助解决其无法自己解决的心理冲突。例如，用心理治疗方法（系统脱敏疗法、满灌疗法、厌恶疗法等）矫正求助者的恐惧、焦虑心理等。

（2）提供心理支持。在急慢性应激状态下，求治者因应付不了或忍受不了危机的环境，从而产生心理疾患或障碍。心理治疗可以帮助他们增加对环境的耐受性，降低易感性，提高心理承受力，增加应付环境和适应环境的能力，使之能自如地顺应和适应社会。这方面的心理治疗技术有危机干预、应激应付、应激免疫训练等。

（3）重塑人格系统。这一点尤其被内省性心理治疗原则（如认知疗法、精神分析等）所强调，它认为人类的心理疾患和心理障碍是其人格不成熟所致。所以，只有重塑人格系统，才能从根本上改变求治者的病态心理和不良行为方式。治疗的内容包括：帮助求治者理解自己、分析自己的情绪冲突的原因，获得内省能力，以了解意识和潜意识的内容。其治疗方法可分为两大类：一类为指导性的；另一类为表达性的。前者是针对求治者存在的心理问题，由施治者进行劝告、建议、指导、解释；后者又称非指导性的。在心理治疗过程中，求治者处于主导和中心地位，施治者以倾听为主，居被动地位，但仍应努力营造良好的气氛，使求治者在讲述自己的心理问题的过程中完成自我理解，达到自己解决问题的目的。总之，无论采取哪种方法，施治者期望达到的仍是重塑求治者成熟的人格。

五、服务人员心理治疗的形式

心理治疗的形式可分为三种，即个别心理治疗、集体心理治疗及家庭心理治疗。

（1）个别心理治疗。这是医务人员与病人个别进行谈话形式进行的心理治疗。医务人员与病人交谈的目的在于医务人员了解疾病发生的过程与特点，帮助病人掌握自己疾病的情况，对疾病有正确的认识，消除紧张不安的情绪，接受医务人员提出的治疗措施，并与医务人员合作，与疾病做斗争。个别心理治疗是一种普遍应用的心理治疗方式。实际上，医务人员与病人的交往过程中，已经有意或无意地运用了个别心理治疗。因为医务人员的对病人正确的解释、指导与嘱咐能影响病人的心理。为了做好个别心理治疗，取得良好的治疗效果，必须注意以下几个问题：第一，医务人员的态度应该是诚恳、热情、耐心而细致，取得病人的信任，获得了可靠的信息。第二，在交谈过程中，要耐心地倾听病人的主述，然后，医务人员根据病情与病人的个性心理特点,进行指导与帮助。第三,医务人员要有目的、有计划地对病人进行心理治疗。每次都安排好内容,治疗时间以一小时左右为宜,治疗后做好记录。第四,个别心理治疗的房间应该布置在安静的环境中,要简易舒适,整洁调和。

(2) 集体心理治疗。这是医务人员把同类疾病的病人组织起来进行心理治疗。一般把病人分成几个小组,每个小组由数个或十几个病人组成,并选出组长。集体心理治疗的主要方法是讲课、讨论与示范。医务人员根据病人中普遍存在的消极心理因素与对疾病的错误看法,深入浅出地对病人讲解有关疾病的症状表现、病因、治疗和预防等,这能使病人了解疾病的发生发展的规律,消除顾虑,建立起与疾病做斗争的信心,在医生讲课之后,组织病人分组讨论。病人联系自己疾病实际情况,加强理解医务人员讲课的内容,讨论要力求生动活泼,鼓舞病人进行自我分析,提出与疾病做斗争的具体措施。医务人员邀请治疗效果较好的病人做治疗的经验介绍,通过病人的现身说法,起到示范作用。

集体心理治疗一般每周 2～3 次,每次一小时左右。整个疗程所需时间根据病情等确定。一般以 3～4 周为一疗程。个别病人必要时可以重复一个疗程。

个别心理治疗与集体心理治疗还可以结合起来。集体心理治疗着重同类病人的共同的问题,个体心理治疗侧重解决病人的具体问题。我国曾经开展的慢病综合快速治疗,其中心理治疗就是采用个别心理治疗与集体心理治疗相结合的形式。

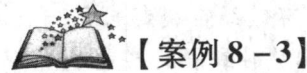

【案例 8-3】

能否对深圳富士康公司员工进行集体治疗——富士康公司员工跳楼事件心理原因分析

富士康科技集团创立于 1974 年,是专业从事电脑、通信、消费电子、数位内容、汽车零组件、通路等 6C 产业的高新科技企业。自 2010 年 1 月 23 日富士康员工第一跳起至 2010 年 11 月 5 日,富士康已发生 14 起跳楼事件,引起社会各界乃至全球的关注。2012 年 6 月 13 日成都公安局确认,12 日 16 时,一名谢姓的富士康员工坠楼死亡。

据富士康方面介绍,这几起跳楼事件中,死者的共同特征是:年龄在 18～24 岁,工作时间不到一年。根据警方调查,心理问题是事件发生的主要原因。北京回龙观医院副院长杨甫德、上海交通大学医学院精神医学教研室主任王祖承、中国心理卫生协会资深心理咨询师刘宝峰、西南大学心理学院副教授杨东均表示,选择自杀是个人精神或情绪困扰已经严重到"崩溃"地步的表现。

国内外心理危机研究证明,63%～97% 的自杀者都有各种各样的精神问题,如抑郁、精神分裂等。从总体上来看,专家们认为富士康员工跳楼主要是以下几点因素相互作用的结果。

一是年轻员工抗压能力差、心理脆弱。"80 后"、"90 后"是现代大城市中新生打工族,这代人多是独生子女,抗压能力、吃苦能力比较差,但同时,这代人更自尊、梦想也更大。进入现实工作后,理想与现实的巨大差距让这些心理尚未成熟的打工者难以适从。他们会觉得怀才不遇,受到了不公正待遇,逐渐对学习和生活丧失兴趣,产生厌世感。加上工作难以适应、人际关系等方面的影响,一些人还会出现抑郁、焦虑等心理问题。

二是密集型工作磨损心理。企业员工出现自杀事件多发生在劳动强度较大、工作简单机械的行业，如电子制造、IT等。这类行业的员工入职后一般只接受简单的培训，但要求比较高，年轻员工身心难以适应。而每天重复性的工作也会磨损人的心理，如果再休息不好、缺乏情感交流，就会加重挫折感和孤独感，对生活丧失信心。

三是统一管理缺乏心灵关怀。据报道，富士康一个厂区有40万名员工，员工生活在集体管理之中，缺乏个人生活空间。打工者又远离家乡和亲人，一旦出现不良情绪，找不到宣泄途径，缺少亲情抚慰和自我救助的条件。久而久之，不良情绪累积起来，造成了极端行为。另外，根据心理学上的说法，自杀是会心理传染的，当有一个人选择自杀时，其他人很可能会效仿。

出现自杀这样的极端事件是谁也不愿看到的，对此，专家呼吁企业对员工心理健康给予更多关怀。

"国外在这方面有一些值得我们学习的经验。"杨东说，在日本企业里面，有专门的心理健康保健组织；在美国，企业有专门的员工援助计划，有专业心理人员提供指导和咨询。

刘宝峰指出，企业管理者要多对员工进行心灵上的关怀，例如定期组织员工娱乐活动，给员工过生日等，让员工感受到"人情味"。

"事实上，大多数有自杀倾向的人都会表现出一些迹象。"王祖承指出，有意自杀的人通常是充满心理矛盾的：既想自杀又想生活下去。他们会在日常生活中有反常的行为，如表现出厌世、饮食和睡眠毫无规律，反叛行为特别明显，情绪喜怒无常或经常谈起自杀方式等。因此，企业管理者一旦发现有人出现心理上的问题，就要劝员工及时到医院接受心理咨询和治疗，定期服用药物，以避免极端事件的发生。

"对员工个人来说，也要学会自我调节。"杨甫德说，当出现抑郁、焦虑等情绪时，先找出原因，再分析如何能解决问题，这时可以找周围的好友、上级进行沟通，寻求帮助。如果问题一时不能解决，也不要选择极端方式，自杀只是逃避困难，还会对亲人和周围的同事造成心灵上的伤害。

富士康公司要求员工签订不自杀协议，承诺若发生非公司责任原因导致的意外伤亡事件（含自杀、自残等），同意公司按相关法律法规进行处理，本人或家属绝不向公司提出之外的过当诉求，绝不采取过激行为导致公司名誉受损或给公司正常生产经营秩序造成困扰，这样公司可以给予自杀者10万元的赔偿。

然而，除了花大气力改善公司的企业文化外，富士康公司更应该尽快为全体职工进行集体心理保健，以稳定短时期内公司员工心态，以免此类事件再次发生。

（资料来源：靠什么来破解富士康"九连跳"的魔咒 [BE/OL]. http://www.360doc.com/content/14/0406/06/2646494_366700244.shtml. 2014-4-6.）

（3）家庭心理治疗。医务人员根据病人与家庭成员之间的关系，采取家庭会谈的方式，进行心理协调，建立良好的家庭心理气氛与家庭成员之间的心理相融，解除病人的消极心理状态，适应家庭生活。在家庭心理治疗时，家庭所有成员都要参加。治疗地点，既可以在病人家里，也可以在医院里。

总之，各种治疗形式都是为了帮助服务人员在其行为的不同方面提高能力。帮助他们学会更有效地解决问题，更现实地看待世界和自身，更有效地控制和释放其情感；认识自己作为一个独特的人在生活中的追求（目标和动机）；忘却给他带来麻烦的无效行为的模式；改变自我观念，以更多地接受自身；审视其儿童时代和家庭的经历，以使他对自己的变化和现状有所了解。

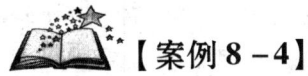

【案例8-4】

小翠的心理治疗实录

疾病分类：强迫症
治疗方法分类：精神分析疗法
咨询者：半岛
姓名：翠翠　性别　女　年龄　36
教育程度：本科　社会经济地位　档案员　婚姻状况　已婚
外在表现：面微黄、无光泽，目光游移，左鼻翼下正生疮，语速较快。
表现出的问题：亲人突然重病，导致经常失眠、多梦，自己整天不能控制胡思乱想，觉得自己真没用，活着真没意思，悲观厌世，很痛苦。
既往生活史与当前生活情景：高中毕业后，如愿考上大学，自称性格要强，喜欢跟男同学一起玩，认为男同学开朗、奋发、讲义气，女同学就爱计较，没有力量。大学毕业，找了几个工作都不是很满意，后来找了对象后，工作开始固定，一直在一家工厂做档案管理工作。1996年，生了一个男孩子。2001年底，自己无法接受亲人重病这个事实，常常失眠，胡思乱想，不能自控，觉得人活着真是没意思，做女人真悲哀。
心理社会发展历史：翠翠5岁时，妈妈做鱼，让自己单独去买酱油，回家路上，摔了一下，打了瓶子，父亲骂她"女孩子就是没有用"，自己很害怕；上一年级时，有一回自己带男同学回家吃饭，父亲很高兴，直夸男孩子吃饭的样子真可爱，大口大口生龙活虎的，不像女孩子细嚼慢咽，还吃不了多少，自己羡慕男孩子的吃饭样子，但不服气；小学里自己的成绩都很好，父亲会当自己面跟人讲，我闺女跟儿子没两样，一定能上大学，将来一定有出息，自己心里高兴；中学时成绩不好，产生自卑情绪；大学时有一次组织爬泰山，两次想加入男同学的活动小组遭拒绝，他们嫌弃我的个子矮，自己难受地哭了；大学毕业找了三次工作，人家都说自己的文笔不错、长得也很好，可惜是女的，个子又矮，就不要，气得够呛；曾经暗恋一个电台主持人，写过10多次信，还寄给他照片，可是，连见面的愿望都没实现，苦恼了好长时间，骂自己不要脸，又渴望得到爱；有一次与办公室主任闹意见，他当着别人的面骂我："你这个小东西真是不可理喻"，把我气得够呛，最怕人家说自己；与丈夫吵架，自己心绪难平，辗转反侧，可是丈夫早已鼾声如雷，觉得他心里一点儿都没有自己老婆的位置；儿子自小就崇拜自己，可是刚上一年级，有一次就把自己给"问住了"，自己只好瞎懵了一通，儿子虽然被骗过，可自己心里觉得对不起儿子，真是觉得女人没有用。
既往健康状况与治疗史：在大学的时候就有失眠的情况发生，但注意了就好，上班以后，也会有多梦、失眠的经历，尤其是生孩子之后那一段时间，只要用些助眠药物就不耽误工作和生活，这回情况严重，自己知道心理有病，可能是得了可怕的精神病，觉得上医院也是没有用，有混吃等死的想法，伴随有躯体上的头昏脑涨、肩酸背疼、牙疼及口舌经常上火生疮等，现在每天晚上依赖服用安眠药。

专家分析、评估与治疗过程：诊断为强迫症。

安排她做了心理测验。在EPQ（艾森克人格测量表）的测验时，根据E量表（内—外向测试）和N量表（情绪稳定性测试）的关系图，翠翠的E量表分是50，N是70，P（精神质）是60，L（掩饰）是25，说明神经质、精神质的焦虑、担心、抑郁成分较高，而L值的偏低，说明翠翠的心理成熟度显然不足，属于内向不稳定型个性类型。在MMPI（明尼苏达多项人格测试）的测验中，翠翠的主要年龄因子T分如下：

Q（疑问分数）：45.14	L（说谎分数）：42.15	F（诈病发数）：61.02
K（校正分数）：53.00	Hs（疑病分）：68.28	D（抑郁分）：69.02
Hy（癔症）：61.95	PD（心理变态）：60.21	Mf（男性化—女性化）：64.00
Pa（偏执）：61.17	Pt（精神衰弱）：6914	Sc（精神分裂）：51.23
Ma（轻躁症）：48.45	Si（社会内向）：51.89	

从MMPI的实测结果看，三个分值较高的是精神衰弱（Pt）、抑郁（D）和疑病（Hs），分别达到69.14、69.02和68.28，按中国常模，结合临床上的其他表现，诊断为强迫症是没什么疑问的。

第一次访谈要结束时，我送了一本《走进心理学》普及读本给她，让她抽时间看看，以期能对咨访关系的建立、巩固和接下来的治疗程序有所帮助，并要求她，将当天自己的叙述和理解，以及可能遗漏的经历与感受，甚至经常做的梦等都写成书面材料，在下次见面时带来，她答应了。

一周后第二次见面。书面材料表明，一段时期以来，她是用心在完成着我的交代和安排，我心中暗自高兴，鼓励她说，材料写得很好，不愧是大学中文系毕业。

一个星期后第三次见面。我布置的书面作业她做得很好，对此我给予了积极评价和鼓励。针对她的强迫思维内容，我逐个地与她分析，试图触动她并使她达到重新理解，继而改变其认知。虽然她强迫思考的内容包括怀疑、回忆、联想、意向以及强迫情绪等，并且比较泛化，但频繁出现的念头还是能找到，比如："自己真没用，活着没意义""人为什么活着，活着有什么意义"等。在充分把握好通情达理、温暖、尊重、积极关注的基础上，我全面而有针对性地对她反复思考的内容做了参与性和影响性的解释，帮助翠翠进行充分的宣泄和排解，使其心灵得到净化；在涉及生命等重大主题时，深入探讨之余，对她的强迫观念冲动进行了否定，人为阻断她的非理性观念，促使她接受并构建一套理性的科学的人生价值观念。我告诉翠翠，她所强迫思考的问题和表现出来的症状的背后，都有极其重要的早年经验与以后的生活影响，这是精神分析学派关注的重要所在。在人的潜意识里，追求最大限度的快乐而避免较小的痛苦是永远的本能法则，所以，但你遇到重大现实痛苦时就有强迫的思维出现，以缓解本我的焦虑和不安，从这个意义上来讲，你是症状的获益者，但是，如果自己的心理防御机能足够强大，就不会有那么多的烦恼和痛苦。

三天后的第四次见面，我已实实在在地感受到了翠翠的令人欣喜的变化。她的工作装变成了合体的咖啡色套裙装，鼻翼下的火疮已经痊愈，唇上搽了红色的唇膏，看起来人也变得精神一些。这次，我们探讨的主要话题是按照正确的自我评价原则，选择好适当的参照标准，来发现和总结翠翠自己的长处，试图把她的心理从口唇期拉回到现实生活中来。我们就像把握着精密的梳篦一样，精心地梳理着她的人生经历和心路历程，不放过任何的蛛丝马迹，我们要在平凡中甄别出不平凡，在俗套里寻找出闪光点，从而达到找回翠翠的自信来。

通过比较甄别，我们共同发现翠翠自己的优点是很多的，她说，这是"我有生以来第一次直面自己的人生，第一次反思自己思维和行为的得与失，我开始学会认识自己"。我表示由衷地赞赏并鼓励她沿着这个唯一正确的方向继续思考。

六天后第五次会面。让我感到欣慰的是她心态平静，面带微笑，如果以前她的叙述是刻意宣泄，那么，现在就像是小溪自然流淌。我说，其实这很正常，我们每个人的心理发展都有自己的个体差异。我又问她，当时心理测验的结果你还能否记得，她说记不清了。我说，EPQ 测验中，你的 L 分值是 25，说明你的心理成熟度和心理年龄偏小，单纯地看，好像你幼稚，但换个角度看，说明你比同龄人年轻，而这不正是现在社会所普遍追求的吗？关键是自己的心里要明白：做一个真正健康的人，就要躯体、心理和社会适应三方面都好；做一个真正的成年人，思维、做事、说话都应该符合自己的年龄特点，你说对吧？翠翠承认是这样。我觉得此时已是水到渠成，就将合理情绪疗法的 ABCDE 理论的基本观点和盘托出，翠翠已经可以非常顺利地理解和领会。

接下来的第六次会见是令人轻松的。翠翠又是提前来到。她穿着整齐，虽还有倦意，但内心的平和与睡眠的充足挂在了她的脸上。按照原来的设置，这次将是对咨询、治疗进行总结的时间。不知不觉，时光已经从我们身边溜走一个多月，在这一个多月里，翠翠已经基本走出强迫性思考的樊篱。在整个咨询、治疗过程中，我不时与翠翠重现她早年客体关系，并在此基础上达成了和建立了新的良好的客体关系（治疗联盟）、经历、体验着翠翠的心理再成长历程。我应该感谢翠翠的高学历、高认知能力和高领悟能力以及强烈的求治欲望，不然，就没有翠翠现在的有目共睹的心灵成长。我从不相信顿悟，可是，这回翠翠的心理成长过程难道真没有顿悟的味道吗？但是，我一直在客观地用第三只眼睛俯视着整个咨询治疗过程，不时提醒我自己和翠翠，要有克服心理反复和阻抗的长期思想准备，必须在以下几个方面实现真正的突破：①建立崭新的人际关系；②认识自己内部的冲突；③纠正自己的错误观念；④深化自己的自我认识；⑤学会面对现实问题；⑥增加心理自由度；⑦能做出新的有效目标。

治疗结束三个月来，我们一直保持着电话和互联网上的沟通，渐渐抚平了分离的酸楚。翠翠的强迫思维已经彻底痊愈，人格走上了健康发展的道路，她在电话中说，她现在已经喜欢上了心理学，并且经常买书看。我衷心祝愿他们好运。

（资料来源：小翠的咨询实录，人格心理学文库［BE/OL］. http://fanwen.geren-jianli.org/442519.html. 2007-6-19.）

主要参考文献

1. 陈祝平. 服务市场营销 [M]. 东北财经大学出版社, 2001.
2. 苏东水. 管理心理学 [M]. 复旦大学出版社, 2005.
3. 黄希庭. 心理学导论 [M]. 人民教育出版社, 1991.
4. 夏杰长. 中国服务业:发展思路、目标和体制政策保障 [BE/OL]. http://www.cer.sdu.edu.cn/xjc12005/12/15.
5. 张锦萌. 成语典故中的心理学 [M]. 河南教育出版社, 1989.
6. 沙祖康. 中国的服务业及服务贸易现状以及面临的挑战 [BE/OL]. http://genevese.mofcom.gov.cn/aarticle/slfw/200402/20040200181167.html2005/12/15.
7. 丁昭福. 心理现象分析百例 [M]. 农村读物出版社, 1986.
8. 白振汉. 现代管理心理学 [M]. 青岛出版社, 2001.
9. 曹日昌. 普通心理学 [M]. 人民教育出版社, 1987.
10. 周晓虹. 社会心理学 [M]. 上海人民出版社, 1997.
11. 陈仲庚. 人格心理学 [M]. 辽宁人民出版社, 1986.
12. 任旺兵. 我国服务业的发展与创新 [M]. 中国计划出版社, 2004.
13. 王光辉, 刘峰. 我国现代服务业发展的现状、问题及对策建议 [J]. 产业观察, 2010 (26).
14. 吕勤, 左艳艳. 共情与饭店服务人员服务质量的关系 [J]. 北京第二外国语学院学报, 2006 (1).
15. 牛志强, 袁立君. 跨文化导向的服务接触研究 [J]. 国际商务——对外经济贸易大学学报, 2008 (1).
16. 王书翠. 国外关于顾客感知服务质量的跨文化研究及启示 [J]. 现代管理科学, 2010 (3).
17. 刘义趁. 服务人员情感性劳动的作用机制及应用 [J]. 商业经济文荟, 2004 (2).
18. 魏炬. 没有"销售人员"只有"服务人员"——人性化营销的管理境界 [J]. 辽宁经济, 2003 (3).
19. [英] 马雷克·科尔钦斯基. 服务业人力资源管理 [M]. 人民邮电出版社, 2004.
20. 江波, 彭彦琴. 公关心理与实务 [M]. 暨南大学出版社, 2002.
21. 中共十八大以来我国服务业发展状况 [BE/OL]. http://news.cqnews.net/html/2016-04/02/content_36632427.htm.
22. 黄琼. 我国生产性服务业发展困境与应对战略选择 [J]. 未来与发展, 2013 (4).